RECOUNTING MING STORY IN CHOSON

///

眷眷明朝

吳政緯 ———— 著

朝鮮士人的中國論述與文化心態
///////////////////////// 1600-1800

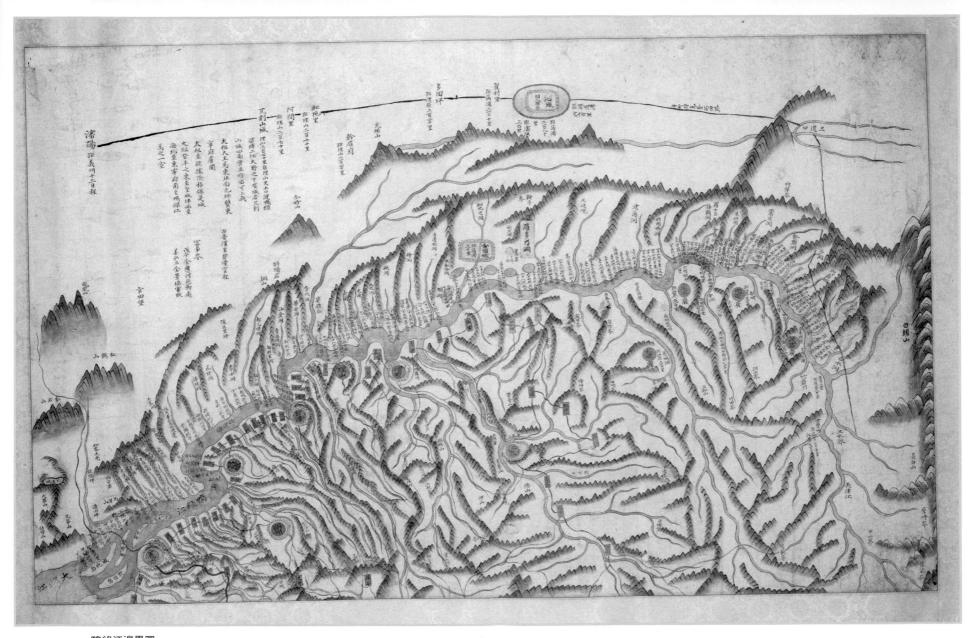

鴨綠江邊界圖

18世紀｜尺寸：106.0×68.0cm

圖片來源：韓國國立中央博物館

18世紀初，朝鮮與中國發生國境紛爭之後，描繪鴨綠江周邊國境地域的地圖。圖中詳細繪有鴨綠江沿岸配置的軍事基地式的鎮堡，以及渡川之後的中國村落。特別是位於鴨綠江河口，某種軍事檢問所的把守也能看到。此外，由國境連接內陸的道路，則以紅線描出。

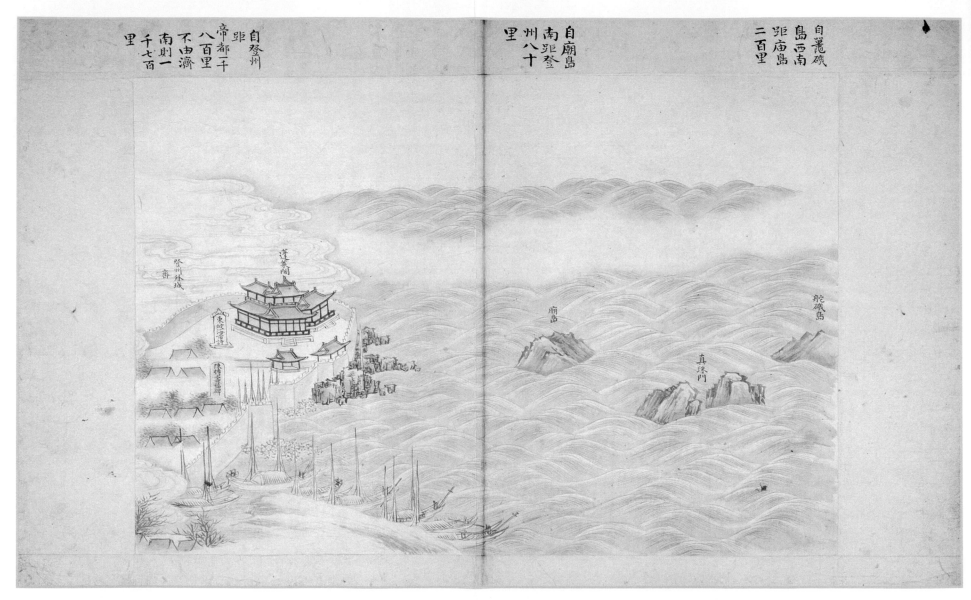

自登州
距
帝都二千
八百里
不由濟
南則一
千七百
里

自廟島
南距登
州八十
里

自鼉磯
島西南
距廟島
二百里

蓬萊閣
登州外城
東坡書壁
陳璮宣撫碑

廟島

真珠門

鼉磯島

李德泂1566-1645朝天圖

1624年 | 尺寸：垂直40cm

本圖組描繪朝鮮仁祖2年（1624），為了感謝明朝，朝鮮派出的謝恩兼奏請使，李德泂（1566-1645）一行人的使行路線。全圖包含25部分，本圖推測為後世摹寫的作品。朝天圖與航海朝天圖頗為相似，但描繪方法與登場人物數量仍存有若干差異。

自廣鹿
島西距
三山島
三百里

自長山
島西距
廣鹿島
二百里

自石城
島南距
長山島
三百里

自鹿島
西南距
石城島
五百里

李德泂1566-1645朝天圖

1624年｜尺寸：垂直40cm

本圖描繪朝鮮仁祖2年（1624），為了感謝明朝，朝鮮派出的謝恩兼奏請使，李德泂（1566-1645）一行人的使行路線。全圖包含25部分，本圖推測為後世摹寫的作品。朝天圖與航海朝天圖頗為相似，但描繪方法與登場人物數量仍存有若干差異。從此圖可見朝鮮使者對海洋、航海的想像。

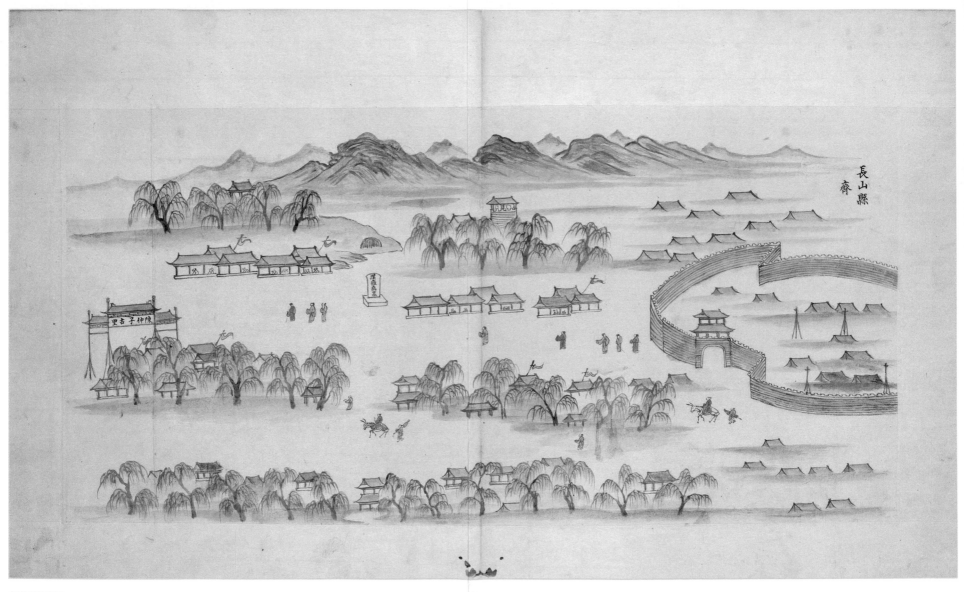

航海朝天圖

1624年｜尺寸：40.8×34.0cm

圖片來源：韓國國立中央博物館 OPEN

此圖描繪了1624年，朝鮮為了請求明朝對仁祖的冊封，派遣李德泂一行使者出行的盛大圖像。全圖卷包含至少25個部分，是以當時製作的「燕行圖幅」為基礎製作，本圖推測應是18世紀後半到19世紀前半之間的摹寫作。當時與書狀官一同前往的洪翼漢著有《花浦先生朝天航海錄》，將使節團的規模與出行過程中發生的種種故事，留下十分具體的描述。

旋槎浦回泊

旋槎回泊

航海朝天圖
1624年 | 尺寸：40.8×34.0cm

圖片來源：韓國國立中央博物館

此圖描繪了1624年，朝鮮為了請求明朝對仁祖的冊封，派遣李德泂一行使者出行的盛大圖像。全圖卷包含至少25個部分，是以當時製作的「燕行圖幅」為基礎製作，本圖推測應是18世紀後半到19世紀前半之間的摹寫作。當時與書狀官一同前往的洪翼漢著有《花浦先生朝天航海錄》，將使節團的規模與出行過程中發生的種種故事，留下十分具體的描述。

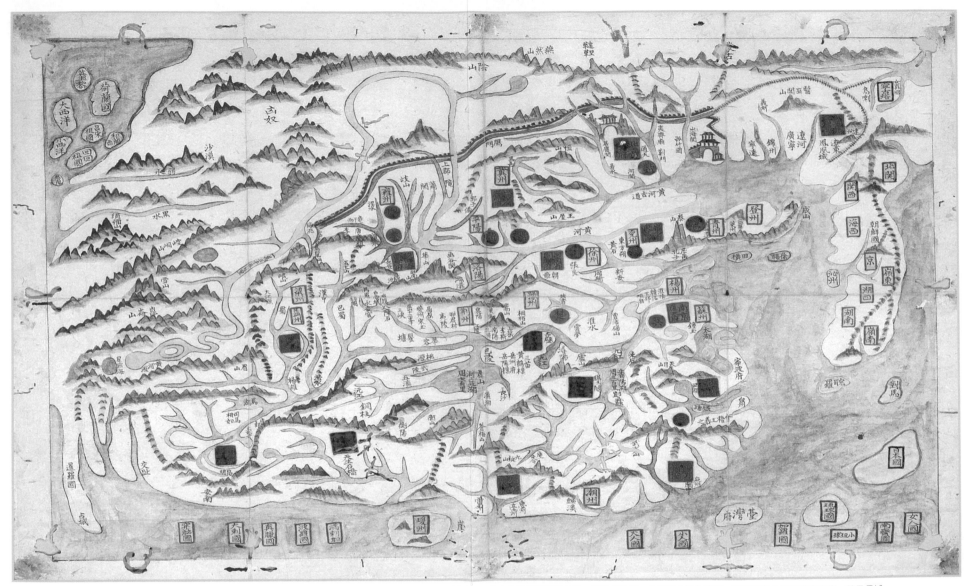

中國地圖

尺寸：44.8×63.0cm

圖片來源：韓國國立中央博物館 OPEN

以中國為中心旁及其周遭國家的一種世界地圖。中國部分是為清朝，黃河以黃色顯著描繪而出，萬里長城連城牆都顯明易見，同時標明了臺灣的位置。西邊有大西洋、荷蘭國、回回、呂宋、英圭黎、小西洋等地名，英國、荷蘭等歐洲地名與阿拉伯及東南亞的地名交互雜出。這反映出，在此時期，西洋作為初被認識的外國，對其知識尚不精確的狀況。東南海岸以日本、琉球為首，可以發現日本的比例被縮小了，朝鮮則被放大了。另外，像《山海經》中出來的穿胸國之類的國名，則反映出此種地圖仍保有傳統世界認識的部分。朝鮮部分明白繪出以長白山主脈的半島脊樑及其支脈「洛南正脈」，西海岸有象徵忠誠的田橫以及表現神仙思想的徐福。最後，東北部尤其是遼東至北京的地名特別詳細，不少是朝鮮使者過宿之所。

▌ 出版緣起

　　本系出版「國立臺灣師範大學歷史研究所專刊」，迄今已有三十七種。一九七七年二月，張朋園教授接掌所務，為鼓勵研究生撰寫優良史學論文，特擬訂學位論文出版計畫。當時，亦將本系碩士論文榮獲「嘉新水泥文化基金會」、「中國學術著作獎助委員會」等機構獎助出版者列入，即「專刊」第（1）、第（3）、第（5）等三種。迨「郭廷以先生獎學金」成立，由獎學金監督委員會研議辦法，作為補助出版學位論文之用，「專刊」遂得持續出版。

　　郭廷以先生，字量宇，一九〇四年生，一九二六年畢業於東南大學文理科歷史系，曾在國內、外知名大學講學；自一九四九年起，至本系執教。一九五五年至一九七一年，擔任中央研究院近代史研究所籌備處主任及所長，並於一九五九年至一九六二年，兼任本校文學院院長。一九六八年，當選中央研究院院士，是深具國際學術影響力的學者。

　　一九七五年九月，　先生在美病逝。李國祁教授感念　先生的學術貢獻，邀集本校史地系系友籌組基金，在本系設置「郭廷以先生獎學金」，於一九七七年十月開始頒授獎學金。獎學金設監督委員會，由中央研究院近代史研究所研究員和本系教師共同組成，每年遴選優秀學位論文，補助印製「專刊」經費。三十多

年來，本系研究生無不以獲得「郭廷以先生獎學金」獎勵，並以「專刊」名義出版畢業論文，為最高榮譽。

「專刊」向由本系刊行，寄贈國內、外學術機構和圖書館，頗受學界肯定，惟印刷數量有限，坊間不易得見，殊為可惜。經本屆獎學金監督委員會議決，商請秀威資訊科技公司印製發行，以廣流傳，期能為促進學術交流略盡棉薄之力。

今年，適值郭廷以先生逝世四十周年，「專刊」以新的型態再出發，可謂別具意義。謹識緣起，以資紀念。

國立臺灣師範大學歷史學系
二〇一五年九月

▌序

　　西元1644年，明清鼎革，中原易主，對當時的中國士大夫來說，此一變局並非王朝政權的尋常更替，而是華夏文化的顛覆淪亡，時人以「天崩地解」、「乾坤翻覆」形容甲申之變，最能反映明清鼎革創巨痛深的士人心境。而易代之際，知識分子或堅持抗清，舉家殉國，或隱逸田間，拒仕新朝，其所面臨的生死抉擇與出處憂懼，則持續受到近代學者關注。近二十餘年來，「明遺民」久已蔚為明末清初最重要的研究課題之一。

　　然而，所謂「遺民」究應如何界定？學界的看法並不一致。大體而言，過去相關研究定義的「遺民」，有以下三種說法：第一種是由「易代」與「不仕」著眼，認為遺民是指「易代後不仕新朝的人」，可以何冠彪教授為代表；第二種說法主張取決於易代之際知識分子對自身身分之認定，即王璦玲提出的：「應指凡自覺為『遺民』，或自覺對於前代應有一種『效忠』之情操者，不論其是否為當時社會或後代史家定義為『遺民』，皆屬在內。」王成勉教授則將遺民定義為「在明末或是鼎革之際出生，但拒絕認同新朝的人。而不認同的方法可以很多元，也很豐富的來表達。」上述三種對明清之際「遺民」的定義，也標識了明遺民研究側重思想史、文學史、政治史、社會史的不同視角，唯不論取徑為何，其一向置於明清「中國史」的脈絡考察，則並

無二致。

　　值得注意的是，明清易代之際，不認同新朝與「自覺」為明遺民者，實則不僅見於中國，域外的朝鮮在明亡以後，仍以「崇禎」「永曆」紀年，直至十八世紀，朝鮮對明朝記憶的「停格」與書寫仍處處可見，朝鮮士人金鍾厚（1721-1780）在寫給洪大容（1731-1783）的信中說：「所思者在乎『明朝後無中國』耳。」他說的「中國」，自然不是地域，而是指文化。從這個角度看，明亡以後，朝鮮對明朝的眷念與文化認同，不僅與中土的明遺民不稍遜色，甚且比清朝的儒生更「中國」。

　　本書以「眷眷明朝」為題，由晚明至清中葉的中朝交往切入，聚焦於與中國類似卻又不同的「遺民」議題上，透過朝鮮士人在中國與朝鮮有關「明朝」的討論，並以清朝儒生作為參照對象，考察朝鮮思明文化的論述、實踐及其終結的曲折過程。作者不僅深入析論朝鮮燕行使在文化交流的過程中如何實踐「思明」，更關注考掘朝鮮使臣歸國後的反應與影響。整體而言，本書最大的貢獻在於突破「遺民」課題一向自囿於中國史範疇的侷限，開啟從比較的角度、以中國為參照對象探討中朝關係之新頁，使「朝鮮史」與「明清史」得以合流。所得論點多所創發，其犖犖大者如：

　　本書指出，朝鮮的思明文化雖屢有承襲之處，但仍不乏嬗變之跡。清代朝鮮使臣從未在清人面前說出前明各種弊政的「實情」，而是極力讚揚明朝的美好。作者認為此種「選擇性書寫」（selective narration）實為朝鮮使臣一種特殊的交流技巧。而透過考校不同版本的《乾淨衕筆談》，作者發現朝鮮人為了順應國情，改動了原始的版本，造成文義丕變，也是另一種選擇性書寫。凡此俱可見其思明心態變化之幽微。

而有關朝鮮北學派士人對「中國論述」的闡釋，前此學者往往著眼於「和清」的一面，認為朝鮮「放棄」了尊周論，回到和平相處、學習中國的立場。本書則指出，清乾隆年間，朝鮮燕行使實是有鑑於朝鮮國內改革之需要，以及清中國強盛的事實，因而提出一個新的中國論述，而此一新的中國論述並無礙於過去「思明」的傳統。換言之，「思明」與「尊清」不僅不相衝突，而且相輔相成。

　　此外，本書更別具心裁地考察清初以降中朝雙方的「明史著作」，透過《燕行錄》中諸多有關「明朝」的書寫，凸顯朝鮮士人對明朝歷史的嫻熟，以及清朝儒生對前代故事的陌生。作者指出，相較於同時的清朝士人，朝鮮燕行使對「明朝」更顯熱衷與熟悉，「明朝」漸成雙方歷史認知的分水嶺。一方面，中朝各自的歷史書寫，形塑了清初以降幾個世代對於「明朝」的認知；另一方面，十八世紀朝鮮內部的明史書寫也面臨了新的挑戰，朝鮮主體性與獨尊明朝的論述互相競逐，導致朝鮮中國論述與文化心態的轉向，是為眷眷明朝之「尾聲」。

　　本書原稿為作者就讀本系完成之碩士論文，相關討論涵蓋的時代，上起明萬曆二年（1574），下迄清乾隆年間（1736-1795），跨越兩百餘年之久，較之若干小題大作的論著，在史料的搜羅、理解與運用上更具挑戰性。本書則不僅徵引了二十九種《燕行錄》、三十二種朝鮮士人的文集，而且運用過去學界未曾注意的歸莊《明季逸事野錄》、盧元昌《明紀本末國書》等明清古籍，及朴世茂《童蒙先習》、李萬運《紀年兒覽》、嚴璹《忠烈祠志》等未見引用的朝鮮史料，展現作者不避繁難的史家心志與敏銳信達的文獻解讀功力。論文撰寫期間，先後榮獲蔣經國國際學術交流基金會暨2013年中央研究院「黃彰健院士學術研究獎

金」之獎助，對作者潛心撰述無疑是莫大的鼓勵。2014年12月，作者以優異成績通過碩士學位口試，並榮獲本系2015年郭廷以先生獎學金獎助本書出版。作為本研究的指導教授，筆者於教學相長之餘，欣見作者學思益進、論述益精，亦深感與有榮焉。

林麗月

誌於台灣師範大學歷史學系

2015年8月

目次 contents

送朝天客歸國詩章
此圖的時間是明代中期景泰年間，地點則是南京。當時南京的國子監收了一些外國留學生，
不少朝鮮人在此讀書並學習中華文化。這幅圖畫是為送朝鮮人歸國所作。圖片底部繪有「報
恩寺」，此寺被時人視為南京的象徵，惜毀於太平天國時期。

第一章
緒論

楔子

> 永曆十三年（1659），……。三月，王御熙政堂，召見宋
> 時烈，屏左右嘆曰：「予之欲與卿言者，大事也。今虜有
> 必亡之形，前汗時，兄弟甚眾，人才亦多，而專尚武力；
> 今也，兄弟死亡略盡，人物皆篤下，兵事漸弛，頗效中國
> 法制，且虜主荒於酒色，其勢不久，此所謂必亡之形，予
> 料之熟矣。天下事未可知，正宜無失其幾，故欲養精兵十
> 萬人，俟釁而動，直抵關外，則中原豪傑必聞風而起，吾
> 國子弟之為虜俘者亦豈無為我內應乎？……。今日之事，
> 惟恐其不為而已，不患其不能成也！」
>
> 成海應（1760-1839）等編，《尊周彙編》[1]

　　上述故事的主角分別是朝鮮孝宗國王（李淏，1649-1659在
位）與名臣宋時烈（1607-1688），[2]即使時距明清鼎革已逾十四

---

[1] 成海應等編，《尊周彙編》，卷5，〈皇朝紀年第五〉，收入許侙等編，《朝鮮事
大‧斥邪關係資料集》，冊1（首爾：驪江出版社，1985），頁400-401。

[2] 宋時烈，字英甫，號尤菴、尤齋。他是朝鮮孝宗、肅宗時候的重臣，更是以反清
思想著稱的朝鮮大儒，有《尤庵集》傳世。

個寒暑，但在順治十六年的朝鮮境內，他們不僅沿用明朝正朔，朝鮮孝宗更欲興兵十萬，直抵關外，達成反清大業。儘管宋時烈提醒道「萬一蹉跌，社稷實有覆亡之患」，但孝宗仍毅然地說道：「大義既明，則雖使社稷覆亡，亦有光於天下萬世，何愧之有哉？」[3] 孝宗的告白或可理解為一種政治、軍事上的宣示，但若從文化的角度審視，或許更能發掘其背後深刻的涵義。永曆紀年代表著朝鮮對明朝的效忠，而將清人視為「虜」則凸顯文化上的不認同，「大義」對於朝鮮君臣而言，不啻是為明復仇的旗幟。

　　朝鮮孝宗彰顯「大義」的舉動，百年後仍繼續在朝鮮士大夫間流傳，這對朝鮮士人而言確是深具意義的「本朝家法」。直至雍正五年（1727），朝鮮英祖國王（李昑，1724-1776在位）與官員們談起《宋鑑》時，副提學李箕鎮（1687-1755）仍不忘說道：「即令中原正如胡元，孝廟復雪之意，不可忘也。」[4] 可見朝鮮士大夫對此事的熟悉。誠然，孝宗北伐故事中的「復仇雪恥」之意，或源自滿洲曾出兵朝鮮一事，但朝鮮英祖與李箕鎮的對話更彰顯的反而是一種不捨與思念。英祖對箕鎮的回應並非讚頌「孝廟故事」的偉大，而是：「大明創業，光明正大，崇禎皇帝又非亡國之主，而竟至於此，豈非令人隕涕處耶？」[5] 英祖哀痛的是皇明不再的新局，正如他自承「惟我孝廟暨聖考尊周之義，昭揭日星。一隅青丘，獨保大明日月，實兩廟之德也。」[6]

3　此事的細節並未出現在《朝鮮王朝實錄》中，但見於朝鮮官修史書《尊周彙編》，見成海應等編，《尊周彙編》，收入許炡等編，《朝鮮事大・斥邪關係資料集》（首爾：驪江出版社，1985），頁400-402。

4　國史編纂委員會編，《朝鮮王朝實錄》（首爾：國史編纂委員會，1973），冊41，英祖11卷，3年1月9日丙申條，頁616。

5　《朝鮮王朝實錄》，冊41，英祖11卷，3年1月9日丙申條，頁616。

6　《朝鮮王朝實錄》，冊42，英祖25卷，6年1月12日辛巳條，頁184。此處所指的

標舉的是朝鮮在清中葉對於「大明日月」的堅持,即使距明亡已八十五年。

更重要的是,當1796年開始編纂《尊周彙編》時,[7]編者們仍收入孝宗北伐的故事,對於出生於甲申後百餘年的編者而言,孝宗北伐的意義似乎並未消逝,一種對明朝的思念始終不是只屬於少數人的情感。[8]《尊周彙編》的編者之一李書九(1754-1825)在朝堂上即曾表示:「我朝之未奉永曆正朔,固是千古遺恨。」[9]於是在編書時,實現了這個盼望。

事實上,思明的心態絕非稀有而特殊的。1655年,鄭成功(1624-1662)即將廈門地區的行政區改為「思明州」,以示「思念明朝」之意,而現下關於明遺民的研究亦充分說明漢族士大夫如何思念明朝,但本文要探討的是,應當如何理解朝鮮的思明文化?這上至國王,下至文人士大夫的普遍現象,不僅存於明朝滅亡後的一個世代中,[10]更綿延百年之久。乾隆四十五年(1780),著名的朝鮮文人朴趾源(1737-1805)隨使節團前往中國,他在《熱河日記》卷首寫道:

「兩廟」是朝鮮孝宗與朝鮮肅宗(1674-1720在位),孝宗倡議北伐清廷,肅宗則是設立廟儀,祭拜明朝皇帝於宮中的朝鮮國王。

7　《尊周彙編》乃一朝鮮官修的明代史書,孫衛國已考證出此書起編於嘉慶元年(1796),見氏著,《大明旗號與小中華意識──朝鮮王朝尊周思明問題研究(1697-1800)》(北京:商務印書館,2007),頁344。

8　朝鮮官方願意修纂保存明代故事的史書,多少解釋「思明」在朝鮮並非少數人的想法。

9　《朝鮮王朝實錄》,冊47,正祖54卷,24年閏4月29日辛巳條,頁269。

10　世代(generation)作為認識歷史背景的一種思維方式,能更深層地挖掘同一群體對事件不同的反應,例如在明朝有生活經驗的士人、出生於清初的世人們,他們對於「明朝」的觀點肯定有不同之處,儘管這兩代人都可能成為「明遺民」,但由成長世代的不同,確實會影響他們評價過去的立場。相關的討論見周婉窈,《海行兮的年代:日本殖民統治末期臺灣史論集》(臺北:允晨文化,2003),頁1-13。

江以外清人也，天下皆奉清正朔，故不敢稱崇禎也。曷私
稱崇禎？皇明，中華也，吾初受命之上國也。……清人入
主中國，而先王之制度變而為胡。環東土數千里畫江而為
國，獨守先王之制度，是明明室猶存於鴨水之東也。雖力
不足以攘除夷狄，肅清中原，以光復先王之舊，然皆能尊
崇禎以存中國也。崇禎百五十六年癸卯，洌上外史題。[11]

在朴趾源筆下，鴨綠江的文化意義明顯勝於地理意義，他認為渡
江等於跨越一條文化界線。在他眼中，環東土數千里的是獨守中
華制度的國度，是使明朝文化仍存於世上的朝鮮。儘管朝鮮國小
力弱，無法「攘除夷狄，肅清中原」，但他不無驕傲地認為「皆
能尊崇禎以存中國也」。

朴趾源的言論絕非少數人的心聲，當清初「遺民不世襲」
的說法流布之際，思明在朝鮮明顯地被世襲傳承，這不僅見於
朴趾源這類的朝鮮士人，朝鮮人甚至不願前往中國，亦不見願
與清朝相關的事物。1735年，朝鮮英祖即特意表彰一位士人許格
（1607-1690），在他去世後贈與三品職：

格尚節義，能文章，當丙子虜難，欲起義旅，聞南漢下
城，慟哭賦詩曰：「君臣忍屈崇禎膝，父老爭含萬曆
恩。」遂遯入丹陽，自號滄海，時年三十。自是常讀《春
秋》，目不見清國曆，以詩自娛。嘗贈使燕者詩曰：「天
下有山吾已遯，域中無帝子誰朝？」又求得神宗皇帝御筆
「萬折必東」四字，模刻於加平朝宗巖，每年三月十九

---

[11] 朴趾源著、朱瑞熙點校，《熱河日記》（上海：上海書店，1997），卷1，頁1。

日，焚香哭毅宗皇帝。年八十餘歿，文純公朴世采使書銘
旌曰「大明處士」。至是，門人權萬亨等疏請，有是命，
教旨勿書清國年號。[12]

皇太極（1626-1643在位）於1636年興兵數萬，攻打朝鮮，後圍朝
鮮仁祖（李倧，1623-1649在位）於南漢山城。當許格知悉南漢
城破，朝鮮臣服新主，不禁慟哭道「君臣忍屈崇禎膝，父老爭含
萬曆恩」，他指責朝鮮君臣居然屈膝折腰，背叛明朝，而「父老
爭含萬曆恩」正凸顯朝鮮百姓仍舊懷念著明朝恩德。[13]許格與官
方的態度大不相同，當朝鮮使節將往中國時，許格的詩作更傳達
對清朝統正治當性的否定，其後半生日讀《春秋》與祭哭崇禎皇
帝，在在符合「大明處士」的形象。[14]朝鮮士人為明守節之事想
來或許令人詫異，但許格絕非孤例，其他如鄭栻（1683-1746）
雖「生於天朝運訖四十年之後」，但仍「憤冠屨〔履〕之倒
置」，至是「浮遊海嶽，以終其身」，鄭栻的墓也只寫上「大
明處士鄭公之墓」，[15]足見他雖生於明亡後四十年，但不減其
對明朝的認同。洪成海（1578-1646）則是兩次滿洲入侵都捐家

---

[12] 《朝鮮王朝實錄》，冊42，英祖40卷，11年3月27日丁酉條，頁475。

[13] 此處特意用「萬曆」，象徵著明神宗於1592-1598年替朝鮮擊退日本侵略的恩德。

[14] 許格完整的介紹並未載入《朝鮮王朝實錄》，但後來由金鍾厚撰寫的行狀，我們
得以一窺此人的生平。許格在得知朝鮮臣服後，奔上小白山，北望痛哭：「中宵
起視衆星繁，歷歷猶知北極尊。開闢從來幾宇宙，帝王今日各乾坤。君臣忍屈崇
禎膝，父老爭含萬曆恩。青史莫論當世事，天無二日仲尼言。」自後廢舉子業，
「常讀春秋以寓志，不觀胡清曆。」每當「語及皇朝事，淚如雨下。」見金鍾
厚，《本庵集》，〈滄海處士許公行狀〉，收入《韓國文集叢刊》，冊237（首
爾：民族文化推進會，1999），頁554-556。值得注意的是三月十九日對明遺民
同樣深具意義，如楊焆（1617-1692）的〈三月十九日〉云：「身是崇禎士，生
在萬曆年。……故國能無念，今朝倍愴然。」見楊焆，《懷古堂詩選》（上海：
華東師範大學出版社，2010），頁44-45。

[15] 金履安，《三山齋集》，〈書明菴處士譜狀後〉，收入《韓國文集叢刊》，冊
238（首爾：民族文化推進會，1999），頁469。

財以輸軍餉，募兵勤王，當甲申後，亦「終身不見清家曆」，時人以「大明處士」稱之。[16]而最極端的朝鮮士人如洪汝龜耳聞朝鮮投降後，「入清華山中以自靖，世稱大明處士」，[17]可見一斑。

　　不論朝鮮孝宗北伐的故事是否為真，但確實與朝鮮士人的意念相符，而思明又具體地實踐在他們的生命中，並獲官方認可。更重要的是，朝鮮士人在漫長的歲月中，始終維持著對明朝的認同，我們應該如何理解朝鮮的思明文化？我們應當將思明的研究置於何種學術脈絡中？從何種角度分析？本書即是對此命題展開的一系列討論。筆者主張以「文化心態」（cultural mentality）、「文化認同」（cultural identity）的角度分析朝鮮的思明問題，但從心態（mentality）進行研究的意義是甚麼？而文化心態與政治認同又有何不同？以下將分疏晚近認同研究的意義及特殊性，進而從文化心態的視野回顧思明研究的各類議題。

第一節　研究回顧

 認同的研究史：從臺灣開始談起

　　我們應當採用何種角度來審視這段歷史，是回答思明問題的第一步。朝鮮史研究對於多數讀者來說或許相對陌生，但從認同的面向切入思明問題，不僅有助於認識朝鮮個案的意義，更能協助讀者從比較的過程中，掌握思明的樣貌，而近十年來關於臺

16　鄭宗魯，《立齋集》，〈內資僉正洪公墓誌銘〉，收入《韓國文集叢刊》，冊254（首爾：民族文化推進會，2000），頁201-202。
17　洪直弼，《梅山集》，〈從弟縣令君墓誌銘〉，收入《韓國文集叢刊》，冊296（首爾：民族文化推進會，2002），頁401。

灣史的討論適足以說明此種特色。蕭阿勤注意到在1980-1990年代的臺灣，一群知識精英有意識地建構臺灣特殊性，[18]或者說是「臺灣文化」，這具體展現在臺灣方言、文學與歷史意義的演變上。在此論述中，1920-1990年代的臺灣文學，象徵臺灣人對於獨特民族性的一貫追求，而台語的文字系統則是確認臺灣性存在的證據。[19]因此，王明珂將1990年代以來關於臺灣文化的討論，理解為「主要意義在於重新詮釋臺灣人與臺灣文化的特質，藉此脫離或淡化與中國的關聯」。[20]日治臺灣史被描繪成一篇獨立的詩歌，傳達了一種前後一致的論述。

王甫昌則更細緻地分析不同族群的文化精英，[21]他以1997年教科書風波為中心的研究，亦凸顯知識精英對自身文化存亡的不安。他強調外省族群對教科書內容改變感到憂慮，來自於其文化將被消滅的想像，而這其實根植於不同族群之間的對抗。[22]蕭阿勤等人的研究凸顯知識精英在政治變遷後的反應，但分析的過程中係以「族群」（ethnic group）作為討論的基準，[23]這可視為討論「族群認同」（ethnic identity）的作品。族群認同的本質在於

---

[18] 必須申明的是，這種論調並非指臺灣性是虛假的，在相關討論中，中國性同樣是被建構的。

[19] 蕭阿勤，《重構臺灣：當代民族主義的文化政治》，臺北：聯經出版公司，2012。

[20] 王明珂，《華夏邊緣──歷史記憶與族群認同》（臺北：允晨文化，1997），頁400。此外，關於臺灣歷史的詮釋問題，亦可見蕭阿勤，《重構臺灣：當代民族主義的文化政治》，〈第七章 書寫民族歷史〉，頁274-322。同樣的，一段歷史也可能被解釋成另一面貌，如臺灣新文學也可能批染上民族色彩，見蕭阿勤，〈抗日集體記憶的民族化：臺灣一九七〇年代的戰後世代與日據時期臺灣新文學〉，《臺灣史研究》，9卷1期（臺北，2002），頁181-239。

[21] 王甫昌，《當代臺灣社會的族群想像》，臺北：群學，2003。

[22] 王甫昌，〈民族想像、族群意識與歷史──《認識臺灣》教科書爭議風波的內容與脈絡分析〉，《臺灣史研究》，8卷2期（臺北，2001），頁89-140。

[23] 關於「族群」作為一種研究方法，王明珂已有詳細的討論，簡言之，族群是「建構論」或「客觀特徵（體質）論」決定了族群的本質，也決定了討論族群認同的方式，見氏著，《華夏邊緣──歷史記憶與族群認同》，頁23-94。

擁有共同的祖先、文化、體質，並以自己的族群為中心來分類、排序其他族群，文化特徵固然是分別不同族群的重要元素，但血緣仍是不可忽視的要件。本文所稱的文化心態則與此不同，文化心態的根本不在於是否擁有「共同的祖先」，而是彼此是否分享一致的價值觀、歷史與文化。持同一文化心態的群體，往往將自身文化視為最成熟完善的價值系統，並以此劃分「我者」與「他者」。

日治時期在臺灣進行的皇民化運動[24]不妨從心態的角度理解，日本政府為使臺人上陣作戰，不僅提供裝備與軍事訓練，更重要的是全方位地改變臺人的生活體驗，如生活方式、服裝衣飾、宗教信仰、語言文字等，俾使臺人成為日本人，[25]甚或造就更純正的日本人。此種同化政策，或稱之為「日本化」的文化政策，日本政府可謂積極投入，如為不同的殖民地量身打造相異的歷史教科書，都是從意識上型塑一種身為日本人的使命感。[26]因此，當日本政府在戰爭時期徵召志願兵時，臺灣青年們流行著以鮮血書寫從軍志願的風氣，倘若從認同與心態的角度解釋，「血書志願」即非不能理解之事。[27]

近代臺灣與日治時期的研究間有相似之處，它們同樣透露出認同的建構性與目的性，意識形態可以經由人為的塑成，也同時必須有明確而集中的目標，以此為界，劃分彼此。但兩者也有本質上的差異，皇民化運動明顯地是由官方發動的文化政策，這與

---

[24] 已有學者注意到皇民化運動並不如印象中是「系統地」、「全面地」進行，甚至不是日本政府首先提出的用語，見蔡錦堂，〈再論「皇民化運動」〉，《淡江史學》，18期（臺北，2007），頁227-245。

[25] 荊子馨，《成為日本人：殖民地臺灣與認同政治》（臺北：麥田，2006），〈導論〉，頁17-32。

[26] 周婉窈，〈歷史的統合與建構──日本帝國圈內臺灣、朝鮮和滿洲的「國史」教育〉，《臺灣史研究》，10卷第1期（臺北，2003），頁33-84。尤以頁67-73為詳。

[27] 周婉窈，《海行兮的年代：日本殖民統治末期臺灣史論集》，〈從比較的觀點看臺灣與韓國的皇民化運動〉，頁33-75。尤以頁65-72為詳。

臺灣族群之間的問題不同，而本文關於朝鮮的討論，著眼於知識精英扮演的角色，並非官方刻意營造的意識形態。

　　另一以知識分子為主角的研究是關於「清末民初中國國族」的建構，清末的知識分子為了建立新國，肇建民族國家，極力創造民族英雄的譜系，鄭成功、關羽、班超成為耳熟能詳的國族英雄，其中尤以「黃帝」故事的流傳最為普遍，至是有人人皆為「炎黃子孫」的說法。[28]此外，沈松僑的研究指出，當時的有識之士如梁啟超（1873-1929）、康有為（1858-1927）、章太炎（1869-1936）因各自對國家認知的差異，導致他們各自擁有不同的民族英雄。例如，維新派強調未來的新國必須容納萬民，非止於漢族獨有，因此在標榜血統條件的黃帝之外，梁啟超等又轉而擁護孔子成為國族象徵。[29]同時，標舉「驅逐韃虜，恢復中華」的知識分子不僅心繫炎黃譜系，更喚起逝去的晚明故事，激發時人的民族情緒。因此，清末一股追尋晚明的風尚，不啻是建立新認同需求下的產物，是以章太炎、柳亞子（1887-1958）必須集會虎丘，積極收集南明故事，用以增強反清意識。[30]

　　章太炎的行為在歷史上絕非少數，清末知識分子對於明朝故事的留戀亦非孤例，著名的明遺民張岱（1597-1679）在明亡

---

[28] 沈松僑，〈振大漢之天聲——民族英雄系譜與晚清的國族想像〉，《近代史研究所集刊》，33期（臺北，2000），頁77-158。

[29] 沈松僑，〈我以我血薦軒轅——黃帝神話與晚清的國族建構〉，《臺灣社會研究》，28期（臺北，1997），頁1-77。

[30] 相關研究見王汎森，《中國近代思想與學術的系譜》（臺北：聯經出版公司，2003），〈清末的歷史記憶與國家建構——以章太炎為例〉，頁95-108。秦燕春，《清末民初的晚明想像》，北京：北京大學出版社，2008。王汎森，《權力的毛細管作用：清代的思想、學術與心態》（臺北：聯經出版公司，2013），〈道、咸以降思想界的新現象——禁書復出及其意義〉，頁603-643。值得注意的是，秦燕春不否認政治因素是導致「晚明」在清末民初盛行的原因，但他也指出幾個政治以外的因素，如傳統士人對文物的喜愛，以及晚明所透露的現代性，而他認為晚明議題最終回歸於書房，不妨視為去政治化的結果。

後即努力寫就《石匱書》，留存有明一代史事，他在甲申之後的生活一轉過往的享樂，這不僅傳達對過去行為的反思，也訴說著對明朝的緬懷之情。[31]顯而易見的是，明清之際與清末民初的背景相異，表面上章太炎與張岱的行為或許類似，但在動機與目的上則全然不同。新時代知識分子的努力，在於對國家的渴求，但明遺民的目標，卻是滿足自己對過往的懷念，以及對現下不滿的抒發，前者可說是一種被建構的論述，但後者更多是一種「自覺」，是一種「心態」。同時，我們必須注意的是，時代愈前，官方的影響力愈有限，尤其是近代興起的印刷資本主義（print-capitalism）與各類媒體、交通條件，[32]確實應與傳統中國區隔。因此，儘管我們得以使用認同的概念解釋諸多現象，但明遺民案例的討論，相較於「被建構」的特性，他更顯得是一種「自覺」，以下就文化心態的角度回顧明遺民的研究。

 明遺民的認同

　　關於明遺民對清廷的認同問題，藍德彰（John D. Langlois）經典性的研究即從文化層面看待明遺民的政治認同，他注意到明遺民對於元史的熱烈討論，肇因元朝與清朝的統治確實存在某種相似性，是以漢族士大夫回歸歷史經驗中，尋找在清代安身立命的依據。明遺民發現中國文化在蒙元的統治之下，實更加蓬勃，且肯定當時的文壇盟主許衡（1209-1281）仕元，認為他藉由出

---

31 關於張岱的遺民情懷，見史景遷（Jonathan D. Spence），《前朝夢憶：張岱的浮華與蒼涼》，臺北：時報出版，2009。
32 班納迪克‧安德森（Benedict Anderson）強調印刷資本主義作為形成「共同體」的必要條件之一，是形成社群分享經驗的重要推力，見氏著，吳叡人譯，《想像的共同體：民族主義的起源與散布》，臺北：時報出版，2010。

仕維續中國文化的生命。[33]藍氏的觀點無疑是一種以文化為核心的思維，倘若我們以文化主義（culturalism）、文化心態的方式思考明遺民的政治認同，不妨將政治認同（identity）視為政治上的選擇（choice），而對於文化價值的認同與否，才是決定政治選擇轉向的內因。

　　另一個辨析明遺民認同的方式，即是從「誰是明遺民」的角度設問。有關明遺民的定義歷來學界定義不一，何冠彪認為「明遺民的本意是指國亡而遺留下來的人民，至於現在指易代後不仕新朝的人。」[34]王璦玲則將明遺民定義為「大致應指凡自覺為『遺民』，或自覺對於前代應有一種『效忠』之情操者，不論其是否為當時社會或後代史家定義為『遺民』，皆屬在內。」[35]正如王成勉的評論所示，何氏的說法忽略明遺民對於「出仕」實可以有不同的考量，為官可能基於延續文化的目標，不應舉也可能是因孝不出。再者，以出仕與否來界定遺民身分，無疑是排除婦女、商人等不具官職的遺民。此外，王璦玲的定義雖然解決分類上的難度，平民百姓也得以目為遺民，但這種過於寬泛的自覺，似乎又喪失公認的界定與標準。[36]

　　事實上，王成勉一方面回顧明遺民的研究，[37]另一方面也反

---

[33] John D. Langlois, "Chinese Culturalism and the Yuan Analogy: Seventeenth-century Perspectives," *Harvard Journal of Asiatic Studies*, Vol. 40, No.2（December, 1980），pp. 355-398.

[34] 何冠彪，《明末清初學術思想研究》（臺北：學生書局，1991），〈論明遺民之出處〉，頁102。

[35] 王璦玲，〈記憶與敘事：清初劇作家之前朝意識與其易代感懷之戲劇轉化〉，《中國文哲研究集刊》，24期（臺北，2004），頁40。

[36] 關於王成勉對明遺民定義的討論，見王成勉，《氣節與變節：明末清初士人的處境與抉擇》（臺北：黎明文化，2010），〈再論明末士人之抉擇——近二十年的研究與創新〉，頁15-17。

[37] 王成勉，《氣節與變節：明末清初士人的處境與抉擇》，〈明末士人之抉擇——論近年明清轉接時期之研究〉，頁1-14。王成勉，《氣節與變節：明末清初士人

思如何定義遺民，他認為明遺民應界定為「在明末或是鼎革之際出生，但拒絕認同新朝的人。而不認同的方法可以很多元，也很豐富的來表達。」[38]值得注意的是，王氏強調不認同的方式很多元，可經由不同的形式表達，儘管他與王璦玲同樣強調「自覺」作為判斷遺民身分的重要依據，但他將出生的斷限作為條件之一，更指出不論表達的方式多元與否，但確實必須存在一個「不認同的方法」。因此，明遺民的政治選擇不能完全視為對清廷的認同，實需更細膩地考察選擇背後的動機，而文化因素的比重在討論的過程中愈顯重要。

　　一個幫助我們理解的例子是林麗月關於明遺民衣冠的研究。林麗月注意到原本是生活日用的服飾，在明清之際卻深載文化意涵，一方面因衣冠乃有明一代的定制之外，更因為儒服、網巾象徵著中國文化，不僅別尊卑、明貴賤，更有區隔華夏夷狄之深意，職是之故，薙髮易服就不僅止是政治認同（political identity）的象徵，更是傳達文化性的信號。[39]由此可知，明遺民對於清政權的認同與否，也可經由政治之外的層面考察，倘若深入遺民的生活情境，關注他們的言行、書寫以及生活物件，我們或能發現背後的文化深意，這正是從文化心態理解明遺民的意義。

　　值得注意的是，明遺民此種對文化的自覺與認同，隨著清朝的建立而迅速消失，至是有「遺民不世襲」的說法，何冠彪關於明遺民出處的討論，已明確地觀察到遺民子弟出仕的急迫。一方面遺民心態隨著時間淡化，清廷的威迫利誘雙管齊下，另一方面經由出仕取得生員資格，就得以保有身分地位，為官不見得

　　的處境與抉擇》，〈再論明末士人之抉擇——近二十年的研究與創新〉，頁15-31。
[38] 王成勉，〈再論明末士人之抉擇——近二十年的研究與創新〉，頁17。
[39] 林麗月，〈故國衣冠：鼎革易服與明清之際的遺民心態〉，《臺灣師大歷史學報》，30期（臺北，2002），頁39-56。

是「慕榮利」，也可能出自「保身家」的需求。[40]黃毓棟關於明遺民家族的研究即證明遺民生活的複雜性，他發現寧都的魏家策略性地安排子弟出仕，這一方面在鄉里可保有遺民身分，不致失節，另一方面又可維持一定的社會地位。[41]

不論如何，清廷積極拉攏明遺民的文化政策，以官位勸誘明遺民也好，甚或直接施壓以強迫出仕也罷，確實有效地在一個世代[42]內使絕大部分的明遺民歸心，即使是著名的大儒黃宗羲（1610-1695）亦在晚年以「聖天子」稱譽清朝君主，其餘明遺民的景況即不難想見。[43]導致明遺民認同轉變的關鍵之一，在於清初以來社會的安定以及文治的提倡，尤其順治、康熙年間對大部分的百姓而言，相較明末的動亂，確是生民樂利的太平歲月。其中康熙帝（1661-1722在位）主政期間，文治卓著，四境晏然，他自身更熟習中國傳統文化經典，儼然聖君再世，令不少明遺民與漢族士大夫歸心。清代士大夫筆下的康熙，乃「道統」與「治統」合一的聖君，滿洲統治者藉此拉近君臣之間的文化距離，也奠定清代治統的正當性。[44]在此情況下，清廷對漢族士人的文化政策與時俱進，藉由不同的手段分化明遺民，安撫與打壓

---

[40] 何冠彪，《明末清初學術思想研究》，〈論明遺民之出處〉，頁53-124。何冠彪，《明末清初學術思想研究》，〈論明遺民子弟之出試〉，頁125-168。何冠彪，《明清人物與著述》，〈明遺民對出處的抉擇與回應——陳確個案研究〉（臺北：臺灣商務，1996），頁95-140。

[41] 黃毓棟，〈明遺民家庭對出處的安排——寧都魏氏個案研究〉，《漢學研究》，22卷2期（臺北，2004），頁387-419。

[42] 如李瑄認為明遺民的活動時間大致上起1644，下至1692年，約50年。見李瑄，《明遺民群體心態與文學思想研究》（成都：巴蜀書社，2008），頁5。

[43] 相關研究時常提及此事，僅舉二例，見何冠彪，《明末清初學術思想研究》，〈論明遺民子弟之出試〉，頁125-168。陳永明，《清代前期的政治認同與歷史書寫》（上海：上海古籍出版社，2011），〈遺民意識與「君臣之義」：黃宗羲的個案〉，頁23-41。

[44] 黃進興，《優入聖域：權力、信仰與正當性》（臺北：允晨文化，1994），〈清初政權意識形態之探究：政治化的道統觀〉，頁88-124。

同時進行，隨著第一代明遺民的殞落，清廷文網日張，明遺民的世代也步入尾聲。[45]必須指出的是，以上討論明遺民消亡的方式，無意間凸顯生於明代的士人與生於清代的士人不同，截然二分。但陳永明的研究提醒吾人，「明人」或「清人」的身分認同其實是自由的，並未受到明確成長時間的影響，一位活躍於明末的士人可能自認為清人，但也可以保持明人的認同，且不被時人視為怪異之事。[46]

同時，陳永明的研究分疏不同政治認同所導致的差異，最為顯著的不僅是出仕與否，更見於漢族士大夫對於歷史的詮釋，如清初士人對於書寫南明歷史的主流看法，有一段從「為故國存信史」到「為萬世植綱常」的歷程。[47]明遺民擔憂故國歷史將被清修《明史》取代，於是自行記述明代史事，但隨著政治認同的轉向，歷史書寫的目標又回歸到儒家綱常的脈絡中。陳氏以此解釋史書內涵的轉變，但我們必須追問的是，何以政治認同產生變化？甚麼因素決定政治認同的轉向？

顯而易見的是，影響明遺民政治抉擇的關鍵在於文化因素，藍德彰的研究提醒我們明遺民在價值觀的排序上並不以政治作為最高原則，不論這是「事前的信念」（before the fact belief）或是「事後的合理化」（after the fact rationalization），認同明與認同清之間，毋寧解釋為認同何種文化、以何種文化為自身生活的依據。簡言之，中國士大夫實是文化界線深於民族界線的。[48]因

---

[45] 李瑄，〈清初五十年間明遺民群體之嬗變〉，《漢學研究》，23卷1期（臺北，2005），頁291-324。

[46] 陳永明，《清代前期的政治認同與歷史書寫》，〈明人與清人：明清易代下之身分認同〉，頁68-102。同時，這也表示一個清人是可以自認為明人。

[47] 陳永明，《清代前期的政治認同與歷史書寫》，〈從「為故國存信史」到「為萬世植綱常」：清初的南明史書寫〉，頁105-148。

[48] 事實上，這種價值觀並非只見於明遺民或明清之際，中國士大夫一直以來都是重

此，徒以政治認同或族群（民族）認同分析明遺民的出處，實無法完全避免文化層面的討論，從文化心態的視野觀察，方能從動機的來源解釋歷史事件。這並非否定其他因素的影響，政治力的壓迫與現實考量確實困擾著明遺民，但在文化心態的理解中，出仕並不代表對清廷的絕對認同，為官可能是為了在清季保存漢文化，出仕也不代表脫離遺民群體。[49]

一個值得思考的案例是潘檉章（1626-1663）之弟潘耒（1646-1708），他生於甲申之後，潘檉章因莊廷鑨明史案牽連，遭清廷逮捕入獄，凌遲處死。[50]潘耒的身世或可被理解為一位遺民，在家庭因素之外，他更曾師事顧炎武（號亭林，1613-1682）與徐枋（號俟齋，1622-1694），亭林的《日知錄》與俟齋的《居易堂集》皆賴其整理而刊行於世。顧炎武乃著名的遺民不待言，徐枋更是自況明亡後「前二十年不入城市，後二十年不出戶庭」[51]的遺民大儒。潘耒的家庭或私交儘管擁有濃厚的遺民色彩，但他仍在康熙年間舉博學鴻詞，投入《明史》的纂修工作。潘耒的案例必須從文化心態的角度理解，方能解釋其政治選擇的轉變。

「文化」輕「種族」，以文化作為認同的憑據，是中國傳統文化一致的內涵。錢穆即明確表示：「在中國人觀念裡，本沒有很深的民族界線，他們看重文化，遠過於看重血統」、「中國人的文化觀念，是深於民族觀念的。換言之，即是文化界線深於民族界線的。」見氏著，《中國文化史導論（修訂本）》（臺北：臺灣商務印書館，1993），頁133、148。

[49] 如貳臣與遺民的交往，貳臣與遺民並非視若仇敵的群體，反而是相互幫助且延續在明代的情誼，見李瑄，〈明遺民與仕清漢官之交往〉，《漢學研究》，26卷2期（臺北，2008），頁131-162。陳永明，《清代前期的政治認同與歷史書寫》，〈降清明臣與清初輿論〉，頁42-67。

[50] 關於清代文字獄的討論以及各式文字獄起因的分類，見葉高樹，《清朝前期的文化政策》（臺北：稻鄉出版社，2009），頁240-281。

[51] 徐枋，《居易堂集》（上海：華東師範大學出版社，2009），上冊，〈序〉，頁2。

誠然，文化心態的視野固然不排除純粹的政治認同或種族主義，如魏裔介（1616-1686）雖生於明代，卻積極為清任事，不見思明之語。[52]顧炎武雖然是一位種族主義者，以體質、血統界定華夷秩序，但他堅持不出的理由卻是母親的遺命，而觀諸其於「亡國」、「亡天下」的討論，及學術上的經世態度，又處處得見文化主義的痕跡。[53]因此，文化心態更著重在理解士人「面對抉擇時」與「改變立場後」的思維，我們應當將此視為文化內因的影響，而非止於政治風向的轉變。

此外，文化心態的研究取徑更能凸顯知識精英對歷史情境的反應，以常理推論，潘耒的出仕是不可理解的，其兄遭戮，又師事遺民大儒，但是納入文化因素的考量，以及回歸歷史情境的分析，即顯得合情合理。遺民身分不僅本來就是得以經由家族安排的，[54]同時也不能以世代區別身分認同，明人與清人既然是得以自由選擇的身分標籤，則以文化存續為考量的努力，也並非代表與遺民身分告別。

更重要的是，探究個人的心態，方能突出認同的「頑固深植」，[55]明遺民出仕為官不一定影響他原本的心態，原因可以是為保身家，可以是如亭林般因孝而忠，更可以出於民生國計的考量。這益顯明遺民認同的頑固，一方面最決絕的明遺民寧願閉門不出，不入城、不赴講會、不結社，與明世一同居於土屋之

---

[52] 關於魏裔介的生平見氏著，《兼濟堂文集》（北京：中華書局，2007），上冊，〈前言〉，頁1-16。

[53] 何冠彪對此有詳細的論證，顧炎武雖然強調「治統」與「道統」的重要性，但清季治統已失，轉而強調「道統」的論調，不惟是一種文化主義，見氏著，《明末清初學術思想研究》，頁135-139。

[54] 如前述黃毓棟的研究所示，遺民身分有時得以經過家族的安排，見氏著，〈明遺民家庭對出處的安排——寧都魏氏個案研究〉。

[55] 此為蕭阿勤語，見氏著，〈高格孚，《風和日暖：臺灣外省人與國家認同的轉變》〉，《臺灣社會學刊》，33期（臺北，2004），頁239-247。

中，[56]一方面也可能因文化的認同而步入官場。

　　必須指出的是，在文化心態的視野下，明遺民與朝鮮士人一同走進我們的視界中，與明遺民一樣，1644年的鉅變對朝鮮士大夫來說同為「天崩地解」的易代之痛，而朝鮮正祖國王（李祘，1776-1800在位）一句「顧今神州陸沉，一部《春秋》無地可讀」，[57]更道破朝鮮對清人的認同基準在於文化，而非純粹的種族問題。及至嘉慶三年（1798），朝鮮成均館的太學生們因言官申若樞一封頌揚清朝的奏疏而發怒，仍聲稱「凡今人心，日以益陷，世級日以漸降，一部《春秋》，雖云無地可讀，而凡有血氣之倫，孰不知夷之可攘，華之可尊？而噫彼若樞，抑何心腸，萌於心而筆之書，汙我四百年冠裳之域耶？」[58]這是因為「四海九州，盡入腥羶」。[59]朝鮮所在乎的是存「四百年冠裳之域」的文化之境。

　　倘若從文化心態的思維理解朝鮮對清朝的態度，則關於明遺民的討論或能幫助我們解釋朝鮮「矛盾」的行為。朝鮮在1636年後奉清正朔，恪承事大之禮，當1650年代屢有明遺民漂流到朝鮮時，孝宗並未寬容地收留或遣返他們，而是縛送北京。回想孝宗與宋時烈的對話，難道不顯矛盾？這似乎不符合一個「為明復仇」的國王形象。如陳永明的研究所指，明人與清人並非絕對的身分認同，朝鮮在明清鼎革後選擇服膺清朝，即使處處得見忠清

---

[56] 王汎森即注意到明遺民一種對於道德特別嚴格的現象，遺民為了守節，甚至出現不入城、不赴講會、不結社等現象。見氏著，〈清初士人的悔罪心態與消極行為——不入城、不赴講會、不結社〉，收入周質平、Willard J. Peterson編，《國史浮海開新錄：余英時教授榮退論文集》（臺北：聯經出版公司，2002），頁367-418。
[57] 《朝鮮王朝實錄》，冊44，正祖2卷，即位年12月9日丙午條，頁642。
[58] 《朝鮮王朝實錄》，冊47，正祖49卷，22年10月16日丙午條，頁119。
[59] 《朝鮮王朝實錄》，冊44，正祖1卷，即位年4月24日乙丑條，頁573。

舉動，亦不害其思明之心。職是之故，朝鮮實是藉由政治的選擇，維護自身的文化，因此孝宗對於遣送明遺民入京也曾表示：

> 前日我國之人不能善處，束縛天朝赤子，投諸虎狼之口，竟至斬殺無遺，予常痛恨。今又以此輩驅送彼中，予豈忍此乎？但念既不能善處，則雖以煦煦少仁，掩置不送，其在國家之計，漏洩之患，亦不可不慮。漏洩之後，彼雖致責於國家，其患必不至於覆亡，不須關念，而每以此等事，歸咎於任事之臣，恐嚇操縱，侵辱萬端。[60]

倘若從文化心態的角度分析，這看似矛盾的心態，即得以解釋孝宗口中難以掩飾的無奈。

明遺民與朝鮮士人之間確實存在諸多相似之處，在文化心態的平臺上，朝鮮為明守節的故事，倘若轉為明遺民傳的內容，也是可以理解的。[61]而朝鮮士人對於明遺民的作品也極力訪求，如洪大容（1731-1783）與清朝翰林筆談時，還特意詢問「呂晚村文集有無？」[62]但是，強以明遺民的概念處處解釋朝鮮的思明，仍不足以說明朝鮮思明的內涵與特殊性，也不是本文以文化心態討論朝鮮個案的目的。朝鮮的歷史必須回歸自屬的脈絡中討論，明遺民的研究不妨作為一參照，而明遺民與朝鮮士人的相互理解，將有助於尋覓彼此尚待填補的空白。以下將析論朝鮮的思明

---

60 《朝鮮王朝實錄》，冊35，孝宗8卷，3年4月26日丁卯條，頁551。
61 如乾隆11年（1746），朝鮮仍有一位「崇禎處士」洪宇定，史稱「洪宇定，嶺南節士也。當丙子亂後，隱於太白山中，累除職不仕，嶺南人士至今稱之為崇禎處士。」見《朝鮮王朝實錄》，冊43，英祖64卷，22年8月22日乙酉條，頁221。
62 洪大容，《湛軒燕記》，收入《燕行錄全集》（首爾：東國大學，2001），冊42，頁28。

內涵，以及朝鮮個案在文化心態的研究中有何特殊性？他與明遺民之間有何不同？

為什麼是朝鮮？

首先，經由上述關於認同研究的討論，可將認同性質略分為兩個類型，其一是由上到下的，由官方藉由各種政策工具營造的認同；其二是由下到上的，由知識精英建構的文化特殊性。誠然，分析的過程無法全然劃分兩者，往往到後期是一種互相影響與對話的進程，但臺灣知識分子與皇民化運動的案例之間，仍可見顯著的差異。另一晚近的例子可幫助我們思考上述兩者的不同，即是關於「新清史」的研究。新清史主張用更寬廣的視野理解清代的各種政策，簡言之，即是以「滿洲中心」的思維重新檢討清代歷史。[63]在此意義上，清朝成功統治中國的要素之一，即是滿洲人維持自我認同的努力，因此乾隆帝（1735-1796在位）任內編纂《八旗通志》、《滿洲源流考》，皆可被視為因應時代變遷，整理或維繫認同的手段。[64]

不論新清史的論述能否全面地解釋清史的特殊性，但藉此角度理解滿洲君主告誡「勿沾染漢俗」的言論，確實凸顯「滿洲、漢族」之間的差異，也彰顯不同群體之間對於文化存續的緊張關

---

[63] 關於新清史綜合性地討論，見王成勉，《氣節與變節：明末清初士人的處境與抉擇》，〈沒有交集的對話——論近年來學界對「滿族漢化」之爭議〉，頁289-305。葉高樹，〈最近十年（1998-2008年）臺灣清史研究的動向〉，《臺灣師大歷史學報》，40期（臺北，2008），頁137-193。近來學界對新清史的研究思維也多有反省，見葉高樹，〈「滿族漢化」研究上的幾個問題〉，《中央研究院近代史研究所集刊》，70期（臺北，2010），頁195-218。黨為，《美國新清史三十年：拒絕漢中心的中國史觀的興起與發展》，上海：上海人民出版社，2012。

[64] Pamela K. Crossley, *A Translucent Mirror: History and Identity in Qing Imperial Ideology* (Berkeley: University of California Press, 2001).

係。但必須指出的是，這仍舊是一種由上而下的視野，明遺民與朝鮮士人的案例與此相似，但毋寧理解為個人的自覺，而非官方強加於身上的認同。因此，本文將焦點更著眼於士人群體如何面對明清變局，而非以官方的政策為討論的重點。

其次，深究知識精英的心態，往往伴隨而來的是對文化存續的不安與焦慮。當政治生態大變，對文化依賴深著的群體而言，自身信奉的文化如何維繫，是與國家存亡之間聯動的命題。清末知識分子極力建構國族符號之際，正是西力日熾之時，肇建新邦成為有識之士的盼求，臺灣外省精英的不安也是1960年代以來國際局勢動盪的結果。而認同問題在朝鮮的出現，亦是明清鼎革下的產物，明遺民與朝鮮在共同面對新局的情境下，文化方成為不可避免的問題。

上述的討論或有助於理解朝鮮的處境，一個以「小中華」自譽的衣冠之國，在明清轉接之際，面臨與明遺民相似的景況。朝鮮面對明朝的滅亡，不啻是文化滅絕，新主又被目為胡虜夷狄，不復華夏之後，在政治與文化抉擇的兩難下，朝鮮對明朝的情感成為對過往的思念。但是，朝鮮個案在文化心態的意義上是獨特的，與其他認同案例之間或可進行比較，本質上卻不盡相同。其一，朝鮮士人的思明情感不屬於一種官方全面地意識改造運動，也絕非一個「創造國族」的進程。其二，或許有論者將思明視為明遺民式的論述，但朝鮮不僅維持得更久遠，情感更深厚，且朝鮮在明亡後繼續維持的認同，並不是一個朝鮮「原生」的產物。朝鮮在明亡後一系列的文化政策，或士大夫言論表露的心態，不是紹述朝鮮神話中的箕子或檀君，[65]更非以朝鮮國王或英雄人物

---

[65] 檀君是傳說於西元前2000年建立檀君朝鮮，是一位神話人物，但在近代成為朝鮮國族的象徵。

李舜臣（1545-1598）為中心的論述，而是選擇明朝文化作為認同的依據，但這卻是一個「外來」文化。

　　近代臺灣知識分子對於日治時代的解釋、日治時代的皇民化運動、晚清民初與新清史的研究，都強調這些群體所援引的認同是根植於自屬的文化脈絡，即使楊瑞松關於國族建構的研究中，特別強調「西方」的元素作為「中國國族」建構的重要推力，但西方論述中的「病夫」也必須經過「東方化」，成為一個「東亞病夫」；西方論述中的「黃禍」也必須藉由「民族化」，成為漢族中心的「黃禍英雄」。[66]文化心態的深意在於不強調共同祖先，而是共同的價值觀決定了彼此的界線，這些研究所顯示的心態，皆回歸於自己的歷史中，但朝鮮深植的文化卻是來自於「大明天地」的價值觀。

　　因此，朝鮮的思明是獨特的，而這也說明本文以朝鮮進行研究的意義，朝鮮的思明文化得以與各種認同研究交流，尤其在與明遺民群體對話的過程中，彼此發掘尚待深入的議題。但我們必須追問的是，甚麼是「思明」？思明具體包含哪些行為？思明如何被發現？而我們又應該如何理解思明？分疏此類問題，將有助於展開本文的論證，並凸顯思明的意義。

 中朝關係與思明研究

　　2000年以來，中朝關係史研究逐漸受到學界重視，尤其2001年韓國東國大學出版《燕行錄全集》，[67]扭轉過去材料零散、版

---

[66] 楊瑞松，《病夫、黃禍與睡獅：「西方」視野的中國形象與近代中國國族論述想像》，臺北：政大出版中心，2010。

[67] 林基中編，《燕行錄全集》，首爾：東國大學，2001。

本不一的狀況。[68]同時，葛兆光提倡「從周邊看中國」，[69]為中外關係提供交流的平台，[70]而文化交流史的議題亦由「西方」與「東方」相遇，轉為關注區域間的聯繫與變遷。[71]簡言之，中朝關係研究的興起，一方面得力於新材料的陸續出版，另一方面則是趁學術風尚轉向之際，成功地吸引許多社群的關注。因此，2000年以來中朝關係研究的出版品，多出自研究明史、清史的學者之手，他們援引中朝相關史料，試圖以「域外之眼」重新省視過去的研究。[72]

有鑑於此，傳統中朝關係的許多主題不僅成為反省的焦點，更是投入相關研究不可忽視的環節，例如漢字文化圈、宋明理

---

[68] 此書雖號稱全集，仍有部分缺陷，後續林基中與夫馬進合作，編纂日本所藏材料，並整理韓國未出版材料，一系列的出版為中朝關係研究打下深厚的基礎。關於《燕行錄》出版的考訂問題，見漆永祥，〈關於「燕行錄」界定及收錄範圍之我見〉，《古籍整理研究學刊》，5期（長春，2010），頁60-65。左江，〈值得關注的燕行錄文獻〉，《古典文學知識》，2010年1期（南京），頁122-129。而後續《燕行錄》的出版則是林基中、夫馬進編，《燕行錄全集日本所藏編》，首爾：東國大學，2001。林基中編，《燕行錄全集補編》，首爾：東國大學，2008。成均館大學大東文化研究所編，《燕行錄選集・補遺》，首爾：東國大學，2008。復旦大學文史研究院、成均館大學東亞學術院大東文化研究院合編，《韓國漢文燕行文獻選編》，上海：上海復旦大學出版社，2011。

[69] 葛兆光對中外關係的研究極為關注，近年的論著已集結成書，見氏著，《宅茲中國——重建有關「中國」的歷史論述》，臺北：聯經出版公司，2011。另有復旦大學文史研究院編，《從周邊看中國》，北京：中華書局，2009。

[70] 復旦大學文史研究院不僅出版中朝《燕行錄》，範圍更擴及越南、日本、琉球。該院《復旦文史專刊》亦出版相關論著，如夫馬進著，伍躍譯，《朝鮮燕行使與朝鮮通信使》，上海：上海古籍出版社，2010。

[71] 東亞為中心的討論，見黃俊傑，《東亞文化交流中的儒家經典與理念：互動、轉化與融合》，臺北：臺大出版中心，2010。尤以第一章為要。黃俊傑，〈東亞文化交流史中的「去脈絡化」與「再脈絡化」現象及其研究方法論問題〉，《東亞觀念史集刊》，2期（臺北，2012），頁59-77。

[72] 關於近來韓國漢文文獻，以及中朝關係史在中國史上的意義，見吳政緯，〈從中朝關係史看明清史研究的新面向〉，《臺灣師大歷史學報》，51期（臺北，2014.6），頁209-242。王鑫磊，《同文書史——從韓國漢文文獻看近世中國》（上海：復旦大學出版社，2015），〈緒論〉，頁1-61。此外，以研究明清社會史著稱的王振忠亦注意到域外文獻的價值，近有《袖中東海一編開：域外文獻與清代社會史研究論稿》（上海：復旦大學出版社，2015）一書，值得讀者參考。

學、域外漢籍等議題，頓時成為討論中朝問題的基礎，而關於「朝貢體系」細節的討論即是在此脈絡上出現的。朝貢體系深刻地規範著明清兩代與朝鮮的往來，研究中朝關係多賴此框架展開，使明清朝貢諸議題頓顯重要。當代學者最常引用的專著莫過於張存武的《清韓宗藩貿易1637-1894》，[73]此書從1978年出版以來甚為學界重視，全書考證的時限上起皇太極下迄甲午戰前，從制度面勾勒出中朝往來的圖像，全面性地重建中朝貿易的細節，至今仍是不可或缺的參考著作。

但是，現下議題的重心已非1960-1980年代的比較史學、經濟史與政治史，[74]而是文化史取向的中朝關係。尤其2007年孫衛國《大明旗號與小中華意識——朝鮮王朝尊周思明問題研究（1697-1800）》[75]一書的出版，帶動後續一系列相關議題的發展，早期關注的議題為之一變，我們甚至可以將今日的中朝關係研究，認知為中朝文化史研究。孫衛國以「尊周思明」為中心的研究，可視為集大成之作。孫氏認為「尊周思明」方能完整地表述朝鮮特殊的認同，尊周即尊王，尊王即攘夷；思明即反清，反清即復明，[76]朝鮮對清廷的不認同必須衡量慕華事大的因素，也須同時檢驗他們尊明貶清的理論基礎，這兩者是互為因果的條件。

---

[73] 張存武，《清韓宗藩貿易1637-1894》，臺北：中央研究院近代史研究所，1978。

[74] 朱雲影，《中國文化對日韓越的影響》，臺北：黎明文化，1981。劉家駒，《清朝初期的中韓關係》，臺北：文史哲，1986。葉泉宏，《明代前期中韓國交之研究（1368-1488）》，臺北：臺灣商務，1991。

[75] 孫衛國，《大明旗號與小中華意識》。

[76] 如孫氏關於《尊周彙編》一書的討論，即把朝鮮修史書的行為理解為「尊周意在尊明，尊明旨在反清，從而表明朝鮮承繼了明朝以來的中華正統。」見氏著，《大明旗號與小中華意識》，頁353。

綜觀孫氏的研究，他認為思明主要表現在五個方面，[77]分別是：

（一）崇祀祭拜明朝皇帝

（二）編修中國史書問題

（三）明遺民及其後裔問題

（四）暗中遵用明正朔

（五）珍視明朝遺物

在孫氏的討論中，係按照不同群體與物質所展開的論述，如官方為紀念萬曆帝（1572-1620在位）而興建的「大報壇」，意為報答明朝大恩，這牽涉朝鮮官方與士林之間的關係。朝鮮士林自行建立的「萬東廟」，則是以朝鮮士大夫為主體的研究。此外，流亡朝鮮的明遺民也在討論之列，他們不僅受朝鮮官方禮遇，更在朝宗巖建「大統廟」，特意選擇朝宗巖一地，其意義昭然若揭。

孫衛國的研究拓寬了思明問題的視野，他的討論範疇不僅囊括朝鮮官方、一般士人、明朝遺民，更使諸多空間與物質成為意義非凡的象徵。例如原本在明代不重要的空間，也會因為保有與明朝的連結，在清朝頓顯重要的文化深意。[78]但是，這並不表示認同的角度得以徹底含括思明的內涵，例如孫氏認為朝鮮仁祖對於臣子書寫清朝年號採取不同的態度，有時容忍倚重，有時卻加以懲處，反映出他矛盾的心態。[79]他所舉的幾個例子，官員們係來自於不同家族，且不同品階的官員，如「光州牧使宋國澤、全

---

[77] 孫衛國，《大明旗號與小中華意識》，頁11-15。

[78] 如朝鮮的關王廟在明代甚沒落，但卻在清代成為明朝文化的象徵，見孫衛國，〈朝鮮王朝關王廟創建本末與關王崇拜之演變〉，《東疆學刊》，27卷2期（延吉，2010），頁1-13。

[79] 孫衛國，《大明旗號與小中華意識》，頁235。

羅兵使黃緝」、「金尚善侄金光炫、領中樞府事李敬輿。」正如其指稱的：「政敵之間借是否用清正朔加以傾軋」，[80]顯見以朝堂案例分析思明問題的侷限性。

事實上，金載炫較孫氏更早的研究已經指出，朝鮮官方與士林之間對於「尊明」與否存在緊張性，誰先尊明以及如何尊明，毋寧是爭奪歷史解釋權的戰爭。金氏將朝鮮官方與士林的思明行為視為一種競爭，如宋時烈及其門生在地方興建廟宇，祭祀明朝皇帝，其實也象徵他們承繼某種文化資產。[81]金載炫具創見地從政治關係觀察，凸顯思明問題不僅是一種認同命題，思明在政局中也可理解為政治問題，而非純粹的文化問題，因此，倘若從政治問題的角度切入，朝鮮仁祖對臣子書寫清朝年號的反覆實為合情合理的政治判斷。誠然，目前尚缺乏一個客觀的評估標準，可以明確地區別思明議題中的政治問題與文化問題，但當行為與言論自我矛盾時，以文化之外的角度（如政治）考慮思明問題，更得以描繪事件的全貌。

金載炫的研究提醒我們在政治場域中，如何區別認同議題的難度，而完全避免政治因素的介入暫不可行，因此，如何審慎地選擇研究對象成為探討思明議題的要件之一。葛兆光一系列的研究即注意到一群離政治中心較遠的群體，他們是隨朝鮮使節團到清朝的隨行士人，這些漢學素養良好，能詩能賦的旅人們留下寶貴的紀錄，即今日統稱為《燕行錄》、《朝天錄》的日記或雜記。[82]

---

[80] 孫衛國，《大明旗號與小中華意識》，頁235。

[81] JaHyun Kim Haboush, "Contesting Chinese Time, Nationalizing Temporal Space: Temporal Inscription in Late Korea," in Lynn A. Struve ed., *Time, Temporality, and Imperial Transition: East Asia From Ming to Qing* (Honolulu: University of Hawai's Press, 2005), pp. 115-141.

[82] 《燕行錄》內容為明清五百年朝鮮士人的私人紀行文，使我們得以域外的另類視角重新審視中朝關係之變遷，並多方面讓我們理解中國的不同面貌。其他三種史

他以燕行文獻為基礎的研究，呈現一般朝鮮士人在明清易代後的兩百年，如何思念明朝，如朝鮮使節憑藉著想像編造關於中國婦女季文蘭的故事，述說這位淒苦女性在明清之際的悲痛。季文蘭隨著時代改變容顏，不論場景與內容都逐漸成為理想版本，她成為從南方來的悲戚人物，是劫後餘生的婦女，這都投射朝鮮在明清之際的心境。[83]儘管故事的真實基礎薄弱，但撥動無數朝鮮士人內心的明朝情結，一如朝鮮孝宗的北伐議論不論真實與否，都吸引著朝鮮人傳頌兩百年不輟。

既然清朝的文化不如明朝，則朝鮮使節的中國旅行，無異於一場「緬懷明朝」的盛大演出，他們一路上身著大明衣冠，沿途關注各式敏感的文化物品，在日記中不時自問「大明衣冠今何在？」[84]朝鮮士人洪大容與中國儒生筆談時，還特意提起一件在朝鮮流傳的故事：「十年前關東一知縣遇東使，引入內堂，藉著帽帶，與其妻相對即泣，東國至今傳而悲之。」[85]洪大容的記述提醒著我們，乾隆年間的朝鮮人仍在清中國裡尋覓明朝的蹤跡，他們熱切地訴說明朝故事，希望喚起中國人的情緒。文化交會之

料，則提供朝鮮國內的聲音，理解中國元素、朝鮮元素之間如何互動。其中《乾淨衕筆談》尤為討論朝鮮部分士人中國認識轉變關鍵的主要文獻。本文主要使用材料如下：林基中編，《燕行錄全集》，首爾：東國大學出版社，2001；洪大容、李德懋著，鄺健行點校，《乾淨衕筆談‧清脾錄》；朴趾源，朱瑞平點校，《熱河日記》；民族文化推進會編，《韓國文集叢刊》（首爾：民族文化推進會，1990）。其中，《韓國文集叢刊》自1990年起由民族文化推進會陸續出版，各冊出版年詳見各本註釋，為省篇幅，後文引用時僅註明冊別及出版年。關於《韓國文集叢刊》的學術價值，見衣若芬，〈韓國「民族文化推進會」與《韓國文集叢刊》的編纂與出版〉，《中國文哲研究通訊》，14卷1期（臺北，2004），頁203-208。
83 葛兆光，〈想像異域悲情──朝鮮使節關於季文蘭題詩的兩百年遐想〉，《中國文化》，22期（北京，2006），頁138-145。
84 葛兆光，〈大明衣冠今何在〉，《史學月刊》，2005年10期（開封），頁41-48。
85 洪大容、李德懋著，鄺健行點校，《乾淨衕筆談‧清脾錄──朝鮮人著作兩種》（上海：上海古籍出版社，2010），頁39。

間，中國儒生或因為朝鮮士人的衣著而喚起明朝記憶，但也可能誤解為「箕子遺制」，[86]不論如何，朝鮮使節熱衷於記錄時人對服儀的反應，也自豪地表露「得保衣冠」的驕傲，正顯現清代朝鮮人文化心態之深固。[87]

因此，朝鮮士人特別關心街邊的場戲演出，正因戲台上的伶優是少數在清代得以穿著漢族衣冠的職業，而朝鮮使節饒富興致地將場戲的意義解釋為「復見漢官威儀」也就不令人意外。[88]但是，朝鮮士大夫充滿思念的筆下，也可能受到個人關懷的影響，致使「中國情況」成為人人得以言之，但卻得到瞎子摸象般的答案。夫馬進細心地比較趙憲（1544-1592）的報告書《東還封事》與他的日記，發現兩者之間存在極大的落差，趙憲向國王的報告書明顯美化所見所聞，而這都出自於改革朝鮮內部的期盼，藉以向國人展示皇明中華的美好，無異於擘劃一張政治藍圖。[89]

不僅如此，夫馬進與葛兆光都將明清鼎革視為文化的斷裂，明清各自代表不同的文化脈絡，而這具體顯現在中朝交往的互動中。夫馬進認為清代朝鮮人相較同時的日本人、中國人而言，更為理性與嚴肅，中國與日本士人顯得感性傷感。例如洪大容與中國友人離別時，中國儒生居然感傷落淚，而令朝鮮人驚訝不解，夫馬進將此歸因於朱子學的影響，認為朝鮮士人熟習朱子學而顯

---

[86] 洪大容與江西儒生周應文交談時，周應文就把大明衣冠認作「箕子遺制」，見洪大容，《湛軒燕記》，收入《燕行錄全集》，冊42，頁33。

[87] 此類例子甚夥，詳第二章、第三章。以下僅舉一例說明，洪大容與兩位翰林相會時，注意到他們「觀良久不去」，第一次短暫的會面後，洪大容將此事視為「念兩人雖屈身胡庭，喜見我輩衣冠，必有所由也。」見洪大容，《湛軒燕記》，收入《燕行錄全集》，冊42，頁15。

[88] 葛兆光，〈「不意於胡京復見漢威儀」——清代道光年間朝鮮使者對北京演戲的觀察與想像〉，《北京大學學報·哲學社會科學版》，47卷1期（北京，2010），頁84-92。

[89] 夫馬進著，伍躍譯，《朝鮮燕行使與朝鮮通信使》（上海：上海古籍出版社，2010），〈第二章 趙憲《東還封事》中所見的中國情況報告〉，頁22-31。

得克制，中國儒生則受心學影響，被視為「多情」。[90]

　　儘管夫馬進關於「情」的討論尚欠缺更多研究支持，如研習朱子學對情感的影響，似不宜直接劃上等號。不過夫馬進的研究，揭露朝鮮的文化特質與清中國的知識階層並不一致，而這起自晚明的文化評論，傳達朝鮮士人對於中國事物保有獨到的看法，文化心態的疏離似乎並非清季方出的現象。正如其強調的，朝鮮人在文化上仰慕中華，但他們所接見的明朝官員、目睹的明朝文物似乎都不如預期，「隨著越來越不像『中華』，朝鮮士大夫便開始不斷地尋找在現實中並不存在的『中華』。」[91]換言之，朝鮮士人對明朝的批判，代表朝鮮比起明朝更像中華國度。[92]

　　將焦點置於使行路上的朝鮮使節，我們更容易發現文化在明清之際的變化，朝鮮對清朝的批判更多的是文化評論，這從日記名稱的變化就可看出端倪，孫衛國與葛兆光都深入分析從「朝天」到「燕行」的巨大變化。[93]葛兆光認為朝鮮使者將日記稱為燕行，同時也否認清中國作為「天朝」的正當性，朝鮮士人眼中的清代學術可謂邪說當道，不復是朱子正脈。同時，禮儀不用朱子家禮，國子監的監生不坐監日講，孔廟的庭院也是蔓草遍布，無人修整，而四處走動輒見淫祠、淫寺，當真是「明朝後無中國」。因此，葛兆光不停追問17世紀後「東亞」是否存在的疑惑，正是從中朝交流過程中得到的結果，清代以後的東亞雖然

---

[90] 夫馬進，《朝鮮燕行使與朝鮮通信使》，〈第八章 1765年洪大容的燕行與1764年朝鮮通信使──以兩者在中國和日本對「情」的體驗為中心〉，頁158-185。

[91] 夫馬進，《朝鮮燕行使與朝鮮通信使》，頁20。

[92] 夫馬進，《朝鮮燕行使與朝鮮通信使》，〈第一章 萬曆二年朝鮮使節對「中華」國的批判〉，頁3-21。

[93] 孫衛國，〈《朝天錄》與《燕行錄》──朝鮮使臣的中國使行紀錄〉，《中國典籍與文化》，2002年01期（北京），頁74-80。

交通條件改善不少，但無法改變「地雖近而心漸遠」的歷史發展。[94]

　　孫衛國、葛兆光與夫馬進筆下的朝鮮士人儘管遠離政治的舞台，但在清朝與朝鮮的文化交流中，朝鮮士人當下的反應及事後的記錄，仍強烈地傳達深植心中的文化心態。不論如何理解東亞共同體在17世紀是否存在的問題，目前的研究凸顯朝鮮對清朝的「文化不認同」，說明朝鮮的文化信仰。例如「薙髮」固然能夠被視為一種「政治認同」的符號，當臺灣鄭氏與清廷商議和戰時，清朝的條件之一就是「改服易髮」，但倘若將焦點遠離政治場域，同以「頭髮」作為觀察重點，我們將得以體會其間的文化意涵。順治五年（1648），朝鮮使節團的書狀官李憕然（1591-1663）行經瀋陽城時，他特別記錄一段奇妙的經驗：

> 明時民人盡黜城外，一路所經處及都中，漢人與我人對，則撫其鬢首，似有漸慨之色。人心大崩，專為剃頭，且聞南京人聞剃頭之令，痛飲痛哭，或剃或不剃，人心靡定。[95]

當漢人與朝鮮人四目相對時，漢人「撫其鬢首，似有漸慨之色」的動作突破雙方語言上的限制，訴說著同樣的文化密碼。

　　綜論之，朝鮮士人堅持以明正朔紀年，並以身著大明衣冠為傲，[96]當清修《明史》刊布後，朝鮮人不滿其未納南明諸帝入帝

---

[94] 葛兆光講演，高翔飛記錄，〈地雖近而心漸遠──十七世紀中葉以後的中國、朝鮮和日本〉，《臺灣東亞文明研究學刊》，3卷1期（臺北，2006.6），頁275-294。

[95] 鄭昌順等編，《同文彙考》（臺北：桂庭出版社，1978），〈補編〉，卷1，頁7a。

[96] 在清朝建立以後，朝鮮身著明朝衣冠的傳統並未被剝奪，以是《燕行錄》中時見

紀，於是掀起一波關於明朝故事的討論。[97]此類與明遺民相似的歷史現象，為朝鮮與明朝的「遺民」研究之間搭起了橋梁。

第二節　研究方法與史料

　　我們應該如何理解與分析「思明」？筆者認為「尊周思明」的「尊周」一詞雖然意指中國文化起自周代的傳統，但尊周與尊王的脈絡，直至朝鮮孝宗北伐清朝的歷史解釋，似乎也表示「尊周」傳達了朝鮮將「為明復仇」的深意。因此，本文以思明與文化心態為題，即是強調在以政治為中心的場域之外，一般朝鮮士大夫「對明的思念」，此乃較不具政治色彩的研究取徑。本文強調的是，朝鮮對明朝文化的遵行與認知，進而在1644年後成為緬懷與思念，職是之故，對於清代的朝鮮知識精英而言，「我們是誰？」「我們要往哪裡去？」等核心問題在精神的世界中區分清朝與朝鮮，而這無疑是關乎文化意義的命題。朝鮮人是明朝文化的繼承者，而他們希望能夠維繫文化存於鴨水以東，文化界線在想像與實際上都區隔了朝鮮與清人。朝鮮作為鴨水以東的「我者」，思念著消逝於彼岸的「他者」，理想的中國取代了現實的中國，以明朝文化承繼者自居，並以此保存皇明文化，即是典型的思明。

　　本文將「思明」定義為「明清鼎革後，朝鮮因信仰明朝所象徵的中國文化，憂慮清政權的興起導致明朝文化消亡，此種焦慮具體可見於富含文化意義的物質與歷史，表達焦慮的方式可以很

關於衣冠的討論。

[97] 孫衛國，《明清時期中國史學對朝鮮的影響：兼論兩國學術交流與海外漢學》（上海：上海辭書出版社，2009），〈清修《明史》與朝鮮之反應〉，頁1-21。

多元。」[98]思念明朝、想念明朝在字面上難以傳達思明的內涵，一方面朝鮮士人對於皇明淪喪的情感，超乎常情，思念的背後是文化消亡的焦慮與不安，甚至一變為悲憤。朝鮮士人李泰壽私撰的《尊周錄》即明白地表示：「嗚呼！皇明仁恩，偏〔徧〕洽我東，感慨想念，既沒世而愈不可忘。」[99]這個「不可忘」說明「思明」的意義不僅止於「思念」的強度，而是宛若明遺民對文化淪喪的傷痛。由此思之，本文以「眷眷明朝」[100]為題，或可視為明遺民的特殊情感，但這出自朝鮮士人洪大容之口的表白，揭示朝鮮對明朝的情感不惟是思念，更是依戀不捨，眷眷不忘。

另一方面，朝鮮士大夫蔡聖龜（1605-1647）的詩作則凸顯這種思念與朝鮮之間的緊密聯繫：

> 三綱已絕國將傾，公議千秋愧汗青。
> 忍負神宗皇帝德，何顏宣祖大王靈。

---

[98] 關於「思明」的定義，必須指出的是，「思明」並不等於「思念明朝」，思念明朝只是「思明」內涵之一。同時，思明一詞實際也包含「尊周」之意，明朝對於朝鮮而言，無疑也代表中華文化，但是「思明」又凸顯朝鮮對「明朝」時空的認同。

[99] 李泰壽、李壽頤，《尊周錄》（東京：早稻田大學藏朝鮮抄本），卷5，頁52a。此書起編於1716年，成書於1743年，是時作者李泰壽已逝世，由弟子李壽頤續成。此書收入孫衛國所製「朝鮮尊周類史書狀況表」中，見氏著，《大明旗號與小中華意識》，頁339-342。關於此書的源流載於實錄中朝鮮英祖與李壽頤的對話，李壽頤稱：「臣師故諮議臣李泰壽著是書，欲使國家永有辭於天下萬世，不幸沉痾，使臣卒業。臣盡心修潤，卅載始斷手，而內篇言其義理，外篇言其事業。而內篇五卷，一是奉朝終始，上自威化回軍，下至當宁，記崇禎之事。二是再造鴻恩，乃昭雪先誣，光復土宇。三是斥和，首之以光海妃柳氏疏，繼之以諸賢之言與行。四是薪膽大義，仁廟親征、孝廟獨對事、肅廟大報壇、當宁皇壇儀序。五是思漢歌詠，前後志士之謳吟。外篇，立大志、明大義、和朝廷、均賦役、鍊士卒、修城池、八路制置等事也。」見《朝鮮王朝實錄》，冊43，英祖66卷，23年8月21日己卯條，頁258。本書各章名即來自早稻田本《尊周錄》的卷名。

[100] 此為洪大容自稱之語，見洪大容、李德懋，《乾淨衕筆談・清脾錄》，頁112。值得注意的是，這句話在林基中編的《燕行錄全集》中被刪去了，相關的討論詳見第二章。

寧為北地王諶死，不作東窗賊檜生。

野老吞聲行且哭，穆陵殘日照微誠。[101]

北地王諶即是劉諶（?-263），他是劉備（161-223）之孫，因被封為北地王，是有北地王諶之稱。當劉禪（207-271）向魏軍投降時，劉諶力陳不可，在事不可為的情況下，他手戮妻兒，最後自殺。蔡聖龜所欲傳達的，正是朝鮮知識階層寧願作為劉諶而死，亦不願作為秦檜（1091-1155）而生，因為朝鮮在宣祖國王（李昖，1567-1608在位）晚期遭日本軍事入侵，[102]賴神宗皇帝出兵方息，朝鮮得以「無國而有國」。明朝與朝鮮之間的緊密聯繫，深入朝鮮士大夫之心，而蔡氏「公議千秋愧汗青」一語，與許格的「君臣忍屈崇禎膝」遙相呼應，透露朝鮮士人對奉清正朔的無奈與責難，無形中也表明自己的立場。

　　本文關注朝鮮知識精英的思明文化，這具體表現在朝鮮士人的「中國論述」上。徐東日曾以「總體想像」形容朝鮮士大夫對中國的認知，強調朝鮮對於中國的認識也反映出朝鮮對自己的立場。朝鮮對中國投射的想法，確實多少沾染想像的真實，而非實際的中國情況。[103]因此，本文考察朝鮮士人的「中國論述」，係指朝鮮知識階層對中國的評價與認知，而不是著重他們的「總體

---

[101] 蔡聖龜，〈亂後志感〉，收入《尊周錄》，卷5，頁60b。

[102] 1592-1598年，日本豐臣秀吉（1537-1598）出兵朝鮮，朝鮮賴明朝出兵方免於亡國。這場戰爭因各國立場不同，而有不同的命稱，在中國稱為「朝鮮之役」，在朝鮮與日本分別是「壬辰倭亂」、「文祿・慶長の役」。關於此事的研究繁多，僅舉一例，見李光濤，《朝鮮「壬辰倭禍」研究》，臺北：中央研究院歷史語言研究所，1972。

[103] 徐東日，《朝鮮朝使臣眼中的中國形象——以《燕行錄》、《朝天錄》為中心》（北京：中華書局，2010），頁240-259。徐氏關於中朝關係的通論也值得參考，見〈導論〉，頁1-5。

想像」，亦非考證朝鮮史料的「真實性」，[104]例如朝鮮使節對中國吏治、風俗、宗教、國子監的評說，以及朝鮮士人的「明史知識」與「歷史書寫」。深入中國論述的議題，將涉及朝鮮士人從文化的標準衡量清朝，一如明遺民在清季反省明代政治的缺失，以及對清代文化、學術的針砭。筆者將此稱為論述，一方面是因為此種對中國的議論並非個人的「言說」，而是得以士大夫為群體進行觀察、分類的研究，且此類中國認知是成「系統的」的論述。此外，本文以「文化心態」為題，更強調考察的是「集體的態度」而非個人的態度；關心的是朝鮮社會「未言明的預設」而非清晰的理論。換言之，筆者試圖析論的是思明宛如「常識」一般存於朝鮮文化，但何以這看起來像「常識」。[105]藉由本文的討論，將越發清楚地界定不同朝鮮群體立場之分野，這些關乎對中國認識的言論，儘管瑣碎分散，但倘若從整體審視，則可以描繪出不同論述之間的樣貌。

　　因此，關注朝鮮士人的文化心態，深入思明的文化，尤其以士大夫群體的文化心態為中心，我們得以體察朝鮮士人的中國論述，甚或能發現他們對文化的不安與焦慮。為探討此種文化現象，本文將討論三組相關的問題，藉此析論朝鮮思明的頑固深植，思明如何頑固？為何頑固？如何深植？為何深植？是展開論證的重要意識。既然稱此三組問題彼此相關，意即三者之間實為

---

[104] 尤其本文大量徵引涉及「明末清初史事」的朝鮮史料，而這些文本時常相互矛盾，甚或出現基本史實偏謬的問題。此類問題固然需要全面互對清代史料，以明其真，不過本文係以「朝鮮士人心態」為主體的研究，更關心的是朝鮮人何以繼續對於中國的議論，這些議論在思想文化史上的內涵與意義。因此，以下各章或有徵引朝鮮史料論說中國史事失當者，但其重心應置於朝鮮文化的脈絡中考察，而非清代史料價值的辯證，還請讀者諒察。

[105] 筆者要考察的是朝鮮人沒有任何理論、公開約定的「限制」、「常識」、「認知」，而不是由任何人推行、要求、理論化的認識。本文要討論的是社會的自覺，而非社會的教育、指導。

互相補充的問題鏈，須將本文視為整體來理解，方能解釋思明的特殊性。

其一，洪大容在1765年冬踏上使行路，最膾炙人口的莫過於他與幾位中國儒生的深摯交往，為我們揭露在私密的空間中，思明是否如我們所預想的運作。目前的研究已經揭示朝鮮人在中國的各種思明言論，但朝鮮人與中國儒生的交往中，是如何實踐思明呢？又，我們可以將朝鮮士人頻頻提出的「尷尬問題」都視為一種對明朝的思念？若非，那麼思明是否在文化的意義之外，存在其他考量？若是，我們又應如何從文化心態的角度評價思明？

其二，孫衛國、葛兆光與夫馬進的研究都聚焦於中朝交往的當下，觀察朝鮮使節表露的情感與對中國儒生的反應，但朝鮮使節作為重要的文化交流媒介，我們不僅應注意雙方交會的時刻，更應考察在「燕行以後」為朝鮮的思明與認同帶來哪些刺激。同時，孫衛國以1637-1800年作為朝鮮思明的時代，思明內涵在此百年中是否面臨挑戰？又有何種轉變？此外，葛兆光以「東亞文化共同體的解體」解釋朝鮮使節對中國的文化心態，「明以後無中國」象徵著朝鮮在甲申之後，地雖近而心漸遠的歷史現象。本研究將關注朝鮮士人此種對中國文化的評論，並與學界稱為「百年思明」的現象一併考察，探究其質變。

其三，18世紀在朝鮮發生了一場華夷論戰，何以相關的言論至清中葉才爆發？又為何類似的言論不見於同時的中國？孫衛國、陳永明、趙園與王汎森的研究各自呈現朝鮮士人、明遺民對明朝史事的關心，尤其王汎森發現清代文獻中一種「自我壓抑」的現象，無意間也使部分關於明朝史事的書籍與知識消失於士人的生活中。[106]

---

[106] 王汎森，《權力的毛細管作用：清代的思想、學術與心態》，〈權力的毛細管作用──清代文獻中「自我壓抑」的現象〉，頁393-500。

我們應當如何從「明史知識」、「明末清初史事」的面向解釋朝鮮士人對崇禎紀年的堅持？此外，朝鮮士人在中國儒生面前展示的明史知識，與王汎森談論的「自我壓抑」之間存在甚麼樣的聯繫？關於這些議題的討論，都有助於我們尋回那一場未及發生於中國的華夷論戰。

為深入上述的三組問題，本文將利用朝鮮使節所書寫的各類文本，這涵括他們旅行時的日記《朝天錄》與《燕行錄》、歸國後向官方提交的報告書《使臣別單》、因中國旅行而產生的文本。此外，本文的焦點不僅是文化相遇（cultural encounter）的當下，更關注相遇後的影響，因此《韓國文集叢刊》關於中國的討論也被納入分析範疇，尤其清代朝鮮文集關於「明朝」的討論。具體而言，上述的材料涉及朝鮮士人的私人日記，朝鮮知識階層之間的書信、私自編撰的史書以及童蒙讀物。必須指出的是，隨著探索朝鮮士人心態的歷史旅程愈趨深入，部分的材料如朝鮮官修史書、私撰史乘將不同以往的認知，別具意義。更重要的是，相較於史書，較貼近庶民生活的文獻如童蒙讀物，在本研究「明史知識」的脈絡中，扮演不可或缺的重要角色。

第三節　章節安排

本研究除第一章緒論、第五章結論外，正文共三章。第二章〈再造鴻恩：朝鮮燕行使的明清印象與選擇性書寫〉旨在重省「清代朝鮮燕行文獻」的價值及其特色。此章將分疏明代朝天使、清代燕行使對中國事物的記述與評價，從較長的時距審視朝鮮使者對中國各種「批評」的意義。除了比較朝鮮士人不同時間的議論，本章擬藉由校對不同版本的《乾淨衕筆談》，與上

述朝鮮使臣的明清印象互讀，勾勒出清代朝鮮文本「選擇性書寫」的特殊現象。第三章〈思漢之詠：朝鮮士人的中國論戰〉則聚焦於1766年洪大容返國後與與朝鮮友人問難的過程與意義，此章以「朝鮮士人的中國論戰」為題，即透過朝鮮人辯論「思漢（明）」的議題，不僅突顯此事的價值，並且使「思明」、「尊清」概念在朝鮮內部的演繹脈絡更為清晰。最後，第四章〈奉朝始終：「明遺民」的大義覺迷〉整理清初以降《燕行錄》中國、朝鮮士人對「明朝」的各種歷史問答。此章藉著「為明復仇」與「明史知識」二種概念，統合中朝雙方對明朝遺跡、明代故事的論說，析論中朝對於歷史詮釋的大分流，探討朝鮮思明文化的終結，眷眷明朝何以步入終點。

綜而論之，本文係以思明認同為中心，探討朝鮮士人在17、18世紀如何面對中國的研究。為有效地析論朝鮮知識階層的文化心態，將關注朝鮮士人間對於中國的各種評價與言論，而又以曾親歷中國的士大夫為探討重心。藉由本文所提出的三組問題，擬逐步釐清朝鮮士人的思明心態，及其對明、清中國的印象，進而掌握朝鮮思明文化的影響與轉變。最後，從文化心態的角度討論思明問題，將有助於中國史研究者理解明遺民研究的特色，筆者期許「相互的理解」、「同情的理解」能夠幫助我們從另一個角度審視中朝關係史與中國史的關係，在「眷眷明朝」的兩邊，探究相似而不同的心態。

第二章
再造鴻恩：朝鮮燕行使的
明清印象與選擇性書寫

楔子

> 皇明受天祿，九有歸昄章。奕奕十六葉，治功超漢唐。
> 三韓箕子國，八條何煌煌。聖祖樹藩屏，命我康獻王。
> 朝宗薦玉帛，侯度靡怨忘。往在龍蛇歲，黑齒肆跳梁。
> 八路被荼毒，三京成戰場。先王在草莽，西面懇神皇。
> 神皇赫一怒，按劍開明堂。發兵十萬餘，發帑百萬強。
> 徵調及楚蜀，飛輓連青楊。暴師六七載，掃寇完藩疆。
> 五廟奠鍾簴，兆民安耕桑。深恩實再造，百代銘衷腸。

張維（1587-1638），〈送登極賀使韓知樞汝瀍〉[1]

　　崇禎元年（1628），韓汝瀍（1575-1638）為恭賀明朝皇帝
即位，以登極賀使的身分踏上朝天之路。值得注意的是，張維的
賀詩中並無特別著墨崇禎帝，而是歌頌朝鮮太祖（1392-1398在
位）受明太祖（1368-1398在位）明命的故事，且一再強調萬曆

---

[1] 張維，《谿谷先生集》，卷25，〈送登極賀使韓知樞汝瀍〉，收入《韓國文集叢
刊》，冊92（首爾：民族文化推進會，1992），頁411。

皇帝（1572-1620在位）對朝鮮的恩德。神皇之恩即明朝在朝鮮之役（1592-1598）中替朝鮮擊退日軍，「神皇赫一怒，按劍開明堂。發兵十萬餘，發帑百萬強。」令其無國而有國，再造鴻恩的感念溢於言表。

朝鮮對明朝的感念其來有自，立國之初即力學中國之制，舉凡國家典章、學術思想與器物工法，莫不與中國同。朝鮮以朱子學立國，深以文明之國自居，此番建國氣象，在政治上的表現為奉行朝貢體系，在文化上則是親中慕華的中國情結。[2]明朝作為朝鮮初授命之國，加以朱明取蒙元而代之，政權上擁有中國之主的合法性，文化上更是朝鮮師法的對象，「皇明」一詞對於朝鮮士大夫而言，在「現實中國」與「文化中國」上合而為一，不僅是一朝一姓的時間意涵，也是複雜的文化象徵。萬曆二十九年（1601），朝鮮使節李安訥（1571-1637）進入北京時，他寫道：「詩書禮樂周風俗，道德皇王漢祖宗。萬曆太平端拱日，廣庭鴛鷺綴夔龍。」[3]李安訥對明朝的憧憬可以想見，他筆下的明朝是屬於萬曆皇帝的太平盛世，代表著「詩書禮樂周風俗，道德皇王漢祖宗」的禮樂之國。

朝鮮對明朝的文化認同，伴隨著1644年甲申之變而強化，明清鼎革對朝鮮來說無異於文化存續的分界。明清易鼎後，清人入主中原，除承襲明朝大部分的典章制度外，對於外藩的朝貢體系更是竭力維繫，朝鮮過去對明朝所進行的使節（團）外交，於清代持續進行。清廷為免朝鮮使節奔波，更於順治二年（1645）併

---

[2]　關於朝鮮慕華等理論基礎，詳參孫衛國，《大明旗號與小中華意識──朝鮮王朝尊周思明問題研究（1697-1800）》（北京：商務印書館，2007），頁1-19、20-98。

[3]　李安訥，《朝天錄》，收入林基中編，《燕行錄全集》（首爾：東國大學，2001），冊15，頁188。以下各章為節省篇幅，一律簡稱《燕行錄全集》，不著林基中名。

冬至使、歲幣使、正朝使為一,稱為冬至使或三節年貢使,簡稱節使。朝鮮在文化上不認同清廷,但政治上卻必須繼續承認其主權,服膺朝鮮事大主義的外交政策,遣使進貢「天朝上國」,此矛盾的文化圖像紛呈於清代的燕行旅途中。[4]關於朝鮮遣使中國的各項文書記錄,其中以朝鮮使節及隨行士大夫的日記、報告書為主,當時名為《燕行錄》、《朝天錄》及《賓王錄》,已由各學術機構整理陸續出版,引起學界廣泛的討論與關注。[5]

《燕行錄》是中朝關係研究的重要史料,[6]上個世紀的明清史家已注意到朝鮮史料的價值,吳相湘就特別強調《朝鮮王朝實錄》填補明初史料的空白,藉由朝鮮此「第三人」的角度紀錄明清鼎革諸事,實為治明清史不可或缺的材料。[7]事實上,吳相湘的討論,更著重《朝鮮王朝實錄》中朝鮮使節關於中國情況的問答與報告,此類對於中國第一手的情報,對於朝鮮官方來說是重要的情報。張存武也注意到使節報告書的重要性,而這些報告正是經日記刪修而來,他認為這將是「研究清史及中韓關係史之珍貴資料」。[8]吳相湘與張存武對於朝鮮史料的關懷,說明1950年代以來學者對於朝鮮史料的重視,實是一趟回歸原典的旅程,今

---

[4] 朝鮮與中國的使節外交在1637-1894期間持續不斷,關於中朝之間的朝貢貿易與使節的詳細討論,請參閱張存武,《清韓宗藩貿易1637-1894》,臺北:中央研究院近代史研究所,1978。劉為,《清代中朝使者往來研究》,哈爾濱:黑龍江教育出版社,2002。

[5] 關於《燕行錄》的研究價值,見林基中著,王永一翻譯,〈《燕行錄》的傳承〉,《中國邊政》,180期(臺北,2009),頁27-38。

[6] 更詳細的介紹與論證,見陳尚勝等著,《朝鮮王朝對華觀的演變:《朝天錄》和《燕行錄》初探》,濟南:山東大學出版社,1999。葛兆光,〈攬鏡自鑒——關於朝鮮、日本文獻中的近世中國史料及其他〉,《復旦學報》,2008年2期(上海),頁2-9。

[7] 吳相湘,〈李朝實錄對於明清史研究之貢獻〉,收入董作賓等著,《中韓文化論集(一)》(臺北:中華文化事業出版委員會,1955),頁151-185。

[8] 張存武,《清韓宗藩貿易1637-1894》,頁20。

日關於《燕行錄》議題的討論，都是接續過去五十年來研究而形成的。

　　《燕行錄》與《朝天錄》名稱上的差異，傳達朝鮮對中國認知的分野，[9]孫衛國將朝鮮的中國論述以「尊周思明」總結，認為朝鮮尊明反清的文化認同，除立基於明朝對其友好及壬辰復國之恩外，朝鮮藉由認同明朝建立自身的正統地位，更是不可忽視的原因。同時，朝鮮的華夷觀念以及清廷幾次對朝鮮的軍事行動，導致朝鮮於明清易代後更強化對明朝的認同。[10]葛兆光則指出《燕行錄》體現清代朝鮮士人面對文化故國與現實中國的拉扯，本為一體的中國自清廷入主後一分為二，[11]朝鮮於是與中國漸行漸遠，過去藉由儒家思想、朝貢體系維繫的宗藩關係亦漸失其本質。[12]

　　朝鮮王朝橫跨明、清兩代，以《燕行錄》為題旨的研究須以長時段的視角考察各類問題及現象的源流，避免忽略五百年間不停變動的中朝關係，應更加關注過程，而非重視結果。[13]例如，將清朝在18世紀中葉的繁盛視為朝鮮對中國逐漸友好的因素，即難以深刻而且全面地解釋其中的變化，這種解釋忽略朝鮮內部情

---

[9]　詳細辨析見孫衛國，〈《朝天錄》與《燕行錄》——朝鮮使臣的中國使行紀錄〉，《中國典籍與文化》，2002年1期（北京），頁74-80。此外，關於《燕行錄》的史料價值，見張存武，〈介紹一部中韓關係新史料——《燕行錄選集》〉，《思與言》，4卷5期（臺北，1967），頁41-42。張存武是首位提倡研究《燕行錄》的學者。

[10]　孫衛國，《大明旗號與小中華意識》，〈朝鮮王朝對明清的基本文化心態〉，頁20-98。

[11]　指理想中國與現實中國，理想中國係指朝鮮所想像的中國，有別於現實清廷統治的中國。

[12]　葛兆光，〈從「朝天」到「燕行」——17世紀中葉後東亞文化共同體的解體〉，《中華文史論叢》，81輯（上海，2006），頁29-58。

[13]　關於從注重結果到審視過程的論點，見裴英姬，〈《燕行錄》的研究史回顧（1933-2008）〉，《臺大歷史學報》，43期（臺北，2009），頁219-255。黃俊傑，〈作為區域史的東亞文化交流史——問題意識與研究主題〉，《臺大歷史學報》，43期（臺北，2009），頁187-218。

勢的變化，也無視朝鮮與中國是互動的交往，而非單純的「衝擊與回應」。其中，自1644年以來朝鮮士人對明中國的正面描寫，作為《燕行錄》書寫上的特色，實際上自有其脈絡可循，不妨考察明中國以來的《燕行錄》，其中不乏針對明朝的客觀評價及寫實的描寫。17、18世紀《燕行錄》中的書寫特色，一方面是朝鮮士人文化心態的展現，同時體現朝鮮士人於鼎革後如何建立對中國的論述，有效地維護朝鮮的立場。

因此，我們應藉此重新省視《燕行錄》，尤其是筆談記錄中涉及文化心態的內容，例如朝鮮士大夫頻繁地論說相似的事件，而中國儒生往往尷尬不能答。此外，朝鮮使節的明清印象，以及筆談中對話的深意，皆有待深究。本章以清中葉著名的朝鮮士人洪大容（1731-1783）中心，藉其具代表性的筆談記錄《乾淨衕筆談》[14]探討上述的歷史現象。洪大容，字德保，號湛軒，是韓國歷史上著名的北學派實學家、科學家，他燕遊中國期間積極地與清朝儒生交往，其中最出名的莫過於出身杭州，前往北京赴考的三位舉子：嚴誠（字力闇，1732-1767）、潘庭筠（字蘭公，1742-?）、陸飛（字起潛，1719-?）。洪大容與三位杭州才子在七日內，以筆談交遊唱酬，席間交談的內容很豐富，上至天文地

---

[14] 洪大容的燕行記文亦收入林基中編《燕行錄全集》中，關於洪大容燕行中國的討論，見蔡茂松，《韓國近世思想文化史》（臺北：東大出版社，1995），頁499。孫衛國，《明清時期中國史學對朝鮮的影響——兼論兩國學術交流與海外漢學》（上海：上海辭書出版社，2009），〈朝鮮燕行士人與清朝儒生——以洪大容與嚴誠、潘庭筠、陸飛交往為中心〉，頁157-187。洪大容、李德懋著，鄺健行點校，《乾淨衕筆談‧清脾錄——朝鮮人著作兩種》（上海：上海古籍出版社，2010），〈朝鮮洪大容《乾淨衕筆談》編輯過程與全書內容述析〉，頁373-400。楊雨蕾，《燕行與中朝文化關係》（上海：上海辭書出版社，2011），頁76-83。羅樂然，〈清代朝鮮人西洋觀的形成——以洪大容燕行為研究中心〉，《臺灣東亞文明研究學刊》，10卷1期（臺北，2013），頁299-345。其中羅樂然對於綜合學界的研究，呈現洪大容的家世背景、學術經歷與人際關係，是目前介紹洪大容相關研究堪稱完備的作品。

理，下到風俗逸事，極為豐富。[15]值得注意的是，洪大容以子弟軍官的身分隨使節團出行，他早有一見中國的志向，並且學習漢語多年，[16]有別於一般的朝鮮士大夫。洪大容與中國儒生的真摯情誼，[17]有助於探索思明文化具體的實踐。學界普遍認為朝鮮王朝是尊周思明的代表，秉持著王道正統的文化心態繼續與清廷交往。當朝鮮使節與清朝儒生交流時，清朝儒生所面臨的「認同尷尬」，其間代表的是朝鮮知識階層彰顯其認同明中國、拒絕清中國，抑或是朝鮮士人與清代儒生對話的論述模式的依據，本章即以此為題旨，以下幾節將深入辨析朝鮮使節的明清印象。

第一節　朝鮮使節的明朝印象

朝鮮對明朝的記憶是鮮明且深刻的，洪大容與清朝儒生交往時曾有一段感慨明朝「大恩」的談話，語中自然地流露出一種對明朝的感戴之情，而此種論述亦成為朝鮮士人與清人交流時的一種基本立場。據洪大容《乾淨衕筆談》載：

---

[15] 筆談的內容被雙方收入各自的文集中，洪大容歸國後，利用手邊的殘卷與記憶，寫下《乾淨衕筆談》又別稱《乾淨衕會友錄》或《會友錄》；嚴誠亦寫下《日下題襟集》（又稱合集），收入《鐵橋全集》中，筆者未見此書，但祁慶富曾為文探討此書的韓國藏本，見氏著，〈中韓文化交流的歷史見證──關於新發現的《鐵橋全集》〉，《浙江大學學報・人文社會科學版》，31卷1期（杭州，2001），頁77-82。筆者曾於上海寓目《日下題襟集》，見金在行等撰，《日下題襟合集》，上海：上海圖書館古籍善本室藏咸豐二年（1852）抄本。

[16] 他曾在日記中提道：「余宿有一遊之志，略見譯語諸書，習其語有年矣。及入柵，雖尋常行語，全未解聽，則不勝荒悶，自此以後，在車則與王文舉終日講話，投店則邀主人、男女強起話頭，絮叨不已。至瀋陽與助教父子語無不到，而不用筆舌，其在北京則周行街巷，隨事應酬，音韶益熟。」見洪大容，《湛軒燕記》，收入《燕行錄全集》，冊42，頁242。

[17] 筆者認為最能夠證明嚴誠與洪大容交往真摯的一個場景，是洪大容願意以兄弟與其相稱時，嚴誠只說了一句：「死且不朽。」見洪大容、李德懋著，鄺健行點校，《乾淨衕筆談・清脾錄》，頁119。

余曰：「我國於前明有再造之恩，兄輩曾聞之否？」皆曰：「何故？」余曰：「萬曆年間，倭賊大入東國，八道糜爛。神宗皇帝動天下之兵，費天下之財，七年然後定；到今二百年，生民之樂利，皆神皇之賜也。且末年流賊之變，未必不由於此，故我國以為由我而亡，沒世哀慕，至於今不已。」[18]

洪大容口中的「再造之恩」即萬曆皇帝（1572-1620在位）為朝鮮擊退日本入侵的「朝鮮之役」。儘管對幾位中國儒生而言，朝鮮戰事似非重要的歷史事件，但這卻遍見朝鮮士人的言論中。[19]朝鮮使臣李廷龜（1564-1635）的《戊戌朝天錄》（萬曆二十六年，1598）就特別收錄友人李恒福（1556-1618）的一首七言詩，提及：

況我累世篤忠貞，豈但輸琛與獻寶。
所以天心一視我，不比海外諸小島。
平分內藏赤子活，繼出神軍殄蟻掃。
斯皆一誠徹九聰，豈容人力煩神禱。[20]

李恒福讚嘆的是朝鮮事大之真切，同時也強調明朝「天心一視我」，因此願意「平分內藏赤子活」的重視。詩中明確地傳達朝鮮知識階層「以小事大，天地之常經」[21]的思維，而這正起於萬曆皇帝復其國的恩德。一如金尚憲（1570-1652）在其《朝天

---

18 洪大容、李德懋，《乾淨衕筆談・清脾錄》，頁40。
19 關於清朝、朝鮮雙方對於壬辰倭亂重視程度的差異，討論見第四章。
20 李廷龜，《戊戌朝天錄》，收入《燕行錄全集》，冊10，頁482-483。
21 此為金尚憲（1570-1652）語，見氏著，《朝天錄》，收入《燕行錄全集》，冊13，頁272-273。

錄》中所示，他感念的是「皇朝視小邦如子，小邦事皇朝如父母」[22]的國交，歌頌著「神宗皇帝降敕嘉獎，竟發大兵掃蕩倭氛，再造屬國」[23]的大義之舉。

　　明代朝鮮士人對「再造之恩」的各種討論，即不斷地推崇明神宗的功業。例如著名的朝天使李睟光（1563-1628），其出使明朝時恰逢萬曆皇帝御極四十年，他不僅在私人日記中稱頌明神宗是「巍功赫業五帝六，冠帶車書四海一。商周禮樂漢文物，鼓舞堯天歌舜日。」[24]更說道：「聖主千年天地德，嗚呼！聖主千年天地德。」[25]李睟光認為萬曆皇帝的治績前可追五帝，列為第六，後更是與傳說中的堯、舜盛世呼應，一句「聖主千年天地德」道盡朝鮮知識階層對明神宗的崇仰之情。自晚明以降，朝鮮士人或感嘆、或哀慕明神宗所賜與的恩德，使朝鮮得以「邦國再造」，一部流傳甚廣的朝鮮私撰史書《尊周錄》其中一卷即專載此事，卷首明確地表示：

> 惟我神宗皇帝之眷恤我一方者至矣、盡矣。……，發天下之兵糧，拯一方之水火者，實千古所未有者，此我昭敬大王所以萬折必東之誠，而環東土含生之屬，亦莫不感慨想念，沒世不忘者也，於休盛哉！[26]

《尊周錄》與明代朝鮮使節的想法並無二致，皆強調神宗皇帝的大義之舉，以及朝鮮百姓的沒世之思，而這更與清代朝鮮士人如洪大容的說法如出一口。

---

[22] 金尚憲，《朝天錄》，收入《燕行錄全集》，冊13，頁331。
[23] 金尚憲，《朝天錄》，收入《燕行錄全集》，冊13，頁338。
[24] 李睟光，《續朝天錄》，收入《燕行錄全集》，冊10，頁244。
[25] 李睟光，《續朝天錄》，收入《燕行錄全集》，冊10，頁244。
[26] 李泰壽、李壽彝，《尊周錄》（東京：早稻田大學藏朝鮮抄本），卷2，頁30a。

值得注意的是，18世紀在朝鮮內部興起不同的「中國論述」，即有別於尊周思明下否定清廷的思想，轉而訴求交通清朝，學習其器物制法，以改善朝鮮的民生，主張北學中國以「厚生」，名為「北學派」。其中思想開明的代表人物，[27]大力鼓吹學習清廷如朴趾源（1737-1805），亦發出同樣的感慨：

> 昔倭人覆我疆域，我神宗皇帝提天下之師東援之，竭帑銀以供師旅，復我三都，還我八路，我祖宗無國而有國，我百姓得免雕題卉服之俗，恩在肌髓，萬世永賴，皆吾上國之恩也。[28]

　　洪大容、朴趾源燕行之時（1765、1780）距離滿洲入主中原，已越百年之久，朝鮮士人對明朝的印象仍是充滿仰慕之情，朴趾源筆下的「上國」絕非乾隆盛世的清廷，而是「我神宗皇帝」的大明。朝鮮懷慕朱明王朝的論述，並非18世紀中葉的特殊現象，除清代燕行人物之外，不妨考察明中葉之後的《燕行錄》，回顧明朝與朝鮮之間的關係，再省思清代使節對於明朝的論說。

　　事實上，朝鮮對於明朝存在一種愛恨交織的情感，即如洪大容如此尊周思明的北學人物，在清代中國與士人交遊，能夠恍若無事地談論「皇明」對朝鮮的「再造之恩」，[29]卻在筆談中流露

---

[27] 關於北學派的對中國論述，見蔡茂松，《韓國近世思想文化史》，頁419-493。李岩，〈朴趾源《熱河日記》的北學意識和實業方略〉，《東疆學刊》，24卷1期（延吉，2007），頁1-6。鄭成宏，〈朝鮮北學派的新華夷觀解析〉，《東北亞論壇》，17卷6期（長春，2008），頁98-105。李英順，《朝鮮北學派實學研究》，北京：中國社會科學出版社，2011。北學派代表朝鮮王朝對中國論述的轉變，代表人物為洪大容、朴趾源、丁若鏞（1762-1836）等人。

[28] 朴趾源著，朱瑞平點校，《熱河日記》（上海：上海書店，1997），卷3，頁187。

[29] 再造之恩係指明朝在日本侵略朝鮮時，出兵平亂，使其無國而有國。

出不同的看法：

> 蘭公曰：「國初，宮中有得一幅畫云：『謹具萬里山
> 河。』下書云『文八股拜呈』。」余未解其意，力闇曰：
> 「言前明重文輕武，以致亡國。」……。余曰：「前朝末
> 年太監用事，流賊闖發。煤山殉社，天實為之，謂之何
> 哉？所謂滅大賊、伸大義，乃本朝之大節。惟中國之剃頭
> 變服，淪陷之慘，甚於金元時；為中國不勝哀涕。」兩人
> 皆相顧無言。[30]

洪大容可以說是一位站在朝鮮本位看待中國現象的評論員，其中
談到太監專權干政、明末的流賊問題，亦談到崇禎殉國於煤山，
實在是「天意」。這種看待明朝的方式與明代燕行使節的看法是
大致相符的。[31]洪大容對於明朝的描述，我們完全可以從洪大容
以前的朝鮮士人對明朝官員、社會和風俗等不同的描述性文本中
追溯源頭，如朝鮮在明初、明中葉對中國的印象，其中部分即來
自代表明廷出使朝鮮的「宦官」，宦官往往恃強凌弱，使得雙方
的關係頗為緊張。永樂七年（1409），明朝派遣宦官出使朝鮮，
朝鮮方面的記載即突顯其無理及殘暴：

> 西北面都巡問使馳報曰：「內史海壽以十三日渡鴨綠江，
> 至義州，無故發怒，褫牧使朴矩衣，縛判官吳傅，欲笞之
> 而止。其行甚速，竟不言其所以來之故。」上曰：「予恭

---

[30] 洪大容、李德懋，《乾淨衕筆談‧清脾錄》，頁40。
[31] 此處所指的看法是指有別於公開來往的文書，針對時政、民生所提出的看法。

事天子，只殫一心。奉使中官，雖甚不肖，予不敢言者，
豈為中官哉！而乃為惡至此。」……。府請遣鐵城君李
原，上謂代言等曰：「予心畏天，故事大以誠。天子不遣
朝官，乃命宦寺，其來也，或貪或暴，恣行無禮，處之如
何？」對曰：「此實古今之通患也。」[32]

宦官在明朝與朝鮮的交往中扮演重要角色，但他們「或貪或
暴」，即使朝鮮官員小心應對，但仍不免遭受侮辱。[33]明廷遣宦
官出使朝鮮，並未帶來良好的外交效益，此外，明朝又強索貢
物、閹人、火者與藩妃，致使朝鮮困擾不已。換言之，明代的中
朝外交並非十分融洽，[34]當時資訊傳播不發達，蒐集鄰國情報的
方法有限，藉由使節的來訪即是其中重要的管道之一，朝鮮對於
明朝的印象大抵皆從雙方使者的交流得來，因此宦官成為朝鮮對
明朝記憶中的一個重要角色，影響著當時的士人及其後無數的朝
鮮人。

　　事實上，燕行使對於明朝的描繪不盡然是正面的，他們對
於明代的印象是不斷轉變的，李恒福（1556-1618）的「朝天之
行」即是很好的例子，他對於時事的客觀評析，有異於一般「親
中慕華」的認識。李恒福於萬曆二十六年（1598）赴北京，恰好
是洪大容、朴趾源二人口中「壬辰倭亂」結束之年，這場戰爭在

---

[32] 《朝鮮王朝實錄》（首爾：國史編纂委員會，1973），冊1，太宗18卷，9年11月
15日癸未條，頁517。
[33] 關於明朝與朝鮮外交中的宦官問題，見孫衛國，〈論明初宦官外交〉，《南開學
報》，1994年2期（天津），頁34-42。
[34] 關於兩國交往的摩擦與矛盾，詳見Donald N. Clark, "Sino-Korean tributary
relations under the Ming," in Denis Twitchett and John K. Fairbank eds,
The Cambridge History of China Vol8（Cambridge: Cambridge University
Press, 1998），pp. 272-300.

明朝則稱之為「朝鮮之役」，屬萬曆三大征之一，起因於日本發兵攻打朝鮮，中國以保衛藩屬的名義出兵，前後歷時六年，日本幾近發動全國軍隊，中國亦派遣遼寧鐵騎出陣。[35]明廷派兵平倭，朝鮮上下視為繼明太祖賜國名後的一大恩德，稱為「再造之恩」，[36]朝鮮與明朝的連結因此更為緊密，此種文化、政治上緊密的連結，相較於清廷兩次出兵朝鮮的侵略戰爭，顯得更為珍貴，亦成為往後朝鮮使節不停追憶的事件。

明代的燕行使節對於中國時政間或有較好的評價，但實際上仍然存在不同的聲音。自明中葉後，苛捐雜稅的情況日益嚴重，吏治敗壞加上外患四起，情勢日漸惡劣。李恒福出使明朝途經廣寧時記載道：

> 行到廣寧，留一日。時一城商賈皆閉鋪不坐市，列肆寂然。下人凡有所需，多不得買賣。怪問其由。廣寧人言，都御史李植將拓地於遼右，驅出韃虜，築城於舊遼陽，發兵起城役，加征科外商稅，至於人家間架皆有稅，以助其役。遼民乃大怨，一時廢肆。[37]

對於「早有朝天之志」[38]的李恒福而言，儘管他屢屢以「天朝」稱明廷，並讚譽明代禮教之盛，但這並不影響他對明朝實情的判

---

[35] 相關研究請參閱：李光，《朝鮮壬辰倭禍研究》，臺北：中央研究院歷史語言研究所，1972。

[36] 明太祖賜名「朝鮮」，被朝鮮王朝視為「大造之恩」。明神宗出兵平定倭亂，則是「再造之恩」。關於這兩大恩的史料散見《燕行錄》，如《熱河日記》中不止一次提及此事，其稱：「萬曆壬辰倭敵之亂，神宗皇帝提天下之兵以救之，東民之踵頂毛髮，莫非再造之恩也。」見朴趾源，《熱河日記》，卷3，頁187。

[37] 李恒福，《朝天記聞》，收入《燕行錄全集》，冊8，頁460-461。

[38] 此語出自李恒福的日記，見氏著，《朝天日乘》，收入《燕行錄全集》，冊8，頁465。

斷。與清代使節緬懷明朝故事的情況不同，李恒福筆下更像是一種「評論」，即使他並未置一詞。李恒福關於廣寧的紀錄或許可視為一種來自域外的觀察，但他有關晚明「皇店」的記載則顯得是一種「批判」：

> 東征事起，府庫虛耗，又起乾清、坤寧等宮。窮極侈靡，以龍腦、沉檀屑，雜以椒末塗屋壁；又督珠市，盡納其珠，擇其大顆，絡為障子；又遣太監，採珠於外，南方貢一珠，其重四兩，天下所貢，無大於此。此外大者，不過三四錢，取之不遺餘力。長安市上，龍腦真珠，一時竭乏。又分遣太監，置店於外方，名曰「皇店」，徵納商稅。凡大府巨鎮商人輳集之地，皆有皇店，每店歲中所入，多者二萬餘兩。無賴射利之徒，乘時而攘臂起，紛紜上本爭請採珠開礦者，不可勝記。[39]

萬曆皇帝近乎斂財的政策，致使民怨四起，其中又以開設「皇店」，強徵賦稅，為時人詬病。[40]李恒福不僅掌握此事的梗概，更能夠對此提出意見，如他認為此事「窮極侈靡」，同時又指出宦官四處蒐羅珍玩「不遺餘力」。明代朝鮮使節眼中的中國似乎不是「神皇恩德居中土」，而是「荒歲征徭逐日繁，十家今有幾家存」[41]的景象。

---

[39] 李恒福，《朝天記聞》，收入《燕行錄全集》，冊8，頁458-459。

[40] 相關研究見韓大成，〈明代的官店與皇店〉，《故宮博物院刊》，1985年4期（北京），頁30-35。鄭克晟，〈明代的官店、權貴私店和皇店〉，收於《明史研究論叢》，1輯（江蘇：人民古籍出版社，1985年），頁173-184。

[41] 此為吳億齡（1552-1618）語，他於萬曆20年（1592）在使行肅寧所寫，見氏著，《朝天錄》，收入《燕行錄全集》，冊8，頁71。

萬曆二年（1574），許篈（1551-1588）出使途中曾經與「漁陽驛」的明人莫違忠交流，問及「中朝稅斂多寡之數」：

> 一項為百畝，凡耕一頃田者，歲中最豐則納銀七八兩，不
> 稔則二三兩。此外又有雜役，如出牛驢、釀酒官、養苑馬
> 之類，色目繁多，貧者則至典子賣女以償之。……，而今
> 者賦役極重，一頃之出，不足應縣官之所需，故民胥怨咨
> 焉。[42]

許篈又問當地縣官的施政情況，莫違忠表示當時稅賦繁重，民力不堪負荷，地方親民官不恤民瘼，以斂財為事。[43]為官者往往憑藉權勢，包庇族姓，導致富者益富，貧者益貧。[44]許篈不禁聯想朝鮮國內事，議論道「余嘗患我國之貢額繁重，民不堪命。今聞中朝亦如此，則愁怨之聲，舉普天下皆然矣。夫華夷雖有內外，而其違憂懷惠之性，則環四海如一。」[45]一方面說明許篈對國內情勢的不滿，另一方面也使他認識到明朝的實況。

另一個值得注意的例子是趙憲（1544-1592），他與許篈一同出使明朝，在歸國後上書朝鮮國王的報告《東還封事》中，趙憲對明朝的事務多有扭曲，以符合他對朝鮮政事改革的期盼。[46]

---

[42] 許篈，《荷谷朝天記》，收入《燕行錄全集》，冊7，頁70-71。
[43] 許篈，《荷谷朝天記》，收入《燕行錄全集》，冊7，頁71。
[44] 原文為「蓋中朝凡在官者，力足以庇其族，此所以富益富而貧益貧也。」見許篈，《荷谷朝天記》，收入《燕行錄全集》，冊7，頁71。
[45] 許篈，《荷谷朝天記》，收入《燕行錄全集》，冊7，頁71。
[46] 此書篇幅不長，亦收入全集中，見《燕行錄全集》，冊5，頁395-505。此外，關於趙憲燕行見聞的討論，夫馬進已有精細又富有洞見的討論，詳見氏著，伍躍譯，《朝鮮燕行使與朝鮮通信使》（上海：上海古籍出版社，2010），〈趙憲《東還封事》中所見的中國情況報告〉，頁22-31。必須指出的是，趙憲的用意並非在公開場合為明朝掩飾政治缺失，而是符合他的政治目的。

但是，從他的《朝天日記》中，我們得以窺探他的真實感受，如他與一位關東居民彭文珠的對話，即明確地傳達他的想法：

> （趙）曰：「你有許多田，怎麼有窮像手？」（彭）曰：「這地方都司，歲徵人銀一兩，若有十男之家，則歲納十餘兩銀，如之何不窮也！」（趙）曰：「這地方御史為誰？」（彭）曰：「姓郭名不知。」（趙）曰：「那裏人耶？」（彭）曰：「南人也，初來只是瘦蠻子，今作胖蠻子。」[47]

正如趙憲自己的批語所云：「郭是山西人，而謂之蠻子者，以其受天子命為御史，不能彈罷貪殘守令，以貽民害，故辱以蠻子。譏其瘠民而自肥如此，可知其尸位也。」[48]表露他內心對於此事的看法實與中國人無異。同時，當使節團遭遇明朝官員公然地勒索時，儘管趙憲默不作聲，但他心中仍是「名為御史，而實則愛錢，公然受賄賂無所忌，同是一條藤。往愬何益，蠻子之譏可謂驗矣。」[49]

　　平心而論，朝鮮使節對明政府的觀察與記錄是客觀且平實的，儘管明朝對朝鮮有如此深厚之大恩，似乎並不影響他們對明朝統治現況的評價。崇禎九年（1636），朝鮮派往明朝最後一任「朝天使」金堉（1580-1658）冒當時戰火四起的危險，[50]在遼路已絕的情況下循海路入京，他的詩文中仍顯露出嚮往之情，期盼

---

[47] 趙憲，《朝天日記》，收入《燕行錄全集》，冊5，頁149。

[48] 趙憲，《朝天日記》，收入《燕行錄全集》，冊5，頁149。

[49] 此事見趙憲，《朝天日記》，收入《燕行錄全集》，冊5，頁153-154。趙憲的日記中不乏有關於明代政治缺失的評論，另見頁197-200、218、228、264、267、280。

[50] 關於金堉的討論，見孫衛國，〈朝鮮王朝最後一任朝天使——金堉使行研究〉，收入張伯偉編，《域外漢籍研究集刊》，6輯（北京：中華書局，2010），頁219-241。

能夠達成一見中國的夢想：

> 每恨中華跡不到，醯雞井蛙頗相愧；
> 何幸今年蒙主恩，謬厝選擇充貢使。
> 滄波萬里引歸路，一帆行色隨風至；
> 三山雙島瞥然過，涉險幸賴神明賜。[51]

金堉抵達北京後，與明朝官員多有接觸，但他筆下的明朝官員似乎與他理想的「中華」相去甚遠，如禮部尚書姜逢元索賄：

> 禮部尚書姜逢元，瀆貨無厭。頃以咨文事，歸罪小甲于文，累次杖之，仍為拘繫冷堡，蓋索賄也。于文每來恐嚇云：「尚書貪甚，不可不行賄，以免我罪。」譯官等書示人蔘三斤，于文抵地曰：「必三十斤乃可。」余以為雖殺于文，於我不關，切勿給之。若生此例，則後日之患，不可勝言。三呈文以明知，尚書不得已赦之。又以改貢路焗黃事呈文。尚書曰：「此事皆重大，雖國王奏請，猶或難成。況以陪臣一紙呈文，何以題請。」以書冊事呈文於主事。主事曰：「此皆題本已定之事，決難更改。」蓋皆欲賄也。[52]

金堉眼中的禮部尚書「瀆貨無厭」，事事為難，皆為索賄而來。而明朝官員屢屢要求「人情」，甚或公然索賄。稍微隱晦者如全湜（1563-1642）在會同館的例子，他提及禮部主客司將朝鮮上貢的禮單退還，要求增加人蔘四斤，實為索賄，但只說「此弊不

---

[51] 金堉，《朝天錄》，收入《燕行錄全集》，冊16，頁294。
[52] 金堉，《朝天錄》，收入《燕行錄全集》，冊16，頁489-490。

可說也」，[53]而此「不可說」則見於許篈的日記中，他們一行人
受到序班高雲程百般刁難：

> 今日將呈文，該吏及高雲程幸其有事，睹為奇貨，邀索賄
> 賂，恐嚇萬端。雲程謂洪純彥曰：「茲事係吾一言之重
> 輕，你可將三十兩銀以贈我云。」可見此輩之無狀至此極
> 也！[54]

呈文禮部之事絕非序班一言可決，此毋寧是索賄之語。但是許篈
筆下「無狀至此極也」的明朝官員處處有之，當他到禮部詢問
賞賜日期時，辦事官員皆說「不可速為」，許篈很快地意識到
「蓋欲邀賂也！」[55]因此，許篈認為「序班輩皆不識禮義，無恥
之甚者，通事等必鳩斂雜貨，以塞其欲，然後方得無事。」[56]即
不難理解，而他實際所見的主事官員不是「每以黎庶為蠢蠢，而
傲然以肆於其上」[57]欺壓百姓的劣官，就是「狀貌獰惡，貪墨自
恣」[58]多方刁難的都司，無怪當他遇到此類官員時，發出「此人
唯知貪得，不顧廉恥之如何，名為中國，而其實無異於達子」[59]
的感嘆。

　　此外，當金堉行近北京城時，意外地發現「中朝最尚異教
淫祀，每村必有一寺，或有三四者，謂之廟堂。」[60]這些例子呈

53　全湜，《槎行錄》，收入《燕行錄全集》，冊10，頁417。
54　許篈，《朝天記》，收入《燕行錄全集》，冊6，頁246。
55　許篈，《朝天記》，收入《燕行錄全集》，冊6，頁228。
56　許篈，《朝天記》，收入《燕行錄全集》，冊6，頁71。
57　許篈，《朝天記》，收入《燕行錄全集》，冊6，頁199。
58　許篈，《朝天記》，收入《燕行錄全集》，冊6，頁72。
59　許篈，《朝天記》，收入《燕行錄全集》，冊6，頁84。
60　許篈，《朝天記》，收入《燕行錄全集》，冊16，頁481。

現出朝鮮士人對明朝的認識，實不僅止於孺慕之情。[61]事實上，朝鮮士人除對明代「吏治」提出針砭外，更為明朝的崇佛、媚道驚訝不已。趙憲行經北京的西成宮時即評論道：「西成宮，嘉靖之所在也。宮城外多有巨寺，有二處廣張朱幡，幡上題云：『某僧奉旨設齋。』寧有天子聖旨，為僧設齋而下者哉！」[62]不無揶揄嘲諷之意。儘管仍有朝鮮士人為此解圍，如裴三益（1534-1588）將此理解為「夫以中朝之崇儒，猶於佛宇需費人力如此，何哉？必是遼金胡元時所建也。」[63]將崇佛之風歸諸遼金、胡元的遺緒，而非明朝風俗的真實面貌。但是，多數的朝鮮士人一如金堉的反應，他們改變過去對明朝的看法，不再將北京視為「中華文物禮樂之所」，如許筠就反省道：

> 余平日竊怪崔錦南評中國之俗曰：「尚道佛，崇鬼神。」以為中華文物禮樂之所聚，彼遐荒僻村則容或有禱祀之處，而烏有舉天下皆然之理。今而目擊，則斯言誠不誣矣。夫以京師四方之所會，而彼乃肆行無忌如斯，則必是在朝之人聞見習熟，而不為汲汲然救正之計故也。吁！其可謂怪且駭也！[64]

崔錦南即著名的朝鮮士大夫崔溥（1545-1504），他於弘治元年（1488）不幸遭遇風難，漂至浙江台州府臨海縣沿岸。隨後經由

---

[61] 金堉即指出晚明政局昏暗，百姓生活困苦，官吏盤剝嚴重，曾做出「外有奴賊，內有流賊，天旱如此，而朝廷大官只是愛錢，天朝之事亦可憂也。」的評論。見金堉，《朝京日錄》，收入《燕行錄全集》，冊16，頁505。

[62] 趙憲，《朝天日記》，收入《燕行錄全集》，冊5，頁230。

[63] 裴三益，《朝天錄》，收入《燕行錄全集》，冊4，頁21。

[64] 許筠，《朝天記》，收入《燕行錄全集》，冊6，頁234。

明朝官方的接送，由南方經大運河北上，他沿路的日記《漂海錄》保存了關於社會風俗的豐富記載。[65]許篈曾讀過此書，[66]並對其中指稱明朝尚道崇佛之事不以為然。但是，許篈在北京的實際經驗一反他的認知，北京「尚淫祠」之風不比「遐荒僻村」來得少，反而「肆行無忌如斯」，著實是「可謂怪且駭也！」

　　由上述可知，明朝與朝鮮的交往雖然密切，朝鮮士人對於明王朝所象徵的中華正統亦表達仰慕之情，但這些情感上的尊敬與親好並不影響朝鮮使節對明代吏治及明人風俗的評論。[67]即使是將姜逢元形容得如此卑劣的金堉，在其與明朝官員之間的書信往來，字裡行間仍然充滿對於明朝的崇敬，在寫給姜逢元的〈上禮部尚書〉一文中寫道：

> 竊照下國陪臣之入貢，欽賜上下馬之宴，以勞其來。去聖朝之優待遠人，德至厚矣，恩至渥也。偏邦賤臣與於尊俎之間，仰觀上國之威儀，得蒙如天之異數，此莫大之榮慶，非但不敢辭也，故所願欲者也。[68]

禮部依例須為使節團準備「下馬」、「上馬」之宴，以慰遠人之來，而金堉的說詞說明朝鮮使者對中國事務擁有清楚的認識，他們善於與中國官員交流，細膩地掌握分寸，私下觀點與實際應對

---

[65] 關於《漂海錄》的研究見朴元熇，《崔溥漂海錄分析研究》，上海：上海書店出版社，2014。

[66] 另一個足資證明的例子是許篈曾要求朝鮮地方官員印《漂海錄》，見許篈，《朝天記》，收入《燕行錄全集》，冊6，頁65。

[67] 如貪汙索賄之事，《燕行錄》中有許多細膩的描述，如金堉進入皇城時，即被索賄。他記載道：「至東長安門，尚早，坐而待開門。平明始入，火者在門内索賄，不納，給白貼扇五柄、油扇六柄、刀子十柄，然後許入。」見金堉，《朝京日錄》，收入《燕行錄全集》，冊16，頁483-484。

[68] 金堉，《朝天錄》，收入《燕行錄全集》，冊16，頁356-357。

有所區別。

　　上述的事例有助於理解朝鮮與明朝之間的角色。自李成桂立國以來，對中國政權的政策即是「事大主義」，朝鮮地處東北，接壤於中國、蒙古地區與俄羅斯，加上野心勃勃的日本，自古以來稱為四戰之地。朝鮮為保境安民，擇一強者倚靠實為正確的外交政策。故自唐以來，朝鮮地區的政權莫不希望能夠獲得中國政府的冊封，以顯現在朝鮮半島上的正統地位。明朝初立，朱元璋立下著名的「不征之策」，凡十五國為不征之國，朝鮮即是其中之一，更加重朝鮮以「事大」為重的政策取向。

　　綜上所述，朝鮮侍奉明朝的政策，實際上使得朝鮮免於戰火的危害，並保持相對獨立，不受其他國家威脅，在國家存亡的現實議題上有著顯著的成效。於是，儘管朝鮮對於明政府有著上述的觀點，卻不影響事大的決策，當朝鮮批判或評論明代中國的某些現象，這意味著朝鮮士人對此的「分際」是能夠掌握清楚的。[69]燕行使節們對所見所聞的評價，正反映著一種以自我為中心，審視他者的心態，燕行日記中的記錄與評論，表達朝鮮對於中國的印象和觀感，但此類感受的發洩必須符合大原則，即「事大以維持朝鮮王朝的生存」。[70]因此，金堉即使對於明朝的宗教與社會現象存在許多不良觀感，但仍然如同洪大容、朴趾源，寫下「神宗皇帝動天下兵，首尾七年，掃蕩妖氛，中國之為外藩用

---

[69] 朝鮮事大的目的在於維護其主權，延續朝鮮王朝的統治。因此，明末的光海君（1575-1641）的外交政策或可從此面向看待，過分持漢文化中心的觀點理解光海君的對中國態度，不免忽視其保境安民的一面。同時，仁祖反正與《燕行錄》的命名相呼應，突顯朝鮮王朝中葉以來對明中國的文化認同。相關討論見李善洪，〈從十七世紀初朝鮮內外局勢看光海君的「兩端外交」〉，《松江學刊》，1996年1期（四平），頁76-78。文鍾哲，〈薩爾滸之戰與朝鮮光海君的雙邊外交政策〉，《滿族研究》，2008年4期（瀋陽），頁63-71。
[70] 孫衛國，《大明旗號與小中華意識》，頁61。

師，亦古所未有也。」[71]再考諸金堉二度出使中國的心情，是時明朝已亡，不禁令他回憶起幾年前的朝天之旅，寫下〈聞皇城失守〉：

我是朝天舊使臣，乘槎曾渡玉河津。
戈船遠送恩如海，西望燕雲淚滿巾。[72]

　　朝鮮與明朝之間的關係，可說充滿互相利用且愛恨交織於其中。明朝政府一方面期盼藉由朝貢體系，重新恢復過去中國「萬邦來朝」的上國氣象，另一方面又不願意付出太多，即使是關乎朝鮮存亡的朝鮮之役，明政府在戰前即分主戰、主和兩派。[73]朝鮮則是在各種禮節、規格上莫不盡藩屬之責，但並不抹煞其自我認同的存在，由上述明代燕行使節的記錄，可知朝鮮並非一昧仰慕明朝，而是有一多元的視角來審視沿途所見。不過，上述的此類記聞，自清朝入主中原後即日趨減少，朝鮮使者轉而開始懷念明朝的美好，歌頌過往兩國之間的穩定邦交。因此，當洪大容第二次與杭州士人談到明代太監的問題時，他表示：「自康熙以來，待之迥異他藩，有請曲徇。前明時則太監用事，欽差一出，

[71]　金堉，《潛谷朝天日記》，收入《燕行錄全集》，冊16，頁254。
[72]　金堉，《潛谷遺稿》，〈聞皇城失守〉，收入杜宏剛主編，《韓國文集中的明代史料》（桂林：廣西師範大學出版社，2006），冊11，頁252。
[73]　關於朝鮮之役的詳細討論因與本章沒有直接關係，此處不深論。當時明廷對於主戰、主和的確有過爭論，反對者如兵科給事中許弘綱，稱：「夫邊鄙，中國門庭也；四夷，則籬輔耳。聞守在四夷，不聞為四夷守。朝鮮號稱忠順，然被兵則慰諭，請兵則赴援，獻俘則頒賞，盡所以待屬國矣。望風逃竄，棄國授人，渠自土崩，我欲一葦障之乎？」見《明實錄》（臺北：中央研究院歷史語言研究所，1966），卷250，萬曆20年7月3日庚申條，頁4648-4649。主戰派的論點則是：「關白之圖朝鮮，實所以圖中國；而我兵之救朝鮮，實所以保中國。」見陳子龍等選輯，《明經世文編》（北京：中華書局，1962），卷420，〈報三相公幷石司馬書〉，頁4363。

國內震撼。雖然，豈敢以此怨父母之國哉？」[74]洪大容巧妙地對明朝事務的評價做出分際，其拿捏可謂恰到好處。自明以來的燕行使節對於明朝的評價是一致的，在朝鮮士人眼中，明代的中國並非十全十美的父母之邦，朝鮮使節能夠精確地論述它的缺點，甚至討論明朝滅亡的原因。

簡而言之，朝鮮使節對明朝的印象是多元的，但當他們與清朝士人交往時，卻往往推崇明朝賜與的一切，使得清代儒生只能「相顧無語」，不知如何應對是好。明朝的印象在清朝入主中原以後漸漸改變，成為「日趨美化」的單一形象，呈現「清朝─朝鮮」交流中的一個特殊樣貌。

第二節　從「文化中國」到「現實中國」

朝鮮使節對明朝的感覺或許愛恨交織，複雜萬分，但對於清朝的統治卻是極度的不滿。[75]值得注意的是，朝鮮君臣對清朝的評價多著眼於文化，而非典章制度，朝鮮正祖國王（李标，1776-1800在位）感嘆的是「夷狄亂夏，四海腥羶，中土衣冠之倫，盡入於禽獸之域。」[76]朴趾源《熱河日記》的卷首即道：

> 清人入主中國，而先王之制度變而為胡。環東土數千里畫江而為國，獨守先王之制度，是明明室猶存于鴨水之東

---

[74] 洪大容、李德懋著，《乾淨衕筆談‧清脾錄》，頁48。值得注意的，此段記錄在另一版本中乃「自康熙以來，待之迥異他藩，有請曲徇。」見洪大容，《乾淨衕筆談》，收入《燕行錄全集》，冊43，頁92。闕漏的記錄透露著選擇性書寫的現象，更深入的討論詳後。

[75] 白永瑞曾討論朝鮮對清朝的負面觀點，見氏著，《思想東亞──韓半島視角的歷史與實踐》（臺北：臺灣社會研究雜誌出版社，2009），頁178。

[76] 《朝鮮王朝實錄》，冊45，正祖7卷，3年2月14日己巳條，頁92。

也。雖力不足以攘除夷狄，肅清中原，以光復先王之舊，然皆能尊崇禎以存中國也。[77]

　　朴趾源筆下幾次使用的用語，如中國、中原、先王等詞彙，儘管皆能理解為中國，但其「所指」卻不盡相同。清人入主的是現實中國，朝鮮或許力有未逮，但已然消逝的文化故國卻仍深植於朝鮮人心中，朝鮮尊奉崇禎正朔象徵對明朝文化的認同。職是之故，朝鮮儘管年年進貢，但1732年朝鮮燕行使韓德厚（1680-?）向皇帝行大禮時，不免感慨「以我衣冠禮容，屈膝於犬羊之庭，追念皇明盛時，感憤之懷，自難抑也。」[78]雍正五年（1727），姜浩溥（1690-1778）甚至因為餐飯的豬肉是「胡人之物」而不願食用。[79]姜氏記錄拜見雍正帝的心情，表示：「胡酋儼然坐其上已可憤慨，況我輩以皇明遺民，平日讀經傳、講義理，其自視與視彼也何如？而今迺甘心拜稽於下，俯昂今古，無地灑涕。」顯見朝鮮燕行使對清朝統治者的鄙視。[80]

　　朝鮮對於清廷的態度其來有自，一方面雙方的關係長久以來並不親密，當滿洲尚未入關時，以女真部落的名義與朝鮮比鄰為居，雙方時常發生爭執。朝鮮尚未經歷壬辰衛國之役，國力較強，不論軍事或經濟上皆居主動的地位，對女真多有侵略，加上朝鮮長久以來學習中華文化，一直將女真視為蠻夷，形成一種輕視滿洲人的觀點。[81]朝鮮長久以來低估女真的實力，華夷之

77　朴趾源，《熱河日記》，卷1，頁1。
78　韓德厚，《燕行日錄》，收入《燕行錄全集》，冊50，頁243。
79　姜浩溥，《桑蓬錄》，收入《韓國漢文燕行文獻選編》，冊14（上海：上海復旦大學出版社，2011），卷1，頁81-82。
80　姜浩溥，《桑蓬錄》，收入《韓國漢文燕行文獻選編》，冊15，卷8，頁91。
81　因為朝鮮在長期與女真的往來中，一直將女真看作是「夷」、「胡」，文化上始終認為朝鮮較女真高出一等。而在雙方交往中，亦存在過某種程度的上下尊

辨的心態始終難以改變，於是天聰元年（1627）皇太極（1626-1643在位）派兵進攻朝鮮，清軍費時半月即直逼王京，強迫雙方結為「兄弟之盟」；十年後，又以朝賀不到為名，再度攻打朝鮮，兩國轉為宗藩關係，揭開爾後兩百多年清代中朝關係的序幕。朝鮮雖然在軍事上遭逢挫折，但其心態卻絲毫不變，因為朝鮮自我定位是「夷」，乃是東夷的一支，但又認為他們是唯一「以夷變夏」的民族。關鍵在於朝鮮是慕華的，尊崇儒教且長久以來向中國學習，從而成為「小中華」，如此心態為朝鮮使節與清朝儒生交往定下基調。例如嘉靖十八年（1539）出使明朝的權撥（1478-1548），當他發現禮部轉給他們的題本中將朝鮮稱為「夷人」時，他立即向郎中說道：

> 本國用夏變夷，有自來矣。今見題本有夷人之語，竊所未安，望大人酌量何如？[82]

一方面朝鮮「以夏自居」，他們堅信胡虜無百年之運，中華必將再起。另一方面，清人入關後，幾經戰亂，但大局上是穩定的，南明朝廷力不足以挽危局，氣難延正朔，雖然康熙年間遭逢三藩之亂，但自此之後可謂四境又安，生民樂利。朝鮮士人倘若在清初對中國的局勢判斷有誤，實在所難免，但清朝的統治在乾隆年間已屬穩定，而這在朝鮮君臣眼中卻恰好相反。乾隆九年（1744），朝鮮英祖（1724-1776）詢問燕行使趙顯命（1690-1752）清朝實情，顯命居然回答：「外似昇平，內實蠹

卑不平等關係，這些都是阻礙雙邊關係正常化的重要原因。見孫衛國，〈試論入關前清與朝鮮關係的演變歷程〉，《中國邊疆史地研究》，16卷2期（北京，2006），頁98-107。
[82] 權撥，《朝天錄》，收入《燕行錄全集》，冊2，頁307。

壞，以臣所見，不出數十年，天下必有大亂。」[83]乾隆三十一年（1766），朝鮮英祖命人讀此次的燕行報告，讀到乾隆幽囚皇后，而刑部侍郎阿永阿極諫時，英祖表示：「予曾聞其幽囚皇后，以為廷臣若無諫者，乾隆必亡矣，果有諫臣矣。大抵乾隆之政令無可言者，而然而有臣矣。」[84]英祖的判斷想必與中國實情之間存在一定的落差。洪大容也受此影響，他曾問中國儒生嚴誠、潘庭筠道：「聞說中國多災異，民心多動，未知實狀如何？」[85]相較於中國儒生的回應，[86]我們能理解朝鮮士人的問題意識，同時顯露雙方對中國認識的落差。

綜上所述，朝鮮對清廷的評估偏離實際情況，其間充滿猜想且負面的評價，但此觀點並不僅止於個人或少部分的朝鮮士人，反是長期而普遍的觀點，洪大容有此一問，絕非偶而聞之。《朝鮮王朝實錄》中有許多類似的記載，綿延數代的朝鮮官方皆抱持這種觀點，[87]直到北學派興起之後，評價清代治績的多元言論方才出現。但開明如朴齊家（1750-1805）、朴趾源與洪大容等人亦僅在「器物」上倡導北學中國，在文化上的認同仍是十分強烈，由此可見朝鮮初期「華夷之辨」的影響十分深遠。事實上，清廷對待朝鮮極為友好，洪大容曾自承「我東亦被顧恤。貢獻奏請，事事便宜。」[88]但是，清廷自開國以來的友善政策，朝鮮方面始終沒有正面的回應。[89]如禮部官員在順治元年（1644）接待

---

[83] 《朝鮮王朝實錄》，冊43，英祖58卷，19年10月27日丙子條，頁117。
[84] 《朝鮮王朝實錄》，冊44，英祖107卷，42年4月14日癸丑條，頁219。
[85] 洪大容、李德懋，《乾淨衕筆談·清脾錄》，頁47-48。
[86] 洪大容、李德懋，《乾淨衕筆談·清脾錄》，頁48。
[87] 相關討論見魏志江，〈論清兵入關後大清與朝鮮的關係——兼與韓國全海宗教授商榷〉，《江海學刊》，2002年6期（南京），頁134-142。
[88] 洪大容、李德懋，《乾淨衕筆談·清脾錄》，頁48。
[89] 關於清廷對朝鮮的優禮，見孫衛國，〈試論清朝對朝鮮國王與使臣的優禮〉，《當代韓國》，2003年4期（北京），頁38-41。

朝鮮使臣時即明白表示：

> 觀明朝謄錄則待使臣之禮，殊甚涼薄，俺等不以此待之。[90]

儘管如此，但朝鮮的表現仍不如預期，皇太極即曾直言：

> 朕以兄弟之國，宜誠心相敬，餽問以禮。……，所貢禮
> 物，數少而質惡，且屢以貪利相譏，朕甚恨之。是以此番
> 所定額數較多，非朕有貪心也，且爾供奉明國禮物甚多，
> 彼使臣欺陵爾國，悉索無厭。何爾不以為恨而獨於貢朕區
> 區之物，輒生怨望耶？[91]

皇太極不解的是金國「誠心相敬」，多方對朝鮮釋出善意，何以
朝鮮始終難以歸心。相較之下，明朝的使臣「欺陵爾國，悉索無
厭」，朝鮮卻「不以為恨」。[92]

　　朝鮮對中國的認識是難以用「結果」下定論的，本章亦非
否定朝鮮士人中存在「親清派」，而是提供一個長時段的互動脈
絡，作為理解明清《燕行錄》的方法。事實上，「皇明中華」與
朝鮮的交往並非一帆風順，其間充滿波折，有如兩人交往，從初
次見面到互相熟悉的過程並不平順，雙方經過長久的接觸與試

---

90 鄭昌順等編，《同文彙考》（臺北：桂庭出版社，1978），〈補編〉，卷1，頁6a。
91 《清實錄・太宗文皇帝實錄》（北京：中華書局，1986），卷13，天聰七年正月
丁未條，頁179-180。
92 明清史家孟森也注意到這個現象，他指出：「明於朝鮮，出使多為貂璫，且多為
朝鮮籍之內豎，誅求挾制，無所不至。朝鮮痛心疾首於來使，而戴朝廷則尊以帝
天。清於朝鮮，體恤周至，輕減貢品，厚往薄來，非特奉使必遣朝臣，後且頒詔
頒敕，唯恐迎送有費，常命其歲時朝貢之來使麕反，較之明時之故以藩屬筐篚，
豢其嬖御刑人者，恩禮有加，而得報相反。」見孟森，《明清史論著集刊》（北
京：中華書局，2006），〈《皇明遺民傳》序〉，頁190。

探，方才漸漸明瞭相處的模式。明初至明中葉，明廷對朝鮮的索求的確造成朝鮮的困擾，使得朝鮮士人對明朝產生不良觀感，但壬辰衛國之戰與明清易代的歷史變遷，激發了朝鮮對明朝的情感，更強化明朝與朝鮮之間的連結。

1644年，被清廷索為人質的鳳林大君（1619-1659）從瀋陽回到朝鮮，當他詳細提及明朝如何滅亡時，朝鮮君臣的一致反應是：「雖輿臺下賤，莫不驚駭隕淚。」[93]明朝的滅亡對朝鮮來說可謂天崩地解，正如李敬輿（1585-1657）所說的「嗚呼！天地大變，冠裳易置，一片吾東，獨保衣冠，豈可毀冠裂冕，並與區區之名教而弁髦之哉？」[94]長久以來朝鮮與明朝的交往儘管有上述的缺憾，但大抵來說是平和的，與清朝的交往難以相提並論。

最後，朝鮮與清朝除上述的歷史淵源之外，又揉合長期以來華夷觀念所導致的錯誤評價，這些條件使得朝鮮對明、清兩朝的看法產生迥然不同的見解，朝鮮對明的認同隨著1644年過後越見強化，而對清朝的鄙視卻是一如既往，可說是其來有自。朝鮮無力幫助明朝，對於上國的滅亡感到悲痛，其所悲慟的是中華文化淪陷的中國，沈念祖（1734-1783）燕行歸國後與朝鮮正祖曾有一次談話論及：

> 萬里中土，盡入腥羶。所尚者，城池、甲兵；所重者，浮屠、貨利。華夏文物，蕩然掃地，甚至大成殿廊，便作街童遊戲之場。簷廊荒頹，庭草蕪沒，而未見一介青衿之在傍守護，見之，不覺於悒。[95]

---

[93] 《朝鮮王朝實錄》，冊35，仁祖45卷，22年5月7日甲午條，頁184。
[94] 《朝鮮王朝實錄》，冊35，孝宗11卷，4年7月2日乙丑條，頁637。
[95] 《朝鮮王朝實錄》，冊45，正祖6卷，2年7月9日丙申條，頁41。

因此洪大容提到「惟中國之剃頭變服，淪陷之慘，甚於金元時，為中國不勝哀涕。」[96]即不難理解。但是，朝鮮君臣口中「華夏文物，蕩然掃地」的景象或許象徵意義大於現實情況。萬曆十五年（1587），裴三益在參觀國子監時就曾提道：

> 謁先聖於國子監，……。陰陰蔽庭，周旋可玩，而恨無師生之講業。鞠為茂草，閭閻下賤闌入其中，聖廟卓上或有超乘踞坐者。所謂冠儒冠者皆貿貿無知，有欲得筆墨者，行囊纏解而爭乞不已，既或得之而猶求無厭，殊非所望於中華禮義相先之地也。[97]

裴三益眼中的國子監可謂「荒蕪」，不僅雜草叢生，無人講業，甚至「閭閻下賤」都能入監，而這些所謂「冠儒冠者」皆無知之徒。最戲劇性的一刻，莫過於他們爭先恐後地向裴三益索乞筆墨，令他有明朝實非「中華禮義相先之地」的感慨。

事實上，在裴三益朝天行的十三年前，許篈與趙憲一同造訪國子監時亦發出相同的感慨。當他們與國子監生們筆談結束後，將隨身攜帶的筆墨贈與諸人，卻是「諸人雜起，相爭捽奪，無復倫次」，許篈等人目睹此事發生，一如裴三益般雖然表面和善，但卻在日記中寫道「余等甚鄙之」，[98]道盡他們對明朝監生的輕視。當許篈離開國子監後，回想參訪的過程，不禁哀嘆道：

---

96 洪大容、李德懋，《乾淨衕筆談·清脾錄》，頁40。
97 裴三益，《朝天錄》，收入《燕行錄全集》，冊4，頁38-39。
98 許篈，《朝天記》，收入《燕行錄全集》，冊6，頁258。

抑大學本為首善之地，非徒文具為也。今見廟宇深密，檜
栢森蔚，堂齋靚潔，地位幽閒，真可為師生講道之所。而
為師者倚席不講，為弟子者散處閭閻，祭酒、司業以驟陞
大官為念；監生、歲貢以得添一命為榮，慢不知禮義廉恥
之為何事。學校之廢墜至於斯，宜乎人才之不古若也。嗟
呼！嗟呼！[99]

許篈與裴三益同對國子監的狀況感到憂心與不齒，師生不僅將講
道之所廢置，為師者只以升官為念，弟子唯以功名為榮，如此不
知禮義廉恥的文化殿堂，還是清代朝鮮使節口中的「皇明中華」
嗎？但是，裴三益及許篈、趙憲對於明朝的評價在鼎革後不見於
士人之口，不論是關於吏治、政事或風俗與國子監的評論，清代
朝鮮使節唯一方面在中國儒生面前暢言「皇明」的美好，一方面
哀痛中國文化的淪亡，不再提及「明代故事」。

　　朝鮮士人在明代多元的觀察，在清代則趨於單調，過去對
明朝豐富的認識一轉為文化的緬懷、皇恩的回報。朝鮮對清朝的
敵視心態在18世紀中葉甚至19世紀初葉以前始終難以澈底改變，
當朝鮮將本身視為一位「華夏正統」的繼承者，卻被迫接受為清
朝「藩屬」的事實，「現實中國」與「理想中國」的差距愈來愈
大，朝鮮燕行使不得不使用一種論述模式，不得不選擇書寫一個
固定的故事來回應清朝士人。

---

[99] 許篈，《朝天記》，收入《燕行錄全集》，冊6，頁260。

第三節　選擇的書寫：「朝鮮意志」[100]的實現

　　朝鮮燕行使在與清人交往，一面歌頌過往皇明的榮光，一面不自覺地「持平而論」明代的政治生態、社會現象與典章制度，矛盾的中國認知以是集於一身。當面對清人時，朝鮮士人如何解決這種矛盾的心態，是理解《燕行錄》意義的第一步。筆者將這看似矛盾的現象稱為「選擇性書寫」（selective narration），它具體顯現於1644年後朝鮮使者的燕行記文中，朝鮮使節有意識、無意識地記述特定的歷史事件、器物，如明祖賜名、萬曆援朝、明清之際一系列的戰事、網巾及冠履等富有文化意義的物件。更重要的是，清代的朝鮮士人過去對明的多元評價及認知難以在清代《燕行錄》中發現。必須指出的是，部分明代燕行使節的記錄，另有其對朝鮮本身的關懷，即一種書寫中國，投射朝鮮現狀的特色。如上述提及的趙憲即是一例，他出身寒微，有別於擁有政治實權的傳統朝鮮世家，因此其對中國的敘述，往往與此有關。[101]

　　選擇性書寫是理解《燕行錄》內容的一個重要角度，此類紀錄大都是朝鮮士人回國後，憑藉著回憶與殘留的紙捲重塑而成，而朝鮮使者何以選擇此類內容成冊，並刊行朝鮮境內，本身即是一值得探究的問題。藉由洪大容的《燕行錄》與《乾淨衕筆談》，我們得以探索朝鮮士人與清朝儒生如何交往，雙方如何對話，又朝鮮人如何為自己的立場占據較為有利的地位。關於《乾

---

[100] 朝鮮意志係指朝鮮王朝本身具有客觀評價、認知他者的能力，即朝鮮王朝擁有其主體性。

[101] 關於趙憲的討論，見夫馬進著，伍躍譯，《朝鮮燕行使與朝鮮通信使》（上海：上海古籍出版社，2010），〈第二章　趙憲《東還封事》中所見的中國情況報告〉，頁22-31。

淨衕筆談》的內容，朴趾源表示：

> 極論天人性命之源，朱、陸道術之辨，進退消長之機，出
> 處榮辱之分；考據證定，靡不契合。而其相與規告箴導之
> 言，皆出於至誠惻怛。[102]

朴氏認為《乾淨衕筆談》旨在討論學術哲理，同時分享雙方的
價值觀，以「至誠惻怛之心」相互勸戒，頗具正面意義，有別
於以往的敵視心態。但是，即使是富正面論述的《乾淨衕筆
談》，我們仍可以發現朝鮮士人時常觸及一些尷尬的議題，使
得清朝儒生不知如何回應，只能沉默無語。例如，當嚴誠、潘庭
筠前往玉河館拜訪洪大容時，[103]兩位清朝士子先行與朝鮮正使筆
談，據《乾淨衕筆談》載：

> 季父與上使會坐筆談。潘生首尾執筆，朝廷官方、西湖故
> 蹟，其他數千里外事，下筆成文，無有不會。[104]

但是，當朝鮮使節談到敏感的話題，氣氛旋即有所不同：

---

[102] 朴趾源，《燕巖集》，〈會友錄序〉，收入《韓國文集叢刊》，冊252（首爾：
民族文化推進會，2000），頁13。
[103] 朝鮮使節必須待在有「門禁」限制的玉河館，玉河館又稱之為會同館，為明清政
府所規定使節團的住所，後又設有南館、西館，皆為朝鮮使者主要的居留地。洪
大容的筆記中對此有詳細的記錄：「貢使入燕，自皇明時已有門禁，不得擅出遊
觀，為使者呈文以請或許之，終不能無間也。清主中國以來，弭兵屬耳，恫疑未
已，禁之益嚴。至康熙末年，天下已安……數十年以來，昇平日久，法令漸疎，
出入者幾無間也。但貢使子弟、從者，每耽於遊觀，多不擇禁地，衙門諸官慮其
生事，持其法而操縱之。」見洪大容，《湛軒燕記》，收入《燕行錄全集》，冊
42，頁60。
[104] 洪大容、李德懋，《乾淨衕筆談・清脾錄》，頁13。

> 語及衣冠及前朝事，副使故為迫問，多犯時諱，難於應
> 酬；而不慌不忙，言言讚揚本朝，而間以戲笑，無半點虧
> 漏；而言外之意自不可掩，則其事理當然。[105]

洪大容並不掩飾朝鮮使節是「故為迫問，多犯時諱」，詰難於潘
庭筠，副使特意提及「衣冠及前朝事」，此事的敏感性，朝鮮士
人是了然於胸的。因此，潘生只能矇混度過，勉力應付。更重要
的是，「言外之意」指故為迫問的心態應無疑義，但「事理當
然」則表明朝鮮士人對於故意刁難潘生是心安理得的，認為這是
應為之事。

　　中國儒生與副使無甚交情，朝鮮使節的迫問或許得以理解，
但此類交流中的「尷尬」在洪大容與他們的相處中並未缺席。如
中朝士人關於「場戲」的討論，[106]洪大容燕遊時曾經觀賞過「場
戲」，即人們在台上表演過去的典故，以一個個故事為腳本，是
清代少數得以著明朝衣冠並留髮的職業。潘庭筠曾經與洪大容討
論過欣賞場戲的心得：

> 蘭公曰：「來此見場戲乎？」余曰：「見之。」蘭公曰：
> 「場戲有何好處？」余曰：「雖是不經之戲，余則竊有取
> 焉。」蘭公曰：「取何事？」余笑而不答。蘭公曰：「豈
> 非復見漢官威儀耶？」即塗抹之。余笑而頷之。[107]

---

[105] 洪大容、李德懋，《乾淨衕筆談‧清脾錄》，頁13。

[106] 關於場戲的討論，尤其是以公共空間審視清代中朝關係，見葛兆光，〈「不意於
胡京復見漢威儀」——清代道光年間朝鮮使者對北京演戲的觀察與想像〉，《北
京大學學報‧哲學社會科學版》，47卷1期（北京，2010），頁84-92。

[107] 洪大容、李德懋，《乾淨衕筆談‧清脾錄》，頁12。

洪大容也贊同此論，他雖然批評中國耗費財力在無用之物，但卻有所保留地認為：「且戲臺何用，而多有侈美？不勝傷歎。而或不無好處，前朝制度尚存也。」[108]不論如何，蘭公立即意識到「豈非復見漢官威儀」之語的思明意涵，塗抹筆談意味著對於自己「失言」的後悔。但是，有趣的是洪大容在此之後的議論：

> 余入中國，地方之大，風物之盛，事事可喜，件件精好；獨剃頭之法看來令人抑塞。吾輩居在海望小邦，坐井觀天，其生靡樂，其事可哀，惟保存頭髮為大快樂事。兩生相顧無語。[109]

試想朝鮮士人在中國儒生面前表示「保存頭髮為大快樂事」的情景，嚴誠等人除了「相顧無語」外，還能如何回應。即使洪大容與潘、嚴二人熟識，洪大容卻更激烈的詰問道：

> 余曰：「行將別矣，極言無諱可乎？」皆曰：「善。」余曰：「中國非四方之表準乎？兩兄非我輩之知己乎？對兄威儀，每起嘆息者。在元，儒宗為許魯齋一人不能隨世顯晦，既不從厓山之舟，又無浙東之行。而大書元祭酒許衡致仕，則夫子欲居九夷之訓，認真有心耶？」兩人相顧無語。[110]

---

[108] 洪大容、李德懋，《乾淨衕筆談・清脾錄》，頁38。必須指出的是，這段話在《燕行錄全集》所收錄的版本中被省去了，相關討論詳後。
[109] 洪大容、李德懋，《乾淨衕筆談・清脾錄》，頁12。
[110] 洪大容、李德懋，《乾淨衕筆談・清脾錄》，頁38。

洪大容這些「發自內心」的疑問令中國儒生不是「相顧無語」，就是低首頷之。[111]

換言之，朝鮮士人利用了自己的優勢與清朝儒生對話，一方面朝鮮使節並不受中國檢查制度的監視，另一方面朝鮮地處偏遠，藉由朝貢與事清得以繼續保有其相對獨立的地位，也得以維持自身在思想、服裝乃至民俗等各方面的傳統。相較之下，清朝儒生受限於清政權的言論管制，[112]難以回擊，偶爾真情流露即「舉措慌忙」，反之，朝鮮士人則更像是冷靜的觀察員。如洪大容耳聞乾隆幽囚皇后之事，[113]詢之中國儒生：

> 余別以小紙書問曰：「近聞宮中有大事，舉朝波盪云，兄
> 輩亦聞之乎？」蘭公失色曰：「何以知之？」余曰：「豈
> 無所聞乎？」蘭公曰：「我朝家法無廢立事。且皇太后有
> 聖德，故賴以無事。滿人阿永阿極諫幾死，漢人無一人敢
> 言者。可愧！」此時蘭公隨書隨裂，舉措慌忙。……。蘭
> 公曰：「國朝法令甚嚴，此言一出必死。弟怕死，故自不

---

[111] 中國人不是閉口靜默，即是中斷筆談，如朴齊家詢問谷應泰的五代孫霖蒼《明史紀事本末》之事，其人「秘諱不言，擲筆而起」，事見朴齊家，《入燕記》，收入《燕行錄全集》，冊57，頁263。又如朴趾源曾與清朝舉人王民皞筆談，曾提及明初「網巾」，朴趾源或許只是玩笑的發言，王舉人也只能點頭而已。王舉人稱：「當時（明初）亦有譏之（網巾）者，謂天下頭額盡入網羅，蓋多不便之矣。」（王舉人）筆指余（朴）頭額曰：「這是頭厄。」余笑指其額曰：「這個光光，且是何厄？」鵠汀慘然點頭，即深抹「天下頭額」以下字，見朴趾源，《熱河日記》，卷2，頁132。

[112] 乾隆四十八年（1783），朝鮮燕行使李田秀（1759-?）與清朝儒商張又齡（字裕昆，號萬泉居士）交往時，張氏自承：「中國士人不許文字交通外邦」，見李田秀，《入瀋記》，收入《燕行錄全集》，冊30，頁263-264。筆者尚未見到清朝官方明文禁止士人與外邦人士交接，但考諸這種言論，顯見清朝士人與海外朋友筆談交往在當時社會有一定的忌諱，而這也可堪為解釋何以《燕行錄》中不乏朝鮮使者登門拜訪當地士人，主人卻屢次不在家的現象。

[113] 洪大容經由一位市井人士及清皇族瞭解此事，見洪大容，《湛軒燕記》，收入《燕行錄全集》，冊42，頁100、132-133。

覺如此。」[114]

洪大容燕行之時，恰逢乾隆帝（1735-1796在位）鍾愛的皇子永琪（1741-1766）去世，他得知此事後，向潘、嚴二人詢問，不料引起如此大的反應，想必是始料未及。重要的是潘庭筠的反應，「隨書隨裂，舉措慌忙」並自承「怕死」，中國儒生處處被動。

洪大容與潘、嚴、陸三人之外的交流，更能凸顯此種刻意的選擇性書寫。另一個例子是洪大容行經三河時，與中國儒生鄧汶軒的交談，雙方甫見面不久，洪大容即問道：

> 余曰：「君見吾輩衣冠以為如何？」鄧生曰：「甚好。」
> 余曰：「此中剃頭之法亦好否？」鄧生曰：「自幼習以為常，頗覺其便。」余曰：「髮膚不敢毀，非聖訓乎？」鄧生曰：「威嚴咫尺，休為此言。」[115]

洪大容明顯是步步進逼，故為迫問，使鄧生難以應對，最後一句「威嚴咫尺，休為此言。」說明了鄧汶軒心中的無奈。顯而易見的是，洪大容不論是言語交談或文字書寫，不僅屢屢觸及敏感議題，更直接挑明地質問中國儒生。

朝鮮士人此類言論固然可以視為一種思明現象，本章從選擇性書寫的角度解釋，亦非將朝鮮士人與中國儒生的全部交往，理解為朝鮮士人有意識地掌握交往主導權的方式，而是針對這些特殊的尷尬時刻與議題，造成中國儒生的「失聲」，[116]而這也說明

---

[114] 洪大容、李德懋，《乾淨衕筆談・清脾錄》，頁68-69。

[115] 洪大容，《湛軒燕記》，收入《燕行錄全集》，冊42，頁164-165。

[116] 此外如姜浩溥（1690-1778）曾故意在清朝儒生面前屢屢以「大明」和詩，對方只能趕緊將字抹去，值得注意的是姜浩溥承認自己時常想寫「大明」來觀察清朝

何以《燕行錄》中的士人交流，議題的主導權始終掌握在朝鮮人手中。一個值得說明的例子是洪大容與來自山東的宋舉人交談，席間討論到孔子的後代，洪大容熱切地表示：「幸君為我一見之」。宋舉人不解洪大容何以如此想見孔子後裔，洪大容方說：「尊慕之極，願見其孫。」《湛軒燕記》戲劇性地記錄下之後的應對：

> 宋撫首曰：「其衣冠與我一樣，見之何益？」余聞之悵然。[117]

宋舉人與洪大容的落寞可以想見，兩人的悵然來自於同樣的文化心態。洪大容顯然對於「聖人後裔」存在不同於一般中國士人的想像，因此認為孔子之後必定是儒冠儒服的成周故事。[118]至此，筆者認為洪大容並非故意逼迫而問，顯與鄧生的例子不同，而此二類書寫的方式，實出自兩種不同的意圖，理應區隔。

此外，在實務的交流之外，學術問題亦透露朝鮮自我的意志。朝鮮自立國以來，獨尊朱子學，形成一種朝鮮特有的理學傳統。[119]當洪大容與之討論到理學時，兩方爭辯不休，洪大容情急之下只能表示：「東國只知有朱註，未知其他。」[120]由此可

士人的反應，見氏著，《桑蓬錄》，收入《韓國漢文燕行文獻選編》，冊14，卷4，頁231-232。

[117] 洪大容，《湛軒燕記》，收入《燕行錄全集》，冊42，頁112-113。

[118] 值得一提的是徐浩修（1736-1799），晚洪大容25年後出使中國，他與衍聖公相遇的記載，處處凸顯和諧美好的交流與欽佩，顯見不同的心態差異。見徐浩修，《熱河紀遊》，收入《燕行錄全集》，冊52，頁73。

[119] 關於朝鮮受朱子學的影響，參蔡茂松，《韓國近世思想文化史》，頁294。蔡振豐，《東亞朱子學的詮釋與發展》，臺北：台大出版中心，2009。

[120] 洪大容、李德懋，《乾淨衕筆談·清脾錄》，頁111。此外，朴趾源在熱河的一段記載亦說明朝鮮人能夠把握分寸，按輕重緩急處置。事起於朝鮮使節團在熱河曾一度以為將與西藏喇嘛見面，而這有違朝鮮文化正統的立場，於是隨行裨將公

見，朝鮮燕行使存有「以朝鮮為主體」的意志，綜觀《乾淨衕筆談》、《湛軒燕記》的內容，處處可見朝鮮使節利用認同明朝的論述與清人交流，並且以「外國人」的身分談及許多「時諱」，而清朝士人則是拙於應對，唯有「相顧無語」、「頷之」或「舉措慌忙」。

第四節　另一種「選擇」：思明文本的刊落

　　朝鮮士人的選擇性書寫除見於中朝交往之際，更落實於他們後來整理的文字記錄。一日之長，筆墨難盡，選擇哪些內容進入文本，是理解《燕行錄》的另一面向。但是，選擇性書寫的意義又不盡於此，這不僅體現在「保存」，更深著於「消去」，也就是朝鮮士人在應對、書寫之外，更藉由有意識的刪改文本，是為一種更複雜的選擇性書寫。

　　現存《乾淨衕筆談》不同的版本為我們檢驗此種選擇性書寫提供寶貴的機會，本章所徵引的《乾淨衕筆談・清脾錄——朝鮮人著作兩種》係由近人整理而成，與林基中整理的《燕行錄全集》所收錄的版本不同。[121]儘管目前未能得知版本的先後，以及流傳的過程，但藉由兩個版本的校勘，大致上能夠確認《乾淨衕筆談・清脾錄——朝鮮人著作兩種》所收確為足本，而《燕行錄全集》中的《乾淨衕筆談》則是經由細心改動後的版本。[122]

　　然發怒曰：「皇帝事怪惡矣，必亡必亡！兀良哈事也，大明時豈有是也？」首譯百忙中向稗將而言曰：「《春秋》大義，非其處所。」揆諸首譯的應語可知他也不同意皇帝命番僧來晤的決定，但他知道在正式的外交場合中，不是朝鮮人發表、實踐春秋大義的時機。事見朴趾源，《熱河日記》，卷2，頁133。

[121] 洪大容，《乾淨衕筆談》，收入《燕行錄全集》，冊43，頁12-244。

[122] 最先注意到此書版本問題的是夫馬進，他認為洪大容自行改訂刪除了35%的內容。至於動機，夫馬進指出，一是「囉嗦」而刪除；一是顧慮到朝鮮國內的事情

洪大容改動《乾淨衕筆談》的動機有四，其一，提升自己在交流中的地位。其二，消去金在行（1721-?）[123]參與交流的過程。其三，降低潘庭筠交流中的地位。其四，刪去或修飾思明話語。前三點旨在形塑「洪大容—中國儒生」之間的交流形象，屏除金在行及其他人的存在，締造一個專屬洪大容與嚴誠等人的文本。[124]有趣的是，洪大容各種近乎迫問的「書寫」是否受到改動，而這又具有什麼意義？以下將上海古籍出版社所據本稱為「甲本」，《燕行錄全集》所收本稱為「乙本」，就第四點討論版本之間的更動，探討選擇性書寫的第二種意義。

　　潘庭筠與朝鮮副使筆談時，洪大容曾將此視為「事理當然」，當他們幾人初相會時，金平仲發現潘生的砵卷中有「茫茫宇宙，捨周何適」之語，這藏有反清意識的文字，令蘭公「色變良久」，可見他是明瞭此議題的敏感性。重要的是，潘生將此語解為「尊周所以尊國朝也」，[125]而洪大容的解讀卻不見乙本（以下底線所示為被刪卻的文字）：

可能傳到國外。本文在此基礎上另有詮釋。夫馬進的研究見氏著，〈朝鮮洪大容《乾淨衕會友錄》及其流變〉，《清史研究》，2013年4期（北京），頁90-103。

[123] 由於金在行沒有文集傳世，關於他的材料有限，不過根據上海圖書館藏抄本《日下題襟合集》記載，稱：「金秀才在行，字平仲，號養虛，年四十五歲，清陰先生姪曾孫也。」可知他也出朝鮮名門安東金氏，係金尚憲（1570-1652）之後。值得注意的是，根據嚴誠好友朱文藻的說法，金在行是堪比洪大容的摯友，《日下題襟合集》云：「《日下題襟合集》，集凡五人，金、洪二君交情尤摯，列于前。」關於《日下題襟集》的版本介紹，見朴現圭，〈《日下題襟集》的編撰與版本〉，《國際漢學研究通訊》，第4期（北京，2011），頁268-284。

[124] 前三點雖不是本章討論之旨趣，但多少與思明態度有關。簡言之，《燕行錄全集》所收錄的版本，使得洪大容在語氣、態度、行為上都較為孤傲，許多自謙之詞，甚至是顯露其誠懇的段落都遭刪去，例如《燕行錄全集》本刊落了洪大容充滿感情的話，見洪大容、李德懋，《乾淨衕筆談·清脾錄》，頁71。18日結尾的對話尤其值得注意。

[125] 洪大容、李德懋，《乾淨衕筆談·清脾錄》，頁6。

（甲本）蓋漢人於當今反同羈旅之臣，謹慎謙畏，其勢然
　　　　矣。其言之如此，無足怪矣。余勸平仲勿復言，
　　　　平仲即曰：「所示極善。」[126]

（乙本）余以交淺言深，勸平仲勿復言。[127]

洪大容認為清代的漢人「謹慎謙畏，其勢然矣」，從此角度理解
潘生的說詞，無足怪也，這再次透露朝鮮士人對於敏感議題並非
「無意為之」，他們不僅理解這些話題的意義，更清楚地瞭解中
國儒生的想法。

　　同時，改動的部分不僅隱去洪大容對於敏感事情的看法，更
可能直接使得富含意義的對話「消失」。例如當嚴誠等人談論到
《漢隸字源》一書時，乙本省卻一段對話：

（甲本）余曰：「以情與之，以情受之，其有無緊歇不須
　　　　論。且弟書法本拙，實同僧梳。而家嚴常喜隸
　　　　書，規當奉獻。」兩人問「僧梳」二字。余以漢
　　　　語答曰：「和尚頭髮沒有，篦子哪裏使得？」皆
　　　　大笑，指其頭曰：「我們亦光光的。」[128]

（乙本）余曰：「兄以情與之，弟以情受之而已，其有無
　　　　緊歇不須論也。」[129]

這段或可當作「玩笑」的對話，姑不論能否視為一場你來我往的

---

[126] 洪大容、李德懋，《乾淨衕筆談・清脾錄》，頁6。
[127] 洪大容，《乾淨衕筆談》，收入《燕行錄全集》，冊43，頁17。
[128] 洪大容、李德懋，《乾淨衕筆談・清脾錄》，頁23。
[129] 這段對話理應出現在洪大容，《乾淨衕筆談》，收入《燕行錄全集》，冊43，頁
　　　48。

試探，或交往真摯的表徵，但乙本將此段話完全省去，應代表「僧梳」話題的敏感性，不利於洪大容的固有態度。觀諸雙方對於「頭髮」的對答，語氣上的輕鬆寫意，不若常見的嚴肅與沉痛，「皇明意象」儼然成為閒談的話題，而將此刪去，著實有利於完整洪大容的思明形象。

更有甚者，有些情況是一整個段落不見於乙本，致使乙本的文脈不順，讀者可能會感覺部分對談是斷裂的，話題之間的轉換過於快速。如雙方談論到金尚憲（1570-1652）的文集，進而提及四個感念明朝的朝鮮大族，隨後幾人則是討論書籍的問題。乙本的脈絡是：

> （乙本）又有世族四家隱於太白山中，時人號為「四皓」，其一鄙宗人也，有詩曰：「大明天地無家客，太白山中有髮僧」云。力闇看畢轉身而坐，再三諷誦，頗有愴感之色。蘭公曰：「響山樓藏書幾千卷？」余曰：「有七八百卷。」[130]

蘭公突然問到響山樓的藏書，與之前的話題之間並無關聯，且何以問到此藏書樓？考諸甲本，雙方原本正討論著藏書，蘭公周到地說：「中國之書，東方皆有之？所欲得者何書，當購以奉上。」詢問洪大容是否有欲見之書，願意代購寄之。洪大容隨即答道：

> 呂晚村文集及弘光南渡後事蹟欲得之，而此非赴遠之物矣。[131]

---

[130] 洪大容，《乾淨衕筆談》，收入《燕行錄全集》，冊43，頁80。
[131] 洪大容、李德懋，《乾淨衕筆談·清脾錄》，頁42。

呂晚村、弘光南渡等事，在清代輿論中當是一大禁忌，因此潘庭筠立即塗抹此語，並且書於其上「此等沒有」，即不難理解。顯而易見的是，乙本有意識地抹除此段對話，並非因書籍是不可談之事，而是彼此的對話跨越時忌。[132]

不僅思明的對話消失，對於明朝的評價也在「塑造尊明形象」的大旗下自動隱身，本章曾引用洪大容所論明朝太監之事，但此段落卻改寫為：

> （甲本）余曰：「自康熙以來，待之迥異他藩，有請曲狥。前明時則太監用事。欽差一出，國內震撓。雖然，豈敢以此怨父母之國哉？」蘭公曰：「厚往薄來，今亦如是否？」余曰：「只以貢米言之。前則一萬包，年年蠲減，今則數十餘包。」力闇曰：「國初東方入貢，衣冠猶沿明制，而不為可否，亦見忠厚。」[133]

> （乙本）余曰：「自康熙以來，待之迥異他藩，凡我東所欲為，靡不曲狥。」蘭公曰：「厚往薄來，今亦如是否？」余曰：「只以貢米言之。前則一萬包，年年蠲減，今則數十餘包。」力闇曰：「國初定鼎時東方入貢，見衣冠猶沿明制，而不以為訝，亦見忠厚。」[134]

---

[132] 另一個與書籍相關的例子是關於錢謙益文集的討論，此在乙本中被刪落，見洪大容、李德懋，《乾淨衕筆談・清脾錄》，頁61。洪大容，《乾淨衕筆談》，收入《燕行錄全集》，冊43，頁116-117。

[133] 洪大容、李德懋，《乾淨衕筆談・清脾錄》，頁48。

[134] 洪大容，《乾淨衕筆談》，收入《燕行錄全集》，冊43，頁92。

洪大容對「父母之國」的微詞不復存在，儘管他不無轉圜地表示：「豈敢以此怨父母之國」，但對於改動者而言，始終是不符合其形象的言論。因此，洪大容在清代儒生面前對明朝的批判，一改而為完全的緬懷。

此外，雖然雙方討論的內容或有可能並無文化層面的「暗示」，但此類記錄也可能經過簡化，成為普通的對話。一個簡明的例子是雙方飲酒時的談話：

> （甲本）每諸人飲酒，必呼茶代之，曰：「以茶代酒，弟之風流掃地盡矣。」起潛曰：「兄衣四面俱開，亦是前明制耶？」余曰：「此乃戎服。似是明制不敢質言。官者朝服及士子道袍，大抵襲明制耳。」[135]

> （乙本）諸人飲酒，必呼茶代之，曰：「以茶代酒，弟之風流掃地盡矣。」皆笑。[136]

而在選擇性書寫的影響之下，數百字的內容也會因為議題的敏感而遭到刊落，不惟是上述近乎玩笑的對話。例如雙方屢次談及明朝衣冠，潘庭筠曾經提及清代衣冠何以更改明制的原因，他轉引皇太極的說法，以為「聖聖相傳，不效漢人衣制」是擔憂滿洲人「忘騎射，少淳樸，失禮度。」必須指出的是，乙本在潘庭筠說完此事後，逕接下一話題：

> 若效漢習，諸事便怠惰，忘騎射，少淳樸，失禮度。子孫

---

[135] 洪大容、李德懋，《乾淨衕筆談·清脾錄》，頁87。
[136] 洪大容，《乾淨衕筆談》，收入《燕行錄全集》，冊43，頁166。

當謹凜之，是以我朝聖聖相傳，不效漢人之衣制也。達海稱神人，此作滿洲字者，年二十一早死。平仲曰：「今將永別，吾中人不可無詩。」[137]

事實上，在平仲說話之前，潘生發表完議論之後，存在一段長達數百字的對話，而首要的段落即是針對衣冠制度而來。在潘生說完清代更改漢人衣冠的理由之後，洪大容的第一句話即是：「今且泛論二人之見何如？」[138]希望雙方能夠藉此敏感話題交換意見。以下徵引此刊落部分最關鍵的對話：

> 蘭公曰：「司馬公改新法可見，且此為國家長久計，無奈何矣。」余曰：「義理不如是。且朝聞道，夕死可矣。」蘭公見即裂破之。少頃曰：「『朝聞道』二語，解頤復痛心也。」又曰：「俄書衣冠事，此《實錄》中語。」余曰：「舜，東夷之人也；文王，西夷之人也；王侯將相寧有種乎？苟可以奉天時而安斯民，此天下之義主也。本朝入關以後，削平流賊，到今百有餘年，生民安堵，其治道可謂盛矣。惟禮樂名物一遵先王之舊則，天下尚論之士，庶可以無憾，亦可以有辭於後世矣。兄如作官，必以此簡義理上告下布，申明二人之言，以幸天下，吾輩與有榮矣。」[139]

令人驚訝的是，洪大容的「本朝」按文脈來看，正是清廷，且他

---

[137] 洪大容，《乾淨衕筆談》，收入《燕行錄全集》，冊43，頁192。
[138] 洪大容、李德懋，《乾淨衕筆談‧清脾錄》，頁103。
[139] 洪大容、李德懋，《乾淨衕筆談‧清脾錄》，頁103。

顯然一定程度上肯定滿洲入關以來的治道，使得生民安享太平。但是，洪大容的重點當是惋惜「禮樂名物」並沒有遵從先王之舊則，而唯有將此改正，方得以「有辭於後世」。

綜觀乙本所刪除、改寫或增加的段落，顯是有計畫且具有準衡的改動。[140]耐人尋味的是，上一節所呈現的選擇性書寫是「有意識地述說明朝故事」，何以我們能夠發現一個「有意識地抹除明朝故事」的版本？[141]正如洪大容所自承的，雙方交往酬酢之際，許多話題難以記錄，正因為「隨書隨裂，故不能記。」[142]而原因正是「蓋見余之眷眷明朝，氣色頗以為難便，此則其勢亦然矣。」[143]洪大容對明朝依戀與不捨，中國儒生將絕大部分的紙草毀去，而這無疑從另一面證明他們談論間的敏感性。誠然，關於兩種不同的選擇性書寫，可以想見有兩個因素當在考慮的範疇：其一，洪大容與中國儒生們討論明朝故事時，間以嬉笑怒罵之姿呈現，並不符合朝鮮知識階層的國情。其二，有目的且完整地改動此版本，想必是出自嫻熟此事之人，而最有可能的刪改者即是作者洪大容自己。從洪大容的生命經驗來看，他修訂此書是完全可以諒解的，因為他在歸國後遭到強烈的抗議（詳見第三章），而觀諸乙本的改動，適足以說明洪大容對於思明言論的堅持及對中國朋友的維護。

---

[140] 必須申明的是，有的段落也可能相反，即乙本有，甲本無，但其要旨皆符合本章所提出的四項原因。

[141] 夫馬進與羅樂然皆注意到此問題，如羅樂然認為「洪大容的著作中有部分被刪除，亦顯示他擔心朝鮮知識分子對他燕行的排斥。」但是，觀諸洪大容刪去許多思明之語，顯是朝鮮士人所樂見的，也凸顯此問題當更為複雜。見羅樂然，〈清代朝鮮人西洋觀的形成——以洪大容燕行為研究中心〉，頁339。筆者認為改動《乾淨衕筆談》的原因不止於此，本章茲針對「選擇性書寫」的重點討論，未來將有專文討論。

[142] 洪大容、李德懋，《乾淨衕筆談·清脾錄》，頁111-112。

[143] 洪大容、李德懋，《乾淨衕筆談·清脾錄》，頁112。

簡言之，朝鮮燕行使對明朝在認同上的分離，立基於現實中國與理想中國漸行漸遠，他們選擇明朝記憶中的一部分，作為與清朝人交流時的論述主軸，一來方便自己占據較為主動的地位，另一方面則隱含著對清朝文化的不認同。更重要的是，這標示著「獨立」的朝鮮意志的實現。朝鮮不論在明代或者清代中國，對於當時的衡量皆有一定的標準，明代朝天使並不自囿於天朝上國的印象與華夏正統繼承者的優越地位，反而能夠直書其見，寫下客觀詳實的日記。清代燕行使雖然受困於歷史長廊的謬見之中，卻能逐步趨於實際，並且在與清朝交流中不斷摸索，應當採取哪一種姿態、運用哪一種論述來面對「蠻夷」入主中原的事實，為朝鮮自身尋求定位。

　　朝鮮意志的實現，並不代表朝鮮對明朝的孺慕之情是虛假的，正如葛兆光所言，朝鮮本身對「華夏」即有正反兩方的吸力，現實的中國與文化的故國是有力的兩極，朝鮮長久以來兩者之間不停擺盪。待甲申之變，朝鮮正式投入文化故國的懷抱，選擇繼承中華文化的腳步，故朴趾源稱：「環東土數千里畫江而為國，獨守先王之制度，是明明室猶存于鴨水之東也。」[144]重點並不在於明室猶存于鴨水之東的想像，而是「獨守先王之制度」的文化意義，[145]而所謂「先王之制度」即「思明」實行的內涵。

　　朝鮮的「中國論述」不停變動，洪大容的《乾淨衕筆談》承繼過往朝鮮士人對明朝、清朝的認識，他同樣利用選擇性的書寫來面對清朝儒生，但這並非出於惡意，而是歷史結構下的產物。

---

[144] 朴趾源，《熱河日記》，卷1，頁1。
[145] 韓國學者亦指出這種現象，見白永瑞，《思想東亞——韓半島視角的歷史與實踐》，頁177。

洪大容歸國後，利用燕行中國的經驗，大力主張北學中國的器物、制度，標識著朝鮮脫離過去的認知，逐步趨向現實中國的開始。每一時代的《燕行錄》都有其意義，唯有理解其間交錯的文化脈絡，方能體會燕行使節為何會為路旁的一磚一瓦心生感慨，行遍無數城廓，卻只關注路旁沒落的關王廟與漢官威儀的蹤跡。《燕行錄》中頻繁地出現關王廟及優人等事物的記載，透露著朝鮮士人懷著明代中國的想像，追尋文化故國的心境而來。洪大容曾記下一件小事：

> 嘗從琉璃廠（按：清代的書籍市場）歸路，左置大木樁，高丈餘，周佈鐵釘如蝟毛，三面通穴，中有一人從其穴揮手招人，咻咻不已，蓋言其發願甚懇，絕食囚身以求布施，傍人為言將修觀音廟云，其人椎髮著網巾，蓋道士之尚守明制也。[146]

洪大容特地記錄其人椎髮著網巾，並解釋道「蓋道士之尚守明制」，同時，他不僅記錄於私人筆記中，與中國儒生筆談時更特意談論此事：

> 余曰：「網巾雖是前明之制，實在不好。」力闇曰：「何故？」余曰：「以馬尾戴頭上，豈非冠履倒置乎？」力闇曰：「然則何不去之？」余曰：「安於故常，且不忍忘明制耳。」……。蘭公曰：「余嘗取優人網巾戲著之，甚不便。」余戲之曰：「越人無用章甫。」兩生皆大笑，亦有

---

[146] 洪大容，《湛軒燕記》，收入《燕行錄全集》，冊42，頁250。

愧色。[147]

網巾是明代成年男子用以束髮的網子，清廷推行薙髮令，網巾成為明清之際抗清的象徵，反清士人往往著網巾以示其立場。因此，網巾做為明代的認同象徵，頻繁出現《燕行錄》與各種筆談中，過去不重要的記載，頓顯其文化故國之深意，[148]而兩生亦有愧色的大笑道出心中的無奈。

　　鼎革之後，朝鮮使節憑藉想像，將一個遭逢亂世的淒美故事移花接木般地轉移到了1644年，把江南婦女季文蘭的故事想像成明末清初的悲歌，前後歷時兩百年。季文蘭成長於南方，其夫被殺後，季氏被富人買為奴，遷至瀋陽。這個故事在朝鮮使節眼中，不啻是絕佳的題材，南方的綢緞換成北方的蠻衣，江南的富麗換成關外的荒涼，道盡朝鮮經歷明亡後的感受。因此，儘管絕大多數的使節沒有親眼目睹這個刻在石壁上的故事，但每當路過山海關旁的榛子店時，無不停下腳步，寫下淒美的詩句，追念一個漸去漸遠卻日趨清晰的故事。季文蘭的故事正是應朝鮮士人的需要而生，象徵朝鮮對中國的想像與認同。[149]相較之下，《乾淨衕筆談》較具進步意義，洪大容筆下的中朝交流，其中較少顯露出過往朝鮮士人的皇明情懷，他在筆談中清楚地寫到為何要將筆談記錄下來：

---

[147] 洪大容、李德懋，《乾淨衕筆談·清脾錄——朝鮮人著作兩種》，頁39。
[148] 關於網巾的相關討論，尤其網巾在文化史上的意義，請參閱：林麗月，〈故國衣冠：鼎革易服與明清之際的遺民心態〉，《臺灣師大歷史學報》，30期（臺北，2002），頁39-56。
[149] 葛兆光，〈想像異域悲情——朝鮮使者關於季文蘭題詩的兩百年遐想〉，《中國文化》，22期（北京，2006），頁138-145。

蘭公曰：「今日之談，弟二人多涉閒話，殊可笑殊可惜
也。」余曰：「今日問答之紙亦並為持去如何？」力
闇：「但言語不倫，字畫歆斜可笑。」余曰：「歸後以
此錄出問答之語，以為生前睹思之資；且以示之儕流，
傳之後孫耳。」……，兩人遍考問答，其稍涉忌諱者，或
裂而取之，或全取之，勢不可挽，止之。此則前後皆如是
焉。[150]

可以推測，洪大容日後是憑藉著「記憶」與「斷卷殘篇」拼湊出
《乾淨衕筆談》，其中內容或許只存一半，甚至更少。《乾淨衕
筆談》既是經由洪大容親自重新詮釋的文本，其中除承襲過去脈
絡下的產物，必定結合當下所見，洪大容與朝鮮當代士人相形
之下較為前進的觀點，創造一個屬於洪大容版本的《乾淨衕筆
談》，並以此與朝鮮國內的士人交流。洪氏所為與前人大異其
趣，過去的筆談只是燕行交流的記錄，畢竟與朝鮮燕行使節筆談
的人物大抵是朝鮮士人不得見的「清朝儒生」，朴趾源曾表示燕
行使節筆談時必須注意的事項，提出「不可者六」：

入他邦者曰我善覘敵，曰我善觀風，吾必不信矣。入人
之國，安有執塗之人而遽有所詢訪哉？此一不可也。言
語相殊，造次之間無以答辭，二不可也。中外既異，自
有行跡之嫌，三不可也。語淺則無以得情，語深則恐觸
忌諱，四不可也。問所不問，則跡涉窺偵，五不可也。不
在其位，不謀其政，此居其國之道也，況他國乎？問其大

---

[150] 洪大容、李德懋，《乾淨衕筆談‧清脾錄》，頁71。

禁，然後敢入，居他國之道也，況大國乎？此其不可者六也。[151]

　　朴趾源所提出的「六不可」在《乾淨衕筆談》中大多觸及，《乾淨衕筆談》可說顛覆許多過去燕行使節的想法。自此之後，洪大容的交友模式成為一「新典型」，並且逐漸普遍。

　　洪大容藉由中朝士人之間對於學問、人生、金石與彼此規勸箴言的討論，試圖呈現中朝士人另一面向的相處模式，改善當時中朝雙方的「舊有認知」。《乾淨衕筆談》在朝鮮士人間廣泛傳閱，李德懋（1741-1793）正是其中一位讀者。他比洪大容小十一歲，算得上是晚輩，他對《乾淨衕筆談》中真摯的交往極為嚮往，與傳統觀點不同，李德懋還寫信給潘庭筠，嘗試接觸聯繫，他認為《乾淨衕筆談》：「今觀其諸帖，輸瀉相和之樂，不愧古人，往往感激有可涕者。」[152]《燕行錄》中論述模式的改變，《乾淨衕筆談》可說是關鍵性的轉折點，顯示朝鮮意志對中國認知的調整，逐漸步入嶄新的階段。

小結

　　書寫的內容往往並非片面的、獨立的，內容通常有脈絡可循，而唯有理解脈絡下的書寫，我們方能得知每一個記述所蘊含的意義。《燕行錄》的記錄綿延數百年，作為一個長時段考察中國的突出視角，對中朝關係的研究提供莫大的助益；同時對明清

---

[151] 朴趾源，《熱河日記》，卷3，頁165。
[152] 李德懋，《青莊館全書》，〈天涯知己書〉，收入《韓國文集叢刊》，冊259（首爾：民族文化推進會，1990），頁123。

中國各領域的研究開闢了新視野，使學者得以用不同的角度審視中國的樣貌。《燕行錄》所呈現的中國形象是不斷變動的，有其長遠的歷史脈絡可循，朝鮮使節往往憧憬明朝統治的景況，我們不應忽視記錄中關於明代的描述，無視朝鮮長久以來擺盪於「現實中國──文化故國」的兩極之間。職是之故，研究者認為朝鮮人將燕行視為莫大光榮的機遇，或強調朝鮮與明朝互動良好，無疑是一種片面的誤解，不僅無視《燕行錄》本身長遠的脈絡，更忽略明清中國與朝鮮王朝之間複雜的國交關係。同時，現下學界大量徵引《燕行錄》，卻極少注意到版本間的差異，其實可能影響到材料本身的價值與觀點，有系統地校勘《燕行錄》，並反省背後所透露的意義，應是未來學界值得注意的課題。

反思葛兆光在〈從朝天到燕行〉一文中對清代中朝關係的評價，他藉由不同層面的討論，呈現中朝文化在清代的斷裂，不啻是對「東亞」研究的一大衝擊。但是，葛兆光筆下「東亞文明」的解體，不妨將之視為反省「有沒有東亞」命題的回應。從今日的學術發展重新思考，葛氏的觀點為我們點出中朝文化的斷裂，如朝鮮使節發現清代的喪禮不復是中華禮制，清代的學術也不再是朱子正脈。不過，明代士人對於當時的禮制即多有批判，而宗朱與宗陸的討論是否被後世之見所綁架，或仍有討論的空間，但藉由本章的討論，顯見朝鮮與明、清中國交往的過程，不僅有斷裂，亦存在連續。朝鮮士人始終保有對中國的評價能力，無論是否客觀或屬實，都象徵著來自朝鮮的聲音，而此聲音的斷裂，正來自於朝鮮意志的連續與強化，由此也可見中朝關係的複雜性。

最後，藉由本章的討論，朝鮮使者選擇一種論述方式與清朝人士交往，尤其在滿洲入主中原後，為擁有交流時的主動地位，選擇性地書寫中國相關事物，以此與清朝士人交流。《乾淨

衕筆談》正是論述模式轉變時期的一個代表，洪大容與清朝儒生
交往時，同樣憑藉著過去論述上的優勢，但逐漸正視中國日益強
大的事實，更重要的是藉由《乾淨衕筆談》中清朝儒生之口，道
出清人統治的現況是聖人轉世都無法逆轉的「現實」，迫使朝鮮
士人理解「現實中國」無法改變的態勢。《乾淨衕筆談》爾後在
朝鮮內部引起的爭論，即是代表朝鮮的中國論述在清代面臨轉變
的論戰，朝鮮士大夫各自選擇不同的論述應對清朝統治中國的事
實，因此燕行使節的記錄充滿著矛盾也就不足為怪。燕行使節帶
著景仰「文化故國」的心態來到「現實中國」，其心態的落差與
失望，夾雜著長久以來鄙夷「蠻夷」的認知，造成朝鮮自身文化
的內在衝擊。經由逾百年的交流，《乾淨衕筆談》的出版標示著
衝擊漸趨調和，邁向現實之路，朝鮮燕行使節固然存有歌頌季文
蘭悲歌的「思明派」，亦有「北學中國、利用厚生」的北學派。
換言之，燕行使節各自選擇不同角度闡述中國印象，並結合當下
的所見所聞，不斷為後繼的燕行使與朝鮮士人提供最新的「中
國」。

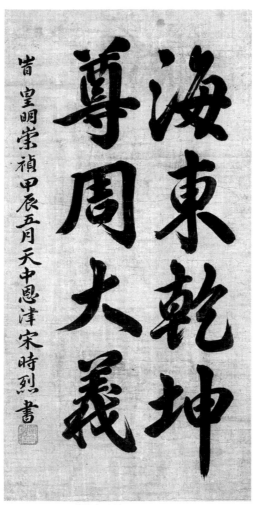

圖片名稱：海東乾坤尊周大義

圖片說明：本圖出自朝鮮士人宋時烈（1607-1689）
的手筆，宋時烈是朝鮮國王孝宗的老師，
是極端反清思明的代表人物、儒家，後世
稱之為宋子、宋夫子。

圖片來源：韓國國立中央博物館

第三章
思漢之詠：
朝鮮士人的中國論戰

楔子

> 錦衣者令余止門外，先入開廟門。望廟內可十數間，周設
> 神像，形容奇恠，簾帷采色，炫耀奪目。當門立數尺龍
> 牌，覆以黃錦帕，錦衣者披錦帕，中書「皇帝萬萬歲」。
> 乃出，向余言：「磕頭。」蓋使余先拜龍牌，而後入廟
> 也。從傍促之，尹姓亦勸余拜，余始悔輕入，倉卒無以
> 應，乃權辭謂尹姓曰：「此非皇上龍牌乎？」尹姓曰：
> 「然。」余曰：「我國法無官者，不敢私謁於龍牌，犯者
> 罪當死，我不敢拜。」尹姓點頭微笑，若領悟余意者。錦
> 衣者見余不肯拜，怒目益凶猛，與其徒掖余雙袖，拍余
> 背，連呼曰：「磕頭。」余佯笑曰：「不用忙。」
>
> 洪大容，《湛軒燕記》[1]

---

[1] 洪大容，《湛軒燕記》，收入《燕行錄全集》，冊42（首爾：東國大學出版社，
     2001），154-155。

第一節　東亞世界的思明問題

　　洪大容在北京遊觀時，曾受一位回族男子邀請，入廟參觀，進而引發一個政治認同的「選擇題」。是否叩拜龍牌，似乎是洪大容無法跨越的心理界線。在前引洪大容的記載中，多少傳達著他對清朝的「政治不認同」。即使他的佯笑顯得尷尬，旁人仍是不停催促，但他寧可說謊也不願在龍牌前低頭。

　　朝鮮深厚的中國文化認同，與1644年滿人入主中國的劇變，兩者的碰撞導致朝鮮王朝的認同觀產生矛盾，即被視為「夷狄」的滿洲人，是否仍為「中國之主」，著實困惑著明遺民與朝鮮士人，後者更為此爭論了近兩百餘年。對朝鮮來說，甲申之變（1644）無異於世界觀的顛覆，滿人入主中原的歷史變遷深深地震撼朝鮮內在的發展。朝鮮一方面思考著未來是否與中國的交往的問題，此外還有誰能繼承「中華正統」的認同問題。

　　岸本美緒曾針對東亞研究提出「後十六世紀問題」的概念，她認為東亞世界在17世紀都面臨民族、社會與經濟等問題的挑戰，其中民族問題即是「華夷論與政權正當性之間的關係」。明朝滅亡在東亞造成全面性的影響，其一是「華」不復為單一文明所獨有，其二則是華夷理論的多元化；中國周邊民族都用自己獨特的方法來利用華夷思想，以尋求自己政權的正當化。[2]葛兆光也提出相似的提問，他以乾隆皇帝（1735-1796在位）八十壽慶活動中，安南國王改易服色為例，在場的琉球、朝鮮使節對此反應不止是驚訝，更多的是鄙夷。在不斷強調身著「漢衣冠」的朝

---

[2]　岸本美緒，〈「後十六世紀問題」與清朝〉，《明清史研究》，20輯（首爾，2004），頁125-148。

鮮士人面前，安南的改服無異於在此「文化的比賽」中敗北。葛
兆光藉此引出的質問，正展露出與岸本美緒相似的關懷：「18-
19世紀的東亞諸國，以『記憶中的大明』為中心的文化認同與價
值取向，在清代有什麼新變化？他是否導致這樣的後果：一方面
東亞諸國以『漢唐中華文化』之正脈相標榜，一方面東亞諸國以
『自我中心主義』建立各自國家的獨立文化與認同。」[3]

　　岸本美緒與葛兆光共同的關懷正是甲申之後，東亞各國應
當何去何從的問題，這不僅牽涉到「有沒有東亞？」的根本問
題，也有必要將各國情況細緻討論。若以朝鮮為例，朝鮮對明朝
的認同因明末一系列的明清戰爭漸趨複雜，朝鮮事大以自保的國
策面臨嚴峻挑戰，但朝鮮官方始終堅守明正朔。[4]清朝與朝鮮的
交往乃訴諸武力強取而得，清廷粗暴的統治形象深植於朝鮮士人
心中，[5]但朝鮮苦於國家存亡的現實考驗，不得不勉力相交，互
為友好。朝鮮與清朝交往多年，並不代表其完全認同清朝一如皇
明，而應歸諸「事大主義」的結果。[6]崇禎帝煤山自縊後百年，
正值朝鮮開國後的中興之世，即朝鮮英祖（1724-1776在位）、
正祖（1776-1800在位）時期。百年時光似乎未將朝鮮對清朝的

---

[3] 葛兆光，〈朝貢、禮儀與衣冠——從乾隆五十五年安南國王熱河祝壽及請改易服
　　色說起〉，《復旦學報‧社會科學版》，2012年2期（上海），頁1-11。

[4] 朝鮮堅定之立場，具體可徵於二事，其一是1626年金朝要求朝鮮絕交於明廷，朝
　　鮮不斷強調「天朝則義不可絕」，見國史編纂委員會編，《朝鮮王朝實錄》，冊
　　34（首爾：國史編纂委員會，1973），仁祖15卷，5年2月15日壬子條，頁174。
　　其二則是1636年皇太極建極，國號大清，清廷派出使節要求朝鮮稱臣納貢，清使
　　回程途中竟遭朝鮮孩童與百姓「丟石辱之」，見國史編纂委員會編，《朝鮮王朝
　　實錄》，冊34，仁祖32卷，14年2月26日辛丑條，頁626。

[5] 裴英姬，〈《燕行錄》的研究史回顧（1933-2008）〉，《臺大歷史學報》，期
　　43（臺北，2009），頁219-255。

[6] 孫衛國認為「朝鮮事大，一是保持相對獨立，不受大國威脅；二是尋求保護，故
　　明朝以保護朝鮮利益不受侵犯為己任」，見氏著，《大明旗號與小中華意識——
　　朝鮮王朝尊周思明問題研究（1697-1800）》（北京：商務印書館，2007），頁
　　61。

仇恨沖淡，反而添上一抹保護層，更形強化。

關於朝鮮的中國認同，過去已有豐富的討論，而學者針對《燕行錄》的命名方式、正朔的遵奉與否、服飾穿著的差異、朝鮮對清修《明史》的反應等議題多有著墨，配合朝鮮士人的文集，呈現17-18世紀朝鮮對於「中國」認同的複雜圖像。[7]葛兆光注意到朝鮮士人「明以後無中華」的感慨，印證朝鮮的文化認同在清代大異於明代，中華文化在17-18世紀已內化為朝鮮的認同價值。[8]孫衛國則是舉出朝鮮奉崇禎正朔、為祭祀明朝皇帝而建的大報壇等媒介，呈現朝鮮對明朝的思念，而朝鮮對物質與空間的建構，正凸顯其思念明朝的特殊情緒，即是「尊周思明」的內涵。[9]

關於以「記時方式」與空間的討論，亦可見金載炫的研究。金載炫是少數將朝鮮對清朝認同問題與朝鮮國內政治連結的學者，他注意到朝鮮如何在明亡後建構「朝鮮—明朝」關係，是當時朝鮮主政者的難題，而這項議題不僅只是「思想的」，更是「文化的」，乃至於「政治的」。[10]徐東日則將朝鮮認同的轉向分為三階段，並指出朝鮮士人的中國記憶呈現一種「繼承

---

[7] 步近智，〈18-19世紀中韓華夷觀的變革對中韓兩國的影響〉，《當代韓國》，2001年秋季號（北京），頁74-80；孫衛國，〈從正朔看朝鮮王朝尊明反清的正統意識〉，《漢學研究》，22卷1期（臺北，2004），頁191-218；葛兆光，〈寰中誰是中華？——從17世紀以後中朝文化差異看退溪學的影響〉，《天津社會科學》，2008年第3期（天津），頁127-132。

[8] 葛兆光，《宅茲中國——重建有關「中國」的歷史論述》（臺北：聯經出版公司，2011），頁158。

[9] 孫衛國著，《大明旗號與小中華意識》。

[10] JaHyun Kim Haboush, "Contesting Chinese Time, Nationalizing Temporal Space: Temporal Inscription in Late Korea," in *Time, Temporality, and Imperial Transition: East Asia From Ming to Qing*, ed. Lynn A. Struve (Honolulu: University of Hawai's Press, 2005), pp. 115-141.此外，金氏強調，朝鮮內部對於如何思明、實踐思明，曾經歷過複雜的論辯，因此研究者不應關注朝鮮一系列思明的具體作為，也應納入少部分反對聲音的考量。

關係」，朝鮮人藉由《燕行錄》一類的文本「神遊」想像的中國。[11]綜觀上述各類討論，中朝關係史諸認同議題，大致以文化觀點出發，將朝鮮的「認同轉向」[12]視為文化因素影響的結果。

我們應該如何看待朝鮮的中國認同？岸本美緒認為朝鮮為對抗清朝，17世紀後強化單一民族的認同，在甲申之後走上自己的道路，但審視1644年後朝鮮與清廷兩百年的交流史，卻頻繁出現明朝的身影，18世紀中葉的親中論述，更凸顯「後十六世紀問題」的複雜性。韓國學者白永瑞將清中葉以來朝鮮北學派的論述，[13]視為朝鮮士人受燕行中國的影響，即朝鮮士人目睹清朝的富強，歸國後提倡師法中國，將客觀的中國認識與北學派兩者相聯繫。[14]

由此可知，朝鮮與清朝的交往充滿變化，此為前人研究所忽略之處。本章將環繞1766年洪大容（1731-1783）與朝鮮士人以「中國」為題的論戰，運用《燕行錄全集》、《朝鮮王朝實

---

[11] 徐東日所提出的三個階段分別是：「尊明反清」、「政治上承認，文化上鄙視」、「推崇與貶抑並存」。見氏著，《朝鮮朝使臣眼中的中國形象——以《燕行錄》《朝天錄》為中心》（北京：中華書局，2010），頁247-250。

[12] 本文所指稱的「認同轉向」，係指朝鮮王朝原本對中國政權的認同伴隨1644年甲申之變後改變，但於1800年後朝鮮王朝逐漸傾慕清朝、肯定滿洲統治，再度改變，此為朝鮮王朝在明清兩代的二次認同轉向。相關討論見白永瑞，《思想東亞：韓半島視角的歷史與實踐》（臺北：臺灣社會研究雜誌社，2009），〈韓國人的中國認識之軌跡〉，頁141-202。

[13] 乾隆朝以後，朝鮮士人提出「新華夷觀」，指出朝鮮必須正視一不斷強大的中國，不應有過分的意氣之爭、夷夏之防。因此，許多燕行使者回國後，節錄中國富強之方，主張「北學中國」，著名的人物有朴趾源、丁若鏞、洪大容與朴齊家，史稱「北學派」。關於北學派的討論，見蔡茂松，《韓國近世思想文化史》，頁419-493；劉奉學，《燕巖一派北學思想研究》，首爾：一志社，1995；李岩，〈朴趾源《熱河日記》的北學意識和實業方略〉，《東疆學刊》，2007年第1期（延吉），頁1-6；鄭成宏，〈朝鮮北學派的新華夷觀解析〉，《東北亞論壇》，17卷6期（長春，2008），頁98-105；李英順，《朝鮮北學派實學研究》，北京：中國社會科學出版社，2011。

[14] 白永瑞，《思想東亞：韓半島視角的歷史與實踐》，〈韓國人的中國認識之軌跡〉，頁177-178。

錄》、《韓國文集叢刊》，及洪大容的《乾淨衕筆談》等文獻，探究朝鮮士人如何議論中國及中國士大夫。這場激烈的爭辯傳達了朝鮮內部對中國的不同觀點，本文將藉此分析朝鮮士人「思明」的理論基礎，以回應當前中朝關係史以文化為基調的論述內涵，並以朝鮮的個案重新思考「後十六世紀問題」。藉由洪大容與朝鮮士人的論戰，釐清朝鮮如何處理其文化認同，以思明之心與清朝交往。

第二節　《乾淨衕筆談》的刊行與論戰

朴趾源（1737-1805）燕行中國時，曾表示：「我東之士，生老病死不離疆域。近世先輩，唯金稼齋、吾友洪湛軒，踏中原一隅之地。」[15]朴趾源口中的「吾友」，即是其友之、師之的洪大容。[16]洪大容與之前的燕行人物不同，早有一遊中國的志向，當叔父洪檍（1722-1809）受命為書狀官出使中國時，即以子弟軍官的身分隨行赴京。關於洪大容燕行中國的目的，他與中國儒生筆談時已明白地說道「白身無職，欲一見中國，隨季父貢使之行而來。……鄙等初無官差，此來無他意，只願見天下奇士，一討襟抱。」[17]而且他在尚未出發前已預先學習中文，以便行旅，可見其對中國的嚮往與期待。

洪大容停留中國期間，積極地與清朝儒生交往，其中最著名者莫過於出身杭州、前往北京赴考的三位舉子：嚴誠（字力

---

[15] 朴趾源，《熱河日記》，卷4，頁245。
[16] 朴趾源對洪大容的讚佩及其交誼，可見其為洪大容所撰墓誌銘。見朴趾源，《燕巖集》，〈洪德保墓誌銘〉，卷2，《韓國文集叢刊》，冊252（首爾：民族文化推進會，2000），頁53。
[17] 洪大容、李德懋著，酈健行點校，《乾淨衕筆談‧清脾錄》，頁9、13。

閣，1732-1767）、潘庭筠（字蘭公，1742-?）、陸飛（字筱飲，1719-?）。洪大容與三位杭州才子在大約七日的時間內，以筆談交友唱酬，席間互動的內容相當豐富，上自天文地理，下至風俗逸事，幾乎無所不包。我們從筆記中得以發現雙方交往之真摯，且互相敬重。洪大容在嚴誠去世後，特致書嚴父，表達哀戚之情，除形容自己「五內崩裂，悠悠蒼天，此何忍哉。山海隔遠，面訴無日」，亦提及雙方交往時曾言：「大容與鐵橋，偶值萍水之合，終成性命之交。想渠過庭，已有導達，生離轉成死別，至恨均於幽明。萬里異域，抱此悲苦，此振古所未聞，亦不可與俗人語也。」[18]可見雙方交往之真切。雙方談論的話題涉及風俗、學術、宗教、政治，且深入個人的生活，感情真摯；筆談中對於不少過去燕行人物尚未討論的議題，亦有深入的交流。朴趾源的《熱河日記》中曾提出燕行中國的「不可者六」，[19]筆談中亦多有觸及。

洪大容與清朝儒生的相交奇事，與過去的交遊模式大異其趣，成為後人稱述的佳話，而《乾淨衕筆談》的流傳更可見其深刻的影響。無緣一睹中國的朝鮮士人，藉由閱讀其燕行日記及《乾淨衕筆談》以遂其志。事實上，洪大容與中國士人的友善交流，使得不少朝鮮士人為之傾倒，[20]李德懋（1741-1793）即為顯例，他不僅細細閱讀此書，更抄節筆談給朋友們傳閱。[21]朴齊家

---

[18] 洪大容，《湛軒書‧外集》，〈與嚴老伯書〉，卷1，《韓國文集叢刊》，冊248（首爾：民族文化推進會，2000），頁117。

[19] 這六點見朴趾源，《熱河日記》，卷3，頁165。

[20] 夫馬進的研究亦指出此書很快在文人之間傳閱，並將《乾淨衕筆談》評價為「改變了這個國家的歷史」。見夫馬進，〈朝鮮洪大容《乾淨衕會友錄》與清代文人〉，《聊城大學學報‧社會科學版》，2012年5期（聊城），頁94-98。

[21] 李德懋，字懋官，號炯庵、青莊館、雅亭。他擔任奎章閣臣14年，乃當時著名的文人。李德懋自述「今觀其諸帖，輸瀉相和之樂，不愧古人，往往感激有可涕者。錄其尺牘及詩文抄刪筆談，名曰《天涯知己書》以刺薄於朋友之倫者焉」，

（1750-1805）亦曾表示「吾東三百年使節相接，不見一名士而歸耳。今湛軒先生一朝結天涯知己，風流文墨，極其翩翩。其人者皆依依焉往日卷中之人也。其言者皆歷歷焉吾輩心頭之言，則彼雖漠然不知相隔於此千里之外，吾安得不憐之愛之，感泣而投合也哉。」[22]《乾淨衕筆談》甚至使朴齊家發出「《會友記》送去耳，僕常時非不甚慕中原也。及見此書，乃復忽忽如狂，飯而忘匙，盥而忘洗。」[23]之感慨。朝鮮士人如南公轍（1760-1840）耳聞洪大容的故事，特別拜託朋友借閱潘庭筠的書畫：

> 余嘗從人借見洪知縣大容家所藏潘庭筠書畫數十餘本。洪曾隨使入燕京，潘亦以舉人來旅邸相遇，茶場酒樓，過從酬唱。歸後亦不絕書札往復。筆墨動盪，風采雅麗。[24]

《乾淨衕筆談》在朝鮮士林的廣泛流傳，透過當時士子的頻繁討論，以及後來《燕行錄》的體例、燕遊的地點與評論，皆得見其影響之深遠。

《乾淨衕筆談》象徵朝鮮王朝後期對中國認識的轉變，挑戰過往視清人為夷狄的觀點，質疑朝鮮內部全面否定清廷，乃至忽略中國現況，使朝鮮士人得以較為客觀地認識中國。關於《乾

見李德懋，《青莊館全書》，〈天涯知己書〉，卷63，《韓國文集叢刊》，冊259（首爾：民族文化推進會，2000），頁123。

[22] 朴齊家，密陽人，字次修、在先、修其，號楚亭。朴齊家為極力主張北學中國的代表人物，有《貞蕤閣集》傳世，關於北學派的討論，詳後文。朴齊家，《貞蕤閣集》，卷4，〈與徐觀軒〉，收入《韓國文集叢刊》，冊261（首爾：民族文化推進會，2001），頁662。

[23] 朴齊家，《貞蕤閣集》，卷4，〈與徐觀軒〉，收入《韓國文集叢刊》，冊261，頁661-662。

[24] 南公轍，《金陵集》，卷23，〈潘嚴二名士詩牘紙本〉，收入《韓國文集叢刊》，冊272（首爾：民族文化推進會，2001），頁451。

淨衕筆談》一書的內容，朴趾源曾表示此書「極論天人性命之源，朱、陸道術之辨，進退消長之機，出處榮辱之分；考據證定，靡不契合。而其相與規告箴導之言，皆出於至誠惻怛」，[25]大有別於過去的《燕行錄》。康熙三十八年（1699）間，朝鮮使臣姜銑（1645-?）出使中國，當他抵達北京，看到「宮闕之美，制度之盛」時，所發出的感慨卻是「皆皇朝舊儀，觸目無非感慨之處」、「吾之生後，恨未見皇朝全盛之時，而今來拜跪於戎狄之庭，只增扼腕」，[26]吳道一（1645-1703）的〈燕京感吟〉則稱「何處更尋周禮樂，幾時重睹漢衣冠」，[27]俞拓基（1691-1767）即使有機會拜見清朝皇帝，也只在日記以「胡皇」稱之，[28]可見其強烈的思明意識。

朝鮮王朝對清中國的認識彷彿蒙上一層面紗，既看不清，亦不想看清；在此氛圍下，朝鮮士人要擺脫刻板印象尚不容易，更遑論客觀評價清中國。《乾淨衕筆談》的出版，除引起朝鮮士人的仰慕外，同時激起朝鮮士人針對《乾淨衕筆談》的爭論。參與論戰者可簡單分為兩類，一是批判洪大容與中國儒生交往，並力陳不可與清朝漢人結交者，如金鍾厚（1721-1780）、金履安（1722-1791）、韓仲由等人；一是維護與中國儒生交誼的洪大容，及此後主張師法清朝，與清交往的朴趾源、朴齊家等人。由於是洪大容率先提出學習中國的核心論點，以下將先就洪大容與金鍾厚之間的爭辯析論之。

細讀洪大容與金鍾厚的書信，可見洪氏充滿新意的中國論

25　朴趾源，《燕巖集》，卷1，〈會友錄序〉，《韓國文集叢刊》，冊252，頁13。
26　姜銑，《燕行錄》，收入《燕行錄全集》，冊28，頁532。
27　吳道一，《燕槎錄》，收入《燕行錄全集》，冊29，頁66。
28　俞拓基，《瀋行錄》，收入《燕行錄全集》，冊38，頁149。

述。金鍾厚與洪大容相交達17年之久，彼此甚為敬重，[29]洪大容與嚴誠等人筆談時曾提及金鍾厚，讚其「功課精篤，見識通敏，文詞亦高妙，時望甚重」，可見對其評價之高。[30]待《乾淨衕筆談》在朝鮮國內迅速傳播後，金鍾厚卻去信責難其與中國儒生深交。簡言之，金鍾厚對此事的批判可歸納為三項：

（一）清朝之民為夷狄，洪大容與中國儒生結為莫逆，是大不當。

（二）筆談之中，中國儒生不僅不思明朝，且「赴虜舉」以求仕路。

（三）質疑洪大容書寫康熙年號，而非以崇禎或干支紀年。

以下就此三項逐項深入討論，考察洪大容如何回應金氏質疑，辯駁與中國儒生交往的正當性，揭示新的中國論述。

金鍾厚非議洪大容與中國儒生結為莫逆，認為嚴誠等人不思明朝，實與夷狄無異。他自責沒有盡朋友的義務，勸洪大容勿與中國儒生交往，他表示「僕於前冬病中，奉一書送足下之行，只舉腥穢讐域云云而不復及持己接物之方，則僕有罪焉。」[31]當金鍾厚讀完《乾淨衕筆談》後，不禁寫道「及聞其與剃頭舉子結交如兄弟，至無所不與語，則不覺驚歎失圖而未暇究其精微。」[32]他以「剃頭舉子」稱清朝士人，對其鄙夷表露無遺。金鍾厚對洪大容稱嚴誠為「天下第一等人」，也認為不妥。筆談中嚴誠曾表

[29] 金鍾厚，《本庵集》，卷3，〈答洪德保〉，收入《韓國文集叢刊》，冊237（首爾：民族文化推進會，1999），頁379。

[30] 這推崇之語在《燕行錄全集》所收本中被刊落，但見於其他版本，見洪大容、李德懋，《乾淨衕筆談‧清脾錄》，頁70。

[31] 金鍾厚，《本庵集》，卷3，〈答洪德保〉，收入《韓國文集叢刊》，冊237，頁380。

[32] 金鍾厚，〈答洪德保〉，頁380。

示願修身正德，往後不應舉，[33]此事被洪大容極為讚揚。金鍾厚卻不禁追問：

> 夫所謂第一等人，是何如人也？而足下乃以擬議可否，於奔走求事胡虜之徒耶？足下不見朱子所謂第一等人，定不應科舉者手？朱子之論第一等人，在於平常時節不應舉者，而足下之論第一等人，乃在於不應虜舉。夫不應虜舉，固賢矣，然豈得以是，而遽為第一等人哉？[34]

金鍾厚認為朱熹（1130-1200）所指的第一等人，乃平時「正心修學，學為聖賢」、「抗志物表，不累私慾」[35]的情況下不應舉，方為第一等人。顯而易見的是，金鍾厚將潘庭筠等人視為逐利之徒，而洪大容與此等追名好利的「剃頭舉子」相交，實為大不當之舉。

洪大容的答書中，先溫言回覆道：「承聞座下以容之入燕時，與杭人輩交歡，大加非責，此實容之見識所未到也，恨不早求教於行前。」[36]首先，這透露洪大容未曾預期金鍾厚有此質問，於是他對敬重的朋友擺低姿態，溫和地為中國儒生辯護道：

---

33 當洪大容問道：「闇兄今科不中，則無意復來耶？」力闇回道：「不作誑人之語，如不中則斷不來矣。生平以誠字命名，又別號不二。」事實上，嚴誠本就有不欲仕的跡象，如潘庭筠曾經稱他「有一達官欲薦於朝，力闇毅然不往，作此詩而拒之。」見洪大容、李德懋，《乾淨衕筆談‧清脾錄》，頁47、5。

34 金鍾厚，〈答洪德保〉，頁380。

35 金鍾厚，〈答洪德保〉，頁380。

36 洪大容，《湛軒書‧內集》，卷3，〈與金直齋鍾厚書〉，收入《韓國文集叢刊》，冊248，頁64。

此陳仲子之不能充其操也，且彼人輩其情實有可哀，其事
實有可恕，則愚亦略有說焉。蓋其斷髮胡服，降志辱身，
泯然為左衽之俗，則彼肆然挾天子之威，設法以拘之，已
百有餘年矣。當今之時，雖有聖賢豪傑之士，亦不必突然
行古之道，而輕觸時禁，以受闔族之禍也。然則其生丁不
辰，形格勢禁，忍痛含冤，蓋有迫不得已者。[37]

陳仲子是戰國時代齊人，他見其兄食祿萬鍾，以為不義，乃避兄
離母，堅辭不受齊國大夫、楚國國相等職，先遷居於陵，後隱居
長白山中，以示「不入汙君之朝，不食亂世之食」，最終飢餓而
死。[38]洪大容舉此典故說明中國儒生因面臨生活壓力，不得不赴
京應舉，求仕於朝；清朝統治的既成事實難以改變，清人入主中
原已百有餘年，士人為保全族姓，作此選擇實是忍痛含冤、迫不
得已。因此，中國雖有「聖賢豪傑之士」，但大可不必「突然行
古之道，而輕觸時禁，以受闔族之禍也」。洪大容舉中國另一典
故，證明有時「諸夏不如夷狄」，他寫道：

夫季氏，逐君之亂臣也。衛輒，拒父之賊子也。此二者
其諸夏之不如夷狄，亦遠甚矣。乃以德行之仲弓，升堂
之子路，皆奔走服事，不以為恥，亦未聞二子之以此不見
容於聖門。豈非以君子之與人，各有取焉，而聖賢豪傑，
不可人人而責之耶。且春秋之世，歷聘諸國，進身多門，
為仕者可以擇其君矣，可以量而入矣。然而二子之仕，若

---

[37] 洪大容，〈與金直齋鍾厚書〉，頁64。
[38] 「仲子，齊之世家也，兄戴，蓋祿萬鍾。以兄之祿為不義之祿而不食也，以兄之
室為不義之室而不居也，避兄離母，處於於陵。」見孟子著、阮元校，《孟子》
（臺北：藝文印書館，2001），卷6下，〈滕文公章句下〉，頁119。

是之不審，則況今時之中國也，不立於其朝，則草莽而已
矣。[39]

此典故闡發諸夏有時亦不如夷狄，夷狄與華夏並非絕對的劃分，
必須按其行為處事而論。饒富趣味的是，他以孔門子弟仲弓、子
路為例，指出兩人分別仕於季氏與衛輒，難道也要將此二人視為
夷狄？審酌洪大容的辯詞，實暗喻中國儒生赴清廷之科考，係春
秋以降「為仕者可以擇其君矣，可以量而入矣」的古意。此外，
洪大容肯定康熙以來的治術，強調「康熙以後與民休息，治道簡
儉，有足以鎮服一時」，[40]藉此合理化清朝的統治。

康熙皇帝（1662-1722在位）作為清朝入關以來文治之代
表，其御宇61年間推廣文教，禮賢下士，並在社會民生的改善上
有所成就，扭轉了明遺民對清政權的認知，不少遺民因而認同清
廷為華夏正統。洪大容一方面對清人所處的時代寄予同情，指出
清人統治的現狀，並提醒朝鮮士人康熙後的清朝實與之前大不相
同。另一方面，洪大容從根本上回擊金鍾厚對清代士人「不思
明」的指控，他認為「若以其不思明朝為非忠且義，則天下之革
代自古然矣。君子之澤亦五世而斬矣，欲其沒世之思不衰於百年
之後，則此人情之必不能，而天理之必不然也。」[41]朝代更迭，
自古皆然，洪大容不禁質疑，朝鮮士人倘以中國儒生不思明為不
忠不義，無乃太過，他並從人情的層面為之緩頰，指出希冀中國

---

[39] 洪大容，《湛軒書‧內集》，卷3，〈與金直齋鍾厚書〉，收入《韓國文集叢
刊》，冊248，頁64。
[40] 洪大容，《湛軒書‧內集》，卷3，〈與金直齋鍾厚書〉，收入《韓國文集叢
刊》，冊248，頁64。
[41] 洪大容，《湛軒書‧內集》，卷3，〈與金直齋鍾厚書〉，收入《韓國文集叢
刊》，冊248，頁64。

儒生百年以來維持思明之心，實是天理所不然。更重要的是，他認為中國儒生其實仍暗懷思明之念，並舉出事例說明其情：

> 至若衣冠之變，則愚夫皆能言之。往往見我輩服著，稱以明朝舊制，而頗有愧恨之色；而或提天啟事，只憤惋不平而止。蓋由當場相對而伊〔披〕髮左衽之為羞，有甚於熟習已久而毀膚裸將之至痛也。語次問李明睿、詹兆恒等事，皆垂頭無語。時勢所拘，首尾有畏，無怪其然矣。[42]

衣冠作為文化的表徵，於明清之際更富意義，如網巾是明代成年男子普遍使用的服飾，本為尋常日用之物，但清代的薙髮易服政策，反而使得網巾成為明文化的象徵。[43]洪大容指出中國儒生往往因為談論「衣冠事」而有愧色，或提起天啟年間事，大多惋惜不平，藉此論斷中國士大夫並非「不念故國」，而是時勢所逼。嚴誠等人筆談時即抹去年號，以免洪大容意有不適。[44]

洪大容隨使節團朝參時，曾與兩位翰林筆談，雙方認識即緣起於「衣冠」，《湛軒燕記》中記載兩位翰林「觀良久不去」，洪大容主動上前詢問：「老爺熟看我們何意？」兩人答道：「看貴國人物與衣冠。」洪大容緊接著說道：「我們衣冠，比老爺衣冠何如？」兩位翰林則是笑而不答。[45]關於此事，洪大容以為「念

---

[42] 洪大容，《湛軒書・內集》，卷3，〈與金直齋鍾厚書〉，收入《韓國文集叢刊》，冊248，頁64。

[43] 關於網巾的相關討論，尤其網巾在文化史上的意義，請參閱：林麗月，〈故國衣冠：鼎革易服與明清之際的遺民心態〉，《臺灣師大歷史學報》，期30（臺北，2002），頁39-56；林麗月，〈萬髮俱齊：網巾與明代社會文化的幾個面向〉，《臺大歷史學報》，期33（臺北，2004），頁133-160。

[44] 「至書牘詩畫，皆去年號，以從吾輩之志。」見洪大容，〈與金直齋鍾厚書〉，頁66。

[45] 洪大容，《湛軒燕記》，收入《燕行錄全集》，冊42，頁14-15。

兩人雖屈身胡庭，喜見我輩衣冠。」由此可知，洪大容所指的事例係立基於中國旅行的經驗，為中國儒生的行為提出解釋。[46]

　　洪大容從人情義理出發，以歷史典故合理化中國儒生無法堅持思明立場的行為。而金鍾厚面對洪大容以仲弓、子路服侍季氏、衛輒二主為例，反提出「諸夏不如夷狄」的歷史經驗，他進一步回應道：「仲弓而能論季氏以尊君，子路而能不與於輒之拒父，則顧何罪哉。」[47]他認為仲弓、子路二人能盡本分，何罪之有。同時，他不禁質疑仲弓能勸諭季氏尊君，子路並無幫助蒯聵作亂，則中國儒生能夠上言朝廷，遜位讓座於漢人乎？金鍾厚表示：

> 足下與彼人（中國儒生）為知己，是果能喻虜隆以遜避天位，求中國人而奉之者乎？不然而欲與仲弓、子路同論，則豈其平哉？且足下非好讀《易》者乎，坤之六五，程子傳之曰：「臣居尊位，猶可言也；婦居尊位，非常之變，不可言也。廢興，常也，以陰居尊位，變也。」夫以帝后之居尊，而謂之甚於臣子之篡逆，惡其陰也。女子，人也，猶以其陰也而惡之。而況於夷狄之非人，其為陰又何如也。今足下乃執仲弓、子路之仕於亂臣賊子，而欲以律諸求事胡虜之義。[48]

46　《燕行錄》中著實頻繁出現關於衣冠的討論，其中或有明代認同的意象，但不可否認的，部分清代中葉的中國文人，實際上並不瞭解此為明代故事。洪大容曾與幾位儒生筆談，其中江西儒生周應文曾問及衣冠，他卻以為是箕子遺制。見洪大容，《湛軒燕記》，收入《燕行錄全集》，冊42，頁33。

47　金鍾厚，〈答洪德保〉，頁380。

48　金鍾厚，〈答洪德保〉，頁380-381。

金鍾厚以同樣的邏輯質問洪大容，儒生從仕於清廷，是否能如同仲弓、子路一般盡守本分。倘不如此，則洪大容以此為喻，實有失公允。

　　至此，金鍾厚方道出心中最深層的憂慮，並非對明朝滅亡的傷痛，而是中國文化的終結，遂義正辭嚴地指出明朝「文化」象徵的重要性：

> 若彼之不思明朝，僕亦未嘗以為罪也。來論欲其沒世之思，不衰於百年之後，人情天理之必不能然者，此誠然矣。顧陋意以為，此當以言於三代，若漢唐之革易，而不可以言於明朝也，豈明朝之獨可思哉？所思者在乎明朝後無中國耳。故僕非責彼之不思明朝，而責其不思中國耳，若其愧恨衣冠則亦末也，而聞其輸肝剖膽於足下也，殊無痛傷中國淪亡之意，則亦不可謂有秉彝之心者也。[49]

金鍾厚明白指出他並非責難中國儒生不思明朝，且同意「人情天理之必不能然者」係可以理解之事。事實上，他不滿的是中國儒生未為傳統中國文化淪喪感到悲痛，[50]即以中國士大夫不思念中國文化為非，不斷地強調「明朝後無中國」。對金鍾厚而言，「明朝」不僅是時間中的存在，亦為文化正統所在，文化意義與現實意義的中國在明代合而為一，朝鮮士大夫眼中的明朝不啻是中國的代名詞。因此，朝鮮正祖說道「顧今神州陸沉，一部《春秋》無地可讀」，[51]對照金鍾厚發出「寧甘為東夷之賤而不願為

---

[49] 金鍾厚，〈答洪德保〉，頁381。
[50] 此處的傳統中國，係指明朝以及其所代表漢人所創立的文化傳統。
[51] 《朝鮮王朝實錄》，冊44，正祖2卷，即位年12月9日丙午條，頁642。

彼之貴也！」[52]即非不可理解之事。必須指出的是，此種以「東夷」自居、自傲的心態，正表露18世紀的朝鮮士人「今日之中國已非中國」的觀念，蓋傳統中國文化已淪喪，且中國士大夫亦無感於此。

此外，金鍾厚也質疑洪大容來書中提及「康熙」一事，直書康熙年號實為不敬，對康熙朝的讚揚令他難以接受。金鍾厚激烈地回應道：

> 來書直寫出「康熙以後與民休息鎮服一時」云云語，則惜乎駟不及筆也。以我之沐浴大明，誦服孝廟、尤翁也。而其於公私文簿，雖不得已而寫虜號，又何忍筆之書尺，堂堂如萬曆、崇禎之類哉！況其稱揚政化，儼然與成康文景同貫，而若無靳之之意，若此不已，幾何不為康熙公也。僕讀之及此，不覺戚戚動心。而足下書之甚快，足下之有得於新交之弘達脫灑也，於是驗矣。宜乎非海上陋夷之所能與也。[53]

正朔的使用與書寫，一直是東亞文化圈的認同象徵。1637年，朝鮮臣服清朝，始在公文書上書寫清朝年號，但私下仍舊使用崇禎紀年，甚至出現「崇禎一百四十年」的用法。金鍾厚以正朔為題，認為朝鮮世受明恩，豈可書康熙年號，以此譏諷洪大容與中國儒生交往後，已非金鍾厚等「海上陋夷」之所能與交。[54]金鍾

---

52 金鍾厚，〈答洪德保〉，頁381。
53 金鍾厚，〈答洪德保〉，頁381。
54 海上陋夷本為洪大容自謙之詞，用以凸顯與中國儒生交往的美好，此處被反用來譏諷，可見雙方筆戰之激烈。洪大容第一次去信使用海上陋夷，其原文：「且彼忘中華之貴，屈才藝之敏，不憚與海上陋夷如鄙人者，開心見誠，歡然如舊識。

厚還在信中道出內心的擔憂，即清代儒生不再認同明朝，他感慨「夷狄之擾中國，亦多有矣，然未有若今時之久。至使中國聖賢之遺裔，亦皆熟習安恬，不復知有華夷之辨者，此志士仁人所以愈益憤痛。」[55]相反地，洪大容則是基於肯定現狀的立場，回應道：「鄙書中康熙云者，只引其紀年而已，未嘗尊以天子而稱以皇帝，此近俗行言之常耳。來教所謂堂堂如萬曆、崇禎云者，無或近於捃摭語句，勒成罪案耶？」[56]質疑金鍾厚有意誤解其意，近於羅織罪狀。

朝鮮在甲申之變後仍襲用崇禎年號，崇禎成為明文化的象徵。正祖時的官員宋德相（?-1783）發現告身上書寫清朝年號，以心「難安」為由，希冀能夠改以干支紀年替代，[57]可見朝鮮士人儘管在公文書以清朝年號，但私人信函、著作及不對中國流傳的文類，則堅持用崇禎年號或干支紀年代之。[58]洪大容的回應中表示其著作書「康熙」一詞，止於記時之意，此乃俗言之常，不涉及認同清朝的統治，更非指稱「康熙皇帝」。事實上，朝鮮士人所書康熙二字，通常是指年號，與指稱皇帝不同。同時，洪大容針對金鍾厚以「正朔使用」、「思明與否」譴責中國儒生，他以切身的交往予以回覆：

則此其器量之弘達，氣味之脫灑，亦有可取焉已。」見洪大容，《湛軒書·內集》，卷3，〈與金直齋鍾厚書〉，收入《韓國文集叢刊》，冊248，頁64。

[55] 金鍾厚，〈答洪德保〉，頁381-382。

[56] 洪大容，《湛軒書·內集》，卷3，〈又答直齋書〉，收入《韓國文集叢刊》，冊248，頁67。

[57] 《朝鮮王朝實錄》載「祭酒宋德相以告身有清年號，為難安。命依文正公宋時烈告身例，改填年月以給。」見國史編纂委員會編，《朝鮮王朝實錄》，冊45，正祖6卷，2年11月30日丙辰條，頁74。

[58] 關於朝鮮士人以及官方在不同場合選擇的紀年方式，孫衛國與金載炫已有詳細的討論，見JaHyun Kim Haboush, "Contesting Chinese Time, Nationalizing Temporal Space: Temporal Inscription in Late Korea," pp. 115-141. 孫衛國，〈從正朔看朝鮮王朝尊明反清的正統意識〉，頁191-218。

不思明朝止無秉彝心云云，此一段來教甚善，但無傷痛中
國淪亡之意云者，傳者之誤也。苟如是則容雖昏劣，亦何
取於渠哉。每於逢場，以筆代舌，而譚草塗抹者多，或贊
揚時制，嬉笑而示志，或語及古昔，相顧而吞聲。至書牘
詩畫，皆去年號，以從吾輩之志。[59]

綜觀兩人針對衣冠服飾、中國認同、出仕與否、正朔使用幾項議
題提出的看法，倘若我們將這些書信置於清初中國，或正是明遺
民常見的爭論。但是，1766年發生於朝鮮的這場辯論，士大夫仍
舊持續且激烈地爭論著「我們理應認同誰」，「我們」又該如何
「面對現在的中國」。

　　何以兩人的討論沒有交集，甚至出現誤解的情況，實因金鍾
厚心中之中國，與洪大容眼中之中國完全不同。金鍾厚的想法仍
處於「自萬曆丙午，歷泰昌、天啟、崇禎，至北朝康熙之年，一
甲子已周。而方今天下大亂，易世興滅，衣冠文物變革盡矣」[60]
的歷史情境中，他心中的清廷仍為「胡虜夷種」，且兩次侵略朝
鮮，滅亡「我皇明」的國之大敵。無疑的，洪大容所提出的觀
點，一方面基於他與中國士人緊密而真摯的交往，比起一般的朝
鮮燕行使，他擁有更多機會瞭解中國士人，給予包容並正視中國
統治的現狀。另一方面，洪大容作為朝鮮北學派的代表人物，主
張客觀地評價、認識中國；為改善與中國的相處之道，重新理解
與討論過去的華夷觀念，更是當務之急。

　　北學派的興起被視為朝鮮英祖、正祖朝的特殊現象，他們

---

[59] 洪大容，《湛軒書・內集》，卷3，〈又答直齋書〉，收入《韓國文集叢刊》，
　　冊248，頁66。
[60] 此為許穆（1595-1682）語，見許穆，《記言》，卷10，〈書朱太史書後〉，收
　　入《韓國文集叢刊》，冊99（首爾：民族文化推進會，1990），頁102-103。

大都主張平允地評價清朝，學習其器物法式，利用厚生。[61]北學派的出現受到「外在」影響自不待言，燕行士人得益於中國經驗的改革，確實為北學派內涵之一。但是，洪大容與中國儒生的交往，於朝鮮國內引起如此大的責難，我們理應將此視為朝鮮國內的華夷辯論，朝鮮士人對此議題的討論，正凸顯了對「中國」定義的轉移。本文以下就洪大容等人如何提出新論述，尤其洪大容以自身的經歷，全面地在中國論述上回應金鍾厚等人的質疑，辨析華夷觀的定位，論證「今日之中國」與過去不同，且今日之中國有何值得師法之處。

第三節 新華夷觀：18世紀朝鮮士人的論述

洪大容的中國論述看似頗有新意，但實有其歷史脈絡可循。朝鮮的英祖、正祖朝被視為朝鮮後期的中興之世，北學派的興起即為其中一端。過去學界多將北學派之興起，歸因於燕行士人的中國經驗，如洪大容即被視為北學派的開端，不過，早在洪大容燕行之旅的五十年前（1715），相當於首輔的領議政李光佐（1674-1740）在燕行後，即對英祖表示「清人雖是胡種，凡事極為文明，典章文翰，皆如皇明時，但國俗之簡易稍易矣」，左議政宋寅明（1689-1746）亦表贊成：「清主立法簡易，民似無怨，不必促亡矣。」[62]

換言之，北學中國的言論並非突然出現，17世紀朝鮮已有實學派，標榜「大者以治天下，小者以為民用」，擺脫形而上的思

---

[61] 徐東日認為：「洪大容、朴趾源等北學派人士，也開始透過清朝的繁榮景象，認識到以朝鮮為中心的中華思想的偏限性。」見氏著，《朝鮮朝使臣眼中的中國形象》，頁250。

[62] 《朝鮮王朝實錄》，冊42，英祖47卷，14年2月14日丙申條，頁586。

辨問題，當時的代表當屬柳馨遠（1622-1673），他主張田制改革、公平徵稅，實施俸祿制度，廢除身分、職業世襲制度等多項改革。蓋當時主政者先忙與金朝決戰，後又因準備北伐，無暇內顧。待英祖即位，南明朝廷已亡，三藩已削，北伐清朝以回復明土無望，加上當時朝鮮國內危機四伏。一方面朝鮮人口在英祖、正祖朝大增，達七百三十五萬人，國內糧食產量不足，偶遇災荒需中國援給；另一方面，隨身分、職業限定社會制度而來的階級矛盾日漸加劇，平民百姓苦於重稅，不得不逃離戶籍，避於世家，導致政府稅收大減。[63]

北學派的主張與內涵，正與上述的社會背景不謀而合，更重要的是與當時複雜的黨爭有關。仁祖以來得志的西人與東人相傾軋，政治紛亂不已，幾次政變與士禍使得朝鮮國王權力不復從前。英祖時副司直沈翔雲（1732-1776）上書云：

> 朋黨之禍人國家，厥惟舊矣。我朝東西之黨，初不過為甘陵兩家之私相識揣，而是非一分，毫釐千里。東人得志，而己巳之事出，為西人者，實是元祐君子，而西人之中，又有老小之論，是非轉而為忠逆矣。於是彼少論者一得志，而為辛丑，再得志而為戊申，宗社幾至傾覆，世道遂成潰裂，可勝痛哉？[64]

---

[63] 正祖時官員徐榮輔（1759-1816）已經指出：「目今虛額逃戶之弊，無邑不然。……大抵田之陳荒，軍之逃闕，皆由於民散。」見徐榮輔，《石竹館遺集》，卷6，收入《韓國文集叢刊》，冊269（首爾：民族文化推進會，2001），頁511。關於朝鮮英祖、正祖時期，朝鮮社會的經濟問題，以及政府的因應方式，詳參韓永愚著，吉田光男譯，《韓國社會の歷史》（東京：明石書店，2003），頁361-364。

[64] 《朝鮮王朝實錄》，冊44，英祖126卷，51年12月21日甲子條，頁515。

固此，自小歷經黨爭之禍的英祖深感其弊，[65]執政後採用了著名的「蕩平策」，禁止一般士人上疏議論國是，並兼用當時鬥爭最為尖銳的西人老、少兩派，以期調和。[66]同時，當時朝鮮有志之士如申致權（1722-?），早認為國政亟需改革，他強調「既徵他役，而又徵重稅，則民不堪，而田皆廢矣。臣竊以為今日之病，在於量田不均，賦稅偏重之故也。」[67]於是，英祖與正祖獎勵農桑，禁止奢侈，並立「均役法」，調和社會階級的上下矛盾。北學派的興起在於北學人士的政策大多屬於實務改革，符合英祖以來的新國策，即時稱之「利用厚生」。如主管邊疆政務的備邊司上言：「見今生齒日繁之時，凡係利用厚生之道，不容少緩。兩島幅員既廣，許民耕食，實合事宜。且以海防言之，荒唐船之出沒漁採，無歲無之。」[68]北學派正是藉此風潮而起，他們有別於當時朝鮮士大夫只談性理、孔孟與朱子，其學注重實政，符合當時的政治氣氛。

北學派的主張與過去輕視中國的立場迥然有別，而這勢必牽涉到各黨派對「華夷觀念」的詮釋。過去多認為朝鮮乃以夷變夏的典範，同時將清朝視為「女真胡種」，即使清人已入主中國，朝鮮仍不改此論。吾人不妨將洪大容與金鍾厚等人的辯論，置於

---

[65] 關於當時士禍之慘烈，曾有官員稱：「當時士禍，前古所無，孰非可冤，而蓋莫不由於定策代理。」見《朝鮮王朝實錄》，冊41，英祖4卷，1年3月1日己亥條，頁479。

[66] 關於蕩平策，散見《朝鮮王朝實錄》英祖、正祖朝奏對，如「自肅廟庚申，西人之中分為二論，互相觝排，世釆獨調和兩間，無所偏忤。甲申，上特命從祀文廟，以為蕩平標準，主峻論者上疏請黜享，主世釆者疏辨被誣，上甚病之，命喉院，凡儒疏勿許入。」出《朝鮮王朝實錄》，冊44，英祖113卷，45年10月18日丙寅條，頁335。討論北學派，不可忽視政治因素，尤其當時的黨爭問題，影響了政策的採用以及各種言論的正當性。關於朝鮮後期的黨爭問題，見李銀順，《朝鮮後期黨爭史研究》，首爾：一潮閣，1993。本文惟針對北學派所立基華夷觀而引發的論戰進行討論，鎖定文化認同以及華夷辯論為中心，故政治因素的部分較少觸及。

[67] 《朝鮮王朝實錄》，冊45，正祖8卷，3年10月9日己未條，頁128。

[68] 《朝鮮王朝實錄》，冊46，正祖37卷，17年4月29日辛卯條，頁385。

此脈絡下討論。洪大容面對以華夷觀念為主的挑戰，強調「夷狄入中國則中國之」，倘若夷狄學習中國文化，採取中國制度，是否仍該視之為夷？他回應道：

> 若今時之夷狄也，以其久居中國，務其遠圖，稍尚禮義，略倣忠孝，殺伐之性、禽獸之行，不若其初起之甚。則謂之諸夏之不如夷狄，亦何不可哉？若以此而又咎之以稱揚政化，則請從此括囊矣。此所以中國之士未能無固必之心者，身已毀矣，習已熟矣，因循苟且，隨眾干祿，不覺其累名失身，見笑於尚論之士也。嗚呼！是豈彼所樂哉？時勢然矣。[69]

洪大容面對朝鮮士大夫的挑戰，特別將夷狄的定位從「必然」轉為「使然」，強調經由不同層面的學習及仿效，倘若夷狄力學中國，是否仍應被視為「夷狄」？同時，朝鮮長久以來認為中國內亂不已，隨時有亡國之虞，洪大容在遊歷中國後的切身經驗有助於他提出不同的觀點，肯定清朝在康熙以後的治績。洪大容曾問嚴誠、潘庭筠道：「聞說中國多災異，民心多動，未知實狀如何？」[70]細查朝鮮士人的問題意識，與中國儒生的回應，顯示雙方中國認知的落差：

> 力闇曰：「此說實在無之。」蘭公曰：「並無此事。數年前回部抗逆，三年而滅。」力闇曰：「此時太平極盛之世。即有小醜無聊竊發，皆是即時剿滅。有所謂馬朝柱

---

70 洪大容、李德懋，《乾淨衕筆談·清脾錄》，頁47-48。

者，叛跡雖著，然大索天下十年不獲。今聞其人已斃，伏
天誅矣。至於民心，則普天下之無不感戴⋯⋯。」[71]

由此可見，朝鮮傳統上輕視清朝，不願正視其統治現實，評價其
治績的言論亦影響洪大容的判斷，而此實為朝鮮士人較普遍的認
知。[72]

北學派士人藉由燕行的機會認識中國，無緣一睹中國的朝
鮮士人，則是閱讀《燕行錄》以充實自己對中國的認識。洪大容
得力於其與中國儒生交往的機緣，配合其較客觀、理性的中國經
驗，反思過去的華夷觀念：

今以我東而視彼，中雖不幸淪沒，臣僕胡戎，其內外之
分、世類之別，固天之有限矣。雖高仰之以為貴，亦何
妨哉？嗚呼！中國者，天下之宗國也；華人者，天下之宗
人也。今上帝疾威，時運乖舛，使三代遺民，聖賢後裔，
剃頭辮髮，同歸於滿猼，則當世志士悲歎之秋，而神州厄
運十倍於金元矣。況是幾年服事之餘，宜其哀痛傷愍之不
暇，而乃因其下井，反投之石焉。欲乘虛正位，隱然以中
華自居，如執事之論者，非容之所知也。[73]

---

[71] 洪大容、李德懋，《乾淨衕筆談・清脾錄》，頁48。

[72] 朝鮮士人不僅認為清朝社會動盪不安，連帶著是低估、蔑視清朝文化，如康熙
六十年（1721）李宜顯（1669-1745）稱：「路中所謂秀才絕未有能文者可與語
者，椎陋無識甚於我國遐鄉。」見李宜顯，《庚子燕行雜識》，收入《韓國漢文
燕行文獻選編》，冊11，頁297。乾隆四十二年（1777）出使的李坤，他的日記
轉錄副使的一段評語，副使亦表示：「彼中（清朝）文翰掃如，全無可語。」見
李坤，《燕行記事》，收入《燕行錄全集》，冊52，頁578。顯而易見的是，朝
鮮使者會有如此的感慨，當考量沿途經過的遼東一帶本就文教不興，但他們抵至
北京後仍抱此論，則彰顯華夷思想的影響。

[73] 洪大容，《湛軒書・內集》，卷3，〈又答直齋書〉，收入《韓國文集叢刊》，
冊248，頁67。

明以後無中國，所指陳的乃是文化喪亂後的變局，朝鮮服儒家禮教，相較於清朝以「夷狄」入中國，自然在精神上「隱然以中華自居」。洪大容清楚地點出1644年後朝鮮士大夫的心態，伊始所懷抱「虜運不過百」的想法，至乾隆朝面臨挑戰；即使皇明復起的希望漸遠，朝鮮士人仍舊將清視為夷。因此，朝鮮文人士大夫才會對洪大容與中國儒生的友善交往，如此深惡痛絕。關於朝鮮在明清兩代截然不同的文化認同，朴趾源即明白地指出此種「心態落差」，他以明代使節尹根壽（1537-1616）出使中國巧遇御史汪道昆（1525-1593）為例：明代燕行使偶遇汪道昆，猶以此為榮，清代的燕行使則無視清朝仍為「中國之主」，天子之號未曾改，而恥與之交。[74]這一方面凸顯朝鮮以華自居的心態，同時也反省朝鮮的中國論述是否仍合乎18世紀的現狀。

　　朴趾源與洪大容等北學派學者，更為關注社會民生的政策，朴趾源主張「利用厚生」，洪大容則被後人稱為「為學全尚平實」[75]即是一證。然而，他們對待清朝的態度實與當時的華夷觀念相違，1766年朝鮮士人因《乾淨衕筆談》而起的辯論，正標示朝鮮內部過去一致的華夷論述面臨挑戰。從此爭論中，吾人得以理解朝鮮如何「分別華夷」，而洪大容等北學派人士又如何提出不同的論點。值得注意的是，朝鮮內部的爭論，除北學人士的立論較過去來得完整外，朝鮮內部的政治需要亦為不可忽視的因素。北學派人士吸收燕行中國的經驗，乃北學派理論中的「當然

---

[74] 原文為「昔月汀尹公根壽奉使皇明，道逢御史汪道昆，屏息路左，瞻望行塵，猶以為榮。今函夏雖變而為胡，其天子之號未改也，則閣部大臣乃天子之公卿也，未必加尊於昔而有貶於今也。」見朴趾源，《熱河日記》，卷4，頁217。

[75] 李淞，〈湛軒洪德保墓表〉，收入洪大容，《湛軒書》，附錄，收入《韓國文集叢刊》，冊248，頁321。

因素」，但倘若朝鮮內部對於改革的需要不急切，新的論述勢必難有討論的機會。

洪大容等人所提出的「新華夷觀」，即是基於上述的背景而來。「新華夷觀」指朝鮮士人於18世紀中葉以降所闡發的新觀點，他們藉以重新釐清朝鮮與清朝之間的關係。朝鮮過去的傳統觀念，將中國視為文化的、現實的代名詞，即中國文化與漢人政權合而為一，中國因此得以稱之為中國。待清人入關後，文化中國與現實中國逐漸分離，不復為一，於是朝鮮將清朝視為夷，全面地否定清朝的政治及統治。至18世紀中葉，朝鮮面對國內改革的現實需要，實有必要調整其對中國的認識及論述。因此，部分朝鮮士大夫如洪大容提出新華夷觀，以因應時局。筆者認為，新華夷觀的具體內涵有三，分別是「維持尊明立場」、「正視清朝統治」及「重界華夷定位」。此種新華夷觀下的朝鮮士人仍舊維持思明、尊明的文化立場，但要求正視清朝統治的現實。換言之，思明不必然「反清」，在此基礎上，北學派人士要求重新界定華夷觀念。區分華夷的標準究竟「以種族還是文化為分野？」，始終為東亞文化圈的大議題。「夷狄入中國則中國之」儼然為文化主義的代表，但種族主義的力量與之不斷抗衡、拉扯，兩種論述各為不同的士大夫所支持。

朝鮮士大夫對清的蔑視，始自清朝本為「胡種」、必為夷狄的應然觀念。然而，北學派主張華夷之別乃「使然」的結果；倘若夷狄師法中國，或可成為華夏，以夷變夏，朝鮮不啻是最適切的案例。同時，清朝既然以夷狄入中國，倘若其用中國之法，則可為中國。必須指出的是，使然的邏輯論同時象徵一文化體若不學習中國之法，亦有可能退歸為「夷」。此種變動的、相對的

華夷觀念，即為新華夷觀的內涵。[76]而重新界定華夷之別，實為第一要務，因此洪大容在回覆金鍾厚的信中提及：

> 我東之為夷，地界然矣，亦何必諱哉！素夷狄行乎夷狄，為聖為賢，固大有事，在吾何嫌乎！我東之慕效中國，忘其為夷也久矣。雖然比中國而方之，其分自在也。惟其沾沾自喜，局於小知者，驟聞此等語類，多怫然包羞，不欲以甘心焉，則乃東俗之偏也。[77]

朝鮮以「小中華」自居，[78]承認自身過去為夷，但經數百年習漢文、漢禮，遵奉朱子理學，早為正統中華之國。有鑑於此，北學派主張重新審視「自我」，為朝鮮重新定位，試圖緩和「以華自居」的驕傲心態。洪大容義正辭嚴地高舉「朝鮮為夷」的旗幟，表徵其仍將朝鮮視為夷，然此論並非真以朝鮮為夷，而是藉此彰顯「中國」仍為不易之主，相較於清中國的文化，朝鮮仍待繼續學習。尤其洪大容等人強調，清朝在康熙以後已有別於關外及清初時期，而朴趾源更清楚地指出康熙朝前後之不同：

> 中州之人士，康熙以前皆皇明之遺黎也。康熙以後即清室之臣庶也，固將盡節本朝，遵奉法制。若造次談論，輸情

---

[76] 相關的討論，見鄭成宏，〈朝鮮北學派的新華夷觀解析〉。明清時期的文化主義在士人間的論辯，可見 John D. Langlois, "Chinese Culturalism and The Yuan Analogy: Seventeenth-Century Perspectives," *Harvard Journal of Asiatic Studies*, Vol. 40, No. 2（Dec., 1980）, pp. 355-398.

[77] 洪大容，〈又答直齋書〉，頁67。

[78] 《朝鮮王朝實錄》中「小中華」一詞，最早使用於朝鮮成宗（1469-1494在位），當時臣子上疏道：「吾東方自箕子以來，教化大行，男有烈士之風，女有貞正之俗，史稱小中華。」出自《朝鮮王朝實錄》，冊8，成宗20卷，3年7月10日乙巳條，頁670。此處使用史稱一語，可證小中華之稱必定使用已久，不特當世而已。

外藩，是固當世之亂臣賊子也。然而一遇中州之士，見其
誇張休澤，則輒謂一部《春秋》無地可讀，每歎燕趙之市
未見悲歌之士。[79]

朴趾源以康熙朝為斷限，劃分明清之別，實與清初以來明遺民的
觀點頗為相似。[80]朴趾源等人論及清代統治的優劣，接納清朝統治
與否，反映自康熙以來的中國，已與過去朝鮮士人的想像不同。
朴趾源等人即由此切入，反覆辯證，藉以說服其餘朝鮮士人。同
時，朴趾源藉由中國古代的故事，喻示朝鮮華夷觀的與時不同：

> 昔陳慶之自魏南還，甚重北人，朱異恠而問之。慶之曰：
> 「自晉宋以來，號洛陽為荒中，此謂長江以北盡是夷狄。
> 昨至洛陽，始知衣冠士族并在中原，禮儀富盛，人物殷
> 阜。耳目所識，口不能傳。」由是觀之，望洋發歎，今古
> 同情。[81]

朴趾源望洋興歎所揭露的同情之感，正是針對朝鮮內部的傳統觀
念而來。其「耳目所識，口不能傳」的感慨，傳達洪大容與金鍾
厚所見中國之「異」。簡言之，洪大容等人所提出的新華夷觀，
試圖扭轉朝鮮士人對現實中國的想像，藉由陳慶之與朱異的故

---

[79] 朴趾源，《熱河日記》，卷4，頁217。

[80] 明遺民討論子弟出仕、界定遺民界限，往往以康熙為轉捩點。如黃宗羲即稱康熙
為「聖天子」，康熙以其文治之姿，禮賢下士，開博學鴻詞科，使不少明遺民歸
心清廷。相關討論見：何冠彪，《明末清初學術思想研究》（臺北：臺灣學生
書局，1991）、〈論明遺民出處〉、〈論明遺民子弟出試〉，頁53-124、125-
168。陳永明，《清代前期的政治認同與歷史書寫》（上海：上海古籍出版社，
2011），〈遺民意識與「君臣之義」：黃宗羲的個案〉，頁23-41。

[81] 朴趾源，《熱河日記》，卷4，頁218。

事，道出「禮儀富盛，人物殷阜」的中國現實，以強化其新華夷觀的論據。

洪大容等人竭力提倡的新論述，象徵朝鮮與清朝的關係邁入新階段，但這並不代表該論述已被全面接受。事實上，朝鮮內部仍有許多反對者，當洪大容與金鍾厚爭論之際，金履安亦在其文集中寫下名為「華夷辨」的篇章：

> 客有稱洪子之言者曰：「有夷於此，棄其魋結，襲我冠帶服禮，義崇人倫，順先王之教，而進主乎中國，君子其予之哉。」余曰：「洪子為設疑耳也。夫夷而去其夷則賢也，賢必不敢奸中國。苟其奸焉，其賢則亡矣，又何予焉。」曰：「所惡於夷者，為其習於夷，而不可與為人也。誠反其為而不已於絕，其於與善不以吝乎，且洪子引舜文王以為證也。」曰：「噫！洪子信以舜文王而夷邪，昔孟子以地云爾也。舜祖黃帝，而文王祖稷，神聖之世也，如之何其夷之？」[82]

金履安認為以文化學習與否作為區別華夷的標準，實是一種論述上的陷阱。洪大容主張舜本為夷狄，乃師法中國而進為中國的典範，金履安將此視為謬論。[83]金履安指出「舜祖黃帝，而文王祖稷，神聖之世也，如之何其夷之」，舜一脈為神聖之後，本非夷

---

82 金履安，《三山齋集》，卷10，〈華夷辨上〉，收入《韓國文集叢刊》，冊238（首爾：民族文化推進會，1999），頁502。

83 金履安以「客有稱洪子之言」開頭，雖無指名道姓，但觀諸其文脈，不啻是針對洪大容言論的回應。他自己與洪大容亦有深交，在洪氏前往中國前，還特地贈詩餞行。見金履安，《三山齋集》，卷1，〈用晦翁別南軒韻贈別洪德保〉，收入《韓國文集叢刊》，冊238，頁304。

狄，以此為論據實為「設疑」之說。更重要的是，金履安如何處理朝鮮本為「夷狄」的論點，全面地回應洪大容的說法，他在〈華夷辨〉中以自問自答的筆法，對此回應道：

> 抑何以處東國也？曰：「古者謂夷也，然東者生之方也，風氣殊焉。我又近中國，說者謂與燕同析木之次，故其運氣常與中國相關。而其山川節候土物，大較皆同，即其生人可知也。及聖人設教，禮樂文物，彬彬如也，歷代尚之，號為禮義之邦。……古者以地辨華夷，其某地之東曰東夷，某地之西曰西夷，某地之南北曰南北夷，中曰中國，各有界限，無相踰也，故我得為夷也。今也，戎狄入中國，中國之民，君其君，俗其俗，婚嫁相媾，種類相化，於是地不足辨之，而論其人也。然則當今之世，不歸我中華而誰也？此所謂異者也。然吾方僕僕然自以為夷，而名彼中國。嗚呼！吾言非邪。」[84]

金履安指出過去「以地辨華夷」，位於東方則為東夷，朝鮮因其地理位置特殊，與其餘「諸夷」有所不同。相反地，清朝以戎狄入中國，其「本為夷狄」。清人的統治，導致「地不足辨之」，惟能「論其人」以辨之，金履安更直指洪大容等人將清朝視為中國，著實為邪說。此種論點正彰顯朝鮮內部自始至終認定清人為夷狄，無視其從漢俗、用漢制的現實，且以此為堅定不變之立場，這更表明金履安與洪大容等人之間的歧異。洪大容與朝鮮士人的論戰，並非源於其與中國儒生的深交，而是雙方從最基礎「何

---

[84] 金履安，《三山齋集》，卷10，〈華夷辨下〉，收入《韓國文集叢刊》，冊238，頁503。

謂中國」的觀點即完全不同，遑論分別華夷的立場迥然有別。

　　北學派學者提出新華夷觀以應世變，洪大容、朴趾源等人的觀點藉尤其日記、文章廣泛傳播於朝鮮士人圈中。[85]儘管朝鮮內部對此種新論述仍存在爭議，但新華夷觀逐漸成為不可忽視的聲音。最重要的影響，莫過於促使在朝官員認同北學思想，在信奉皇明中華的立場上，闡述與清朝交往的新模式，重新釐清朝鮮的華夷定位。如朴齊家在其《北學議‧尊周論》中，以中國歷史為北學派論述調和思明認同的矛盾：

> 昔趙武靈王卒變胡服，大破東胡。古之英雄，有必報之志，則胡服而不斥。今也以中國之法而曰可學也，則群起而笑之。匹夫欲報其仇，見其仇之佩利刃也，則思所以奪之。今也以堂堂千乘之國，欲申大義于天下，而不學中國之一法，不交中國之一士，使吾民勞苦而無功，窮餓而自廢，棄百倍之利而莫之行。吾恐中國之夷未可攘，而東國之夷未盡變也。故今之人欲攘夷也，莫如先知夷為誰。[86]

北學派揭示與清朝友善的交往，客觀評價及學習中國之法，並非改易過去思明的立場。一如朴齊家此文所示，標題將「北學、尊

85　金景善（1788-?）曾提及三部最有名的《燕行錄》，分別是金昌業（1658-1721，號稼軒）、洪大容、朴趾源。原文：「適燕者多紀其行，而三家最著：稼齋金氏，湛軒洪氏，燕巖朴氏也。以史例，則稼近於編年，而平實條暢；洪沿乎紀事，而典雅縝密；朴類夫立傳，而瞻麗閎博，皆自成一家，而各擅其長。繼此而欲紀其行者，又何以加焉？」見金景善，《燕轅直指》，收入《燕行錄全集》，冊70，頁246。足見洪大容著作在朝鮮的影響不小。

86　李佑成編，《楚亭全書》（首爾：亞細亞文化社，1992），頁561-562。

周」相提並論，可見北學思想並未與強烈的思明認同異幟。[87]鄭成宏將朴齊家視為「制夷思想的萌芽」，北學派人士早於魏源更早提出「師夷論述」，[88]鄭氏敏銳地指出北學中國的特殊意義，但細察此議論的脈絡，省思朴齊家反覆論辯「朝鮮——中國」的關係，道出思明與尊清之間的變與辨。

在深究朴齊家的華夷思想之前，以下先討論北學派人士的「華夷思想」語「思念明朝」之間的關係。朝鮮士人丁範祖（1723-1801）[89]談及朝鮮與清朝交往時，曾經指出「和清」乃不得已之舉，他說道：「君父保宗社是急，其勢不得不講究權宜，以制一時之變。至若草野之士，則弗然修身善道，知經常，不知有權變。」[90]丁範祖指出，天地間存有「亙古不易」的道理，即是「經常」，為求經常之道，有時不得已而「權變」，事雖有經、權，但不可忘本。朝鮮與清朝交往乃是一時之計，部分朝鮮士人以此為「經常」，是不知常道。[91]但洪大容、朴趾源與朴齊家等人強調的是，在思明的基礎上，重新檢視朝鮮的華夷定位。因此，當洪大容談論到1637年清朝出兵朝鮮之事，仍是極力讚揚

---

[87] 關於北學派的調和與轉向，見楊雨蕾，《燕行與中朝文化關係》，頁219-236。

[88] 鄭成宏，〈朝鮮北學派的新華夷觀解析〉，頁98-105。事實上，將北學派的論點視為「師夷」，首先闡發的是張存武，他將此名之「師敵型之改革論」，後來學者的解釋也未超越其觀點。請參閱張存武，《清代中韓關係論文集》（臺北：臺灣商務印書館，1986），〈清代中國對朝鮮文化之影響〉，頁304-381。

[89] 丁範祖，字法正，號海左。範祖天資聰穎，八歲能作韻文，甫弱冠即文聲斐然。朝鮮英祖11年中進士，但他有隱居之志，遂廢舉。丁範祖後因生計問題，重新復出，英祖29年殿試第三，後為成均館典籍、兵部佐郎及吏曹兵曹、正郎等職，有《海左集》傳世。

[90] 杜宏剛等主編，《韓國文集中的清代史料》，冊7（桂林：廣西師範大學出版社，2008），頁516。

[91] 李泰壽也有類似的言論，他表示：「本朝之於皇明，其父子之恩，君臣之義，原天理、根人性而不可泯者。縱因一時之危迫，不免事昆之辱；而金珠皮幣往來之際，臥薪嘗膽之志，實寓於其間耳。」見李泰壽，《尊周錄》（東京：早稻田大學藏朝鮮抄本），卷4，〈薪膽大義〉，頁1a。

朝鮮之竭力抵抗，我們得以從中發現其強烈的明朝認同：

> 我國之服事大明二百有餘年，及壬辰再造之後，則以君臣
> 之義兼父子之恩。大明之所見待，我國之所依仰，無異內
> 藩，而非他外夷之可比也。夫金汗之稱兵猾夏，乃大明之
> 賊也。……，人無有不死，國無有不亡，倫綱一墜，為天
> 下僇，生不如死，存不如亡。斯義也，通夷夏，貫貴賤，
> 亘百世而不可易者也。當時斥和之議，乃尊中國也，守臣
> 節也，酬大恩而伸大義也。雖因此而激成禍機，國破家
> 亡，君臣上下糜爛塗地，亦不暇恤也。[92]

　　洪大容慷慨的言論，顯見其對於明廷的認同，他認為朝鮮奮力抵
抗金國，實是報明朝之大恩。職是之故，朝鮮即使因而「國破家
亡，君臣上下糜爛塗地」，洪大容亦認為在所不惜。洪大容無疑
是一位在文化上極度思念明朝之人，那他何以與清代儒生相交甚
篤，且願意在歸國後為其辯護？

　　必須指出的是，洪大容此種對明朝的感恩與認同，並不妨
礙他為中國儒生發聲，而這必須從文化主義、文化認同的角度理
解，方能得出「明清命題」在他心中的答案。例如朝鮮士人關於
許衡（1209-1281，號魯齋）的討論，藍德彰（John D. Langlois）
注意到清初的中國儒生對許衡特別關注，肇因其出仕元廷，「出
處」之間的抉擇正與明亡後的景況相符。因此，讚許魯齋委身
「胡虜」的言論無疑也合理化明遺民的出仕，反對者則更嚴明華
夷界線。

---

[92] 洪大容，《湛軒書・內集》，卷3，〈答韓仲由書〉，收入《韓國文集叢刊》，
冊248，頁63。

關於魯齋出仕與否的討論，不僅屬於清初儒生的議題，同時也映照出朝鮮士人如何面對滿洲統治的難題。從文化角度同情地理解，則是值得析論的議題。例如洪大容與金鍾厚的尺牘來往中，雖然他仍聲稱「尊周室、攘夷狄，固是春秋之大義」，[93]對於許衡卻是多加維護。他反駁金鍾厚將李陵投匈奴視為「失節」，於是以許衡的例子說道：

> 日前又見執事與從弟書中有李陵云云，則執事獨不見栗翁，所以論許魯齋者乎？失身與失節，其分不侔矣。執事乃以李陵之以大漢將軍而偷生降虜，辱先而失節者，謂之出於不得已而猶賢乎。彼人輩之應胡舉云爾，則亦其激中加激，與奪乖謬，全不成義理。[94]

金鍾厚認為李陵以大將軍的身分投虜，不僅有辱先人，更是偷生、失節的背德行為；然而，洪大容卻從此引申出在外族治下出仕應視為「失身」或「失節」的問題。[95]洪大容援引李粟谷（1536-1584）的觀點為李陵說解，認為許魯齋在元代出任官職之例，有違「華夷之辨」，而不涉「君臣之義」，只是「失身」而非「失節」，不無肯定魯齋、李陵之意。事實上，曾官至左相、名列「東國十八賢」[96]的朴世采（1631-1695）即曾沉痛地指出：

---

93 洪大容，〈又答直齋書〉，頁66。
94 洪大容，〈又答直齋書〉，頁67。
95 值得注意的是，以種族立場嚴厲聞名的宋時烈亦贊成此說，他稱：「許魯齋之仕元，人多訾之，然此乃失身，非失節也。」見氏著，《宋子大全》，卷212，〈沙溪先生語錄〉，收入《韓國文集叢刊》，冊115（首爾：民族文化推進會，1990），頁134。
96 東國十八賢係朝鮮王朝對18位陪祀孔廟朝鮮儒者的總稱。

栗谷以許魯齋為失身，蓋華夷之辨與君臣之義並列。如吳澄者兼有兩義，故為「失節」；魯齋則只是華夷之辨，故曰「失身」。然華夷之義實重於君臣，如高麗之於元固為君臣，麗之臣子猶陪臣也。然大明之興，鄭圃隱首請於朝以歸義主，至今君子不以為背君失節，而以為明春秋之義也。世之儒生、學士，乃以生於明亡之後，無君臣之義自恕，幾視華夷之辨以薄物細故，殆亦不講此義之過也。[97]

朴世采認為鼎革後出仕有「失身」與「失節」之分，而這正牽涉「華夷之辨」、「君臣之義」孰輕孰重的問題。朴氏生於明末，長於清初，其所發議論，顯是針對易代後的情境而出。從他的角度而言，宋元之際的吳澄（1249-1333）不僅身事外族，更是曾服二主的貳臣，同時違背華夷之辨與君臣之義，當視為「失節」。[98]反觀許衡，唯臣事於元主而已，故其不害君臣之義，只是未能嚴夷夏之防致使「失身」。因此，朴世采認為高麗朝作為元廷的臣子，高麗的臣民理當為元明易鼎而守節，故鄭夢周（1337-1392）以身為麗朝臣民隱於市，被稱頌為「明春秋之義」的節士。朴世采欲強調的是，朝鮮士人在明朝滅亡以後，因滿洲入主中國，是以不復有君臣之義，但時人卻看輕「華夷之辨」，視為「薄物」、「細故」而不重視。細思朴世采高呼「華夷之義實重於君臣」的用意，正透露時人「不講此義」，不以「華夷之辨」為重的風氣。

---

[97] 朴世采，《南溪先生朴文純公文正集》，卷54，〈隨筆錄〉，收入《韓國文集叢刊》，冊140（首爾：民族文化推進會，1990），頁138。

[98] 關於吳澄的評價及其從祀的問題，見朱鴻林，〈元儒吳澄從祀孔廟的歷程與時代意涵〉，《亞洲研究》，期23（香港，1997），頁269-330。

綜觀洪大容為嚴誠等人所作之辯詞，處處從文化上立說，而金鍾厚則將他們稱為「剃頭舉子」、應「虜舉」，傳達其儼然以明華夷界線為己任的態度。至此，反思洪大容以許衡的例子比擬李陵，他或正是朴世采筆下那群看輕「華夷之辨」，不講春秋大義的士人之一。事實上，朝鮮知識階層始終維持對「文化」的認同與理解，一個適足以說明的例子是明代朝天使許筠。許筠在遼東時曾與兩位明朝生員賀盛時、姚繼孝筆談，賀是衛輝府人，恰與許衡同鄉，於是許筠問道：「與許魯齋想必同鄉，有傳其學者否？其後今有幾人？」[99]賀卻對許衡的評價不高，認為「魯齋先生亦元文人，但事元為人所短，雖有所宗，亦寡矣」。[100]賀盛時將魯齋與同時的劉基（1311-1375）相較，他表示：

> 魯齋先生，當時賢士夫亦亟稱者，但以中國事夷，其視劉誠意識真主於群兒鼎沸之中，何如也。故後世不無議之者，其人可指而述之乎？[101]

賀盛時認為魯齋或為賢者，但以中國事夷狄，相較於明識真主於群雄之中的劉基，則失之千里。許筠對此不以為然，他義正詞嚴地寫道：

> 魯齋之時，天地易位，人類將滅。苟無魯齋扶持之力，則民其魚肉矣，豈有今日乎？故文清公以其出處比於古聖賢，諸公其未之見耶？且劉誠意登元朝科第，而事我聖

---

[99] 許筠，《朝天記》，收入《燕行錄全集》，冊6，頁128。
[100] 許筠，《朝天記》，收入《燕行錄全集》，冊6，頁129。
[101] 許筠，《朝天記》，收入《燕行錄全集》，冊6，頁129。

祖，功業雖可稱，而其行已無足述也。況晚年未能勇退，為奸臣所毒，亦與魯齋之超然遠去者異矣。諸公乃欲以比於魯齋，不亦謬乎！[102]

中朝雙方所論辯的，不啻是明清之際的明遺民與朝鮮士人共同面對的難題。滿洲入關，對於朝鮮知識階層而言，當是「天地易位，人類將滅」，究竟要識真主於群雄之間，抑或為免民魚肉，竭盡扶持之力，以有「今日」。顯而易見的是，許篈不僅同情魯齋的遭遇，更肯定他在元代為生民立命的努力，劉基儘管功業足以稱道，但相較於許衡的扶持之功則高下立判。許篈、朴世采與洪大容對於許衡的討論，背後不僅隱含著「華夷之辨」和「君臣之義」之間的辯證，更凸顯從文化或種族的角度定位易代人的差異。朴世采活躍於易代之際，其對華夷、君臣何為軒輊極為重視，自然不難理解；細究許篈與洪大容的言論，他們或許正是朴世采口中將華夷問題視為「薄物」的代表。但是，上述的例子不僅透露多數的朝鮮知識階層輕華夷、重君臣，更重要的是，這種思維得以為清代儒生「赴虜舉」開脫，而在人類將滅之際，標榜「扶持之功」的說詞，也為中朝雙方找到安生立命之所在。

自許篈以降關於華夷之辨的討論，我們得以發現洪大容與金鍾厚關於「中國」的爭辯中，洪氏一方面表露其思明之情，另一方面也不乏對中國文化進步的肯定。事實上，洪大容等北學派人士在論述上，難以抗衡朝鮮內部以種族主義區別華夷的觀點，金鍾厚多次指稱中國人冠以「虜」、「胡」，但洪大容惟力陳中國儒生是否思明，強調其在文化上的效忠與認同。例如當嚴誠讀到

---

[102] 許篈，《朝天記》，收入《燕行錄全集》，冊6，頁129-130。

「大明天下無家客，太白山中有髮僧」時，他的反應是「轉身而坐，再三諷誦，頗有愴感之色」。[103]陸飛等人問起鼎革之事，洪大容以小紙書前後大概，眾人閱畢後「皆愀然無語」。[104]洪大容藉由親身的經歷為中國儒生的「思明」辯護，與他重新評價清朝之間緊密聯繫。北學派的新華夷觀，強調現實中國在文明上的進步，儘管朴齊家些許諷刺地稱「吾恐中國之夷未可攘，而東國之夷未盡變也」，一定程度上質疑中國是否為夷的論調，但他更著力於反省朝鮮仍為夷的文化困境。

朴齊家所提出的「北學議」，固然存有師夷制夷的「權變」意味，但值得注意的是彰顯朝鮮思明的「經常」，在文化上主張學習中國，使朝鮮以夷變夏，他說：

> 欲尊中國也，莫如盡行其法之為逾尊也。若復為前明復仇雪恥之事，力學中國二十年後，共議之未晚也。[105]

朴齊家的言論，清楚地透露朝鮮士大夫仍然關注「為前明復仇雪恥之事」，欲驅逐清人。但此語正傳達洪大容以來的重要改變，特別是對於「思明」與「反清」之間的變與辨，朴齊家肯定思明的內涵與企圖，但他主張「力學中國二十年」，再議「復仇雪恥之事」，即在一定程度上肯定清朝。簡言之，思明不必然反清，認同清朝不必然不思明，維持思明之心並提倡學習清朝，其實是當時文人士大夫亟欲推廣的思想。[106]

---

[103] 洪大容、李德懋，《乾淨衕筆談・清脾錄》，頁42。
[104] 洪大容、李德懋，《乾淨衕筆談・清脾錄》，頁111。
[105] 李佑成編，《楚亭全書》，頁562。
[106] 事實上，關於朝鮮華夷觀在18世紀的特殊轉變，張存武曾注意到此問題，他曾簡要表示：「既然自己（朝鮮）文明，中國落後，則為何學中國，學習甚麼，又

另一個重要的例子，是在洪大容稍後的燕行使洪良浩（1724-1802），他燕行中國時與清代著名學者紀昀（1724-1805）相交甚深，[107]良浩歸國後向國王建言道：

> 臣於向來猥膺專對之命，往來燕、薊之間，山川城邑皆是堯、禹舊跡，而衣冠文物非復昔日，顧瞻疇歎，益恨未及見皇王盛時也。然地是中華之舊，人是先王之民，流風餘俗，尚有可徵。至於利用厚生之具，皆有法度。蓋是周官舊制，百代相傳，雖有金火之屢嬗，華夷之迭入，而民國之大用，亘古不易，終非外國之所可及者。[108]

洪良浩、洪大容與朴趾源等人論證華夷，強調北學中國不害尊周之義，[109]他們提倡北學之際，小心翼翼地指陳中國現狀，委婉聲

成問題。故倡導學中國者欲人信從其說，必須證明清代之中國有可學之學，並對尊周攘夷之論加以解釋，使中國與尊周攘夷兩件事，不惟不相矛盾，且相輔相成。」揆諸北學派人士的議論，正是一面提倡「中國有可學之學」，一面「對尊周攘夷之論加以解釋」，此即本文所指的「新華夷觀」。見張存武，〈清代中國對朝鮮文化之影響〉，頁359。韓國學者崔韶子也注意到這個問題，她認為北學派人士的議論之所以沒有辦法造成廣泛的影響，與當時朝鮮反清的意識有關，她表示：「他們（北學派士人）之所以無法推行自己的意見或方案，是因為朝鮮社會依然無法在對清關係上擺脫既有的意識或態度，而且比起政治上的進步或改革意志，朝鮮社會更急於利用反清的情感或意識來維持現狀，此乃問題所在。」（그들 자신의 의견이나 案을 펴나갈 수 없었던 것은 조선사회가 여전히 對淸관계에서 기존의 의식이나 태도 크게 벗어나지 못하고 정치적으로 진보나 개혁의 의지보다反淸감정이나 의식을 이용하여 현상유지에 급급하였다는 데에 문제점이 있었다.）見崔韶子，〈18世紀後半期《燕行錄》所反映的朝鮮知識人的中國認識〉，《國史館論叢》，76輯（果川：國史編纂委員會，1997），頁233。

[107] 洪良浩時任大司憲，從二品大員，為司憲府最高長官，「掌論執時政，糾察百官，正風俗，伸冤抑禁濫偽事。」他的立場明顯可見新華夷觀的內涵，自1750年以降的北學論述，由具政治影響力者於1783年提出，標示新華夷觀的影響漸次提升，朝鮮內部對此的共識漸定，有別於論戰時的激烈。當然，即使是洪良浩之時，以種族主義為意識形態討論朝鮮與清朝交往的朝鮮士大夫仍不停闡發其論述。

[108] 《朝鮮王朝實錄》，冊45，正祖16卷，7年7月18日丁未條，頁384。

[109] 明乎此，則朴趾源一面高呼「然天下有志之士，豈可一日而忘中國哉！」，同時又稱「夷狄之主函夏者，未嘗不襲其道而有之矣。衣食足而知禮節，則後世之欲

稱現今中國之人仍為古代聖賢之後，必有可學之處，從日用民生之策入手，為現實的改革尋求合理性，在思明的氛圍下力求突破。

朝鮮孝宗（1649-1659在位）時正值明清鼎革之初，其對清朝的「悲憤」正出自懷慕皇明之心，孝宗力主北伐，興復中華的想法即非不可理解之事，末任朝天使金堉（1580-1658）撰〈哀江南賦〉時，仍寫道「念祖宗之積德，豈十世而斬澤」，[110]由此可見其思明情緒之濃烈。相較之下，洪大容致金鍾厚的回函中則說：「君子之澤，亦五世而斬矣，欲其沒世之思，不衰於百年之後，則此人情之必不能，而天理之必不然也。」[111]1796年，正祖在祭祀大報壇後，發出「思明不再」的憂愁與感嘆：「歲月寢遠，文獻亡佚，予懼士大夫或忽焉而忘爾。」[112]遂下令編纂《尊周彙編》，而擔任編纂官的李書九（1754-1825）認為「今之去甲申，百有餘年。海內之志士遺老，亦已盡矣」，[113]凡此，可謂道盡18世紀以降的巨大變化。朝鮮士大夫在思明的架構下，力圖回應其對國內事務的關懷，思明於是在不同階段展現不同的樣貌，論述內涵的更迭變易，透露朝鮮士人思明與認同論戰的幽微深意。

富其國而強其兵者，寧冒刻薄小恩之名，豈適私利於其身哉？……然若其功利之享，雖其法之出乎夷狄，集其眾長，莫不以精一為師也。」並不矛盾。見朴趾源，《熱河日記》，卷2，頁101、108。
[110] 金堉，《潛谷先生遺稿》，卷1，〈哀江南賦〉，收入《韓國文集叢刊》，冊86（首爾：民族文化推進會，1992），頁7。另外，關於金堉的研究，見孫衛國，〈朝鮮王朝最後一任朝天使——金堉使行研究〉，收入張伯偉編，《域外漢籍研究集刊》，6輯（北京：中華書局，2010），頁219-241。
[111] 洪大容，〈與金直齋鍾厚書〉，頁64。
[112] 成海應，《研經齋全集·本集》，〈尊周彙編敘〉，冊2（首爾：昕晟社，1982），頁268。
[113] 李書九，《惕齋集》，卷9，〈明隱金君墓誌銘〉，收入《韓國文集叢刊》，冊270（首爾：民族文化推進會，2001），頁203。

小結

　　朝鮮士人緬懷明代故事，象徵其強烈的文化關懷。朝鮮師學中國幾世紀，其孺慕中華文化之深，著實有異於他國。明朝亡而中國亡的警醒之語，除傳誦於清初明遺民之外，明清交替後的朝鮮士人亦如是想。1644年以後，思明以及尊明作為朝鮮思潮的主流價值，影響無數朝鮮文人士大夫看待「中國」的角度，其中複雜的文化與歷史因素，導致朝鮮士人難以討論相異的觀點。洪大容於1765-1766年間的特殊經驗，[114]其與中國儒士相交的奇事，在東亞文化圈中仍可被視為異數，令後人欣羨而歌頌不已。洪大容與朝鮮士人以中國為題旨的論戰，令人訝異者，莫過於許多朝鮮人儼然以中國人自居，爭論著本屬「他者」之事，而令中國學者難以理解。

　　學界關於中韓華夷觀的討論，不是著眼於「禮儀爭論」，[115]就是強調洪大容在科技及哲學上的成就，認為其「地轉說」的宇宙觀念，突破儒家天圓地方的想像，傳說位於天地中心的「中國」自然不攻自破。同時，洪大容主張「以天視物」，華夷之間的區別自然消弭於無形。[116]但是，單以禮儀論、科學理論或理學

---

[114] 必須指出，洪大容與中國儒生相識，時在1766年2月。但洪大容啟程時在1765年12月，故行文及研究時往往稱1765年的燕行，如夫馬進的著作即指「1765年洪大容的燕行與1764年朝鮮通信使」，見夫馬進，《朝鮮燕行使與朝鮮通信使》，〈第八章 1765年洪大容的燕行與1764年朝鮮通信使——以兩者在中國和日本對「情」的體驗為中心〉，頁158-185。

[115] 如韓國學者金泰俊認為「金鍾厚の清國文明觀はまったくこうした禮儀論的論理に由來するものであった」，見金泰俊，《虛學から實學へ：十八世紀朝鮮知識人洪大容の北京旅行》（東京：東京大學出版社，1988），頁152。

[116] 持此論者甚多，見鄭成宏，〈朝鮮北學派的新華夷觀解析〉，頁98-105；步近智，〈18-19世紀中韓華夷觀的變革對中韓兩國的影響〉，頁74-80；李英順，

思想的影響，詮釋洪大容得以提出不同眾人的華夷論述，不免忽略他與金鍾厚來往中所強調的文化認同，也難以解釋何以其論述能夠獲得朴趾源等人的共鳴。洪大容固然被視為北學派的先驅，影響後來的朝鮮知識階層甚巨，但他與朴趾源、朴齊家等人思想脈絡的共通之處，應是在傳統文化價值觀上的認同。簡言之，文化主義與種族主義的辯證貫穿17-18世紀的東亞，而朝鮮士人亦難脫此漩渦之中。洪大容藉由其中國經驗重新省思中國論述，而朝鮮的有志之士在權衡內外情勢後，文化心態當為重要的選項之一。藉由本文的討論，洪大容在華夷論辯中率先提出新解，並且影響後來的北學派學人，更全面地回應傳統的華夷論述。吾人應將這場華夷論述的轉變置於思想交辯的脈絡中，更能凸顯其意義所在。

　　洪大容提出新論述，其中國經驗固然是關鍵因素，但揆諸朝鮮的歷史與當時朝鮮內部的政治環境，並非不可理解，而朝鮮士人應戰的論點也並非在文化、思想的資源尚無所憑據。洪大容以前的燕行作品，儘管所見之景同，但所解之意全非。朝鮮國內藉由閱讀《燕行錄》所認知的「中國」，並非一如洪大容筆下的美好，這正是抱持不同關懷所致的結果。朴趾源、洪大容等人作為實學家，本就有異於一般專談理學的士大夫，而其特殊的經驗儘管加深其對中國的判斷與理解，卻不改其意欲建設家國之心。綜觀1750年以降的《燕行錄》，即使是力主北學中國的朴趾源的觀點，我們亦不難從中發現極端的思明言論，但兩者不相違背，而此種特殊的華夷論述，正是朝鮮英祖、正祖朝的特色。反思岸本美緒提出的「後十六世紀問題」，朝鮮在明亡後為了區別「清朝

《朝鮮北學派實學研究》，頁105-118；羅樂然，〈清代朝鮮人西洋觀的形成——以洪大容燕行為研究中心〉，頁299-345。

——朝鮮」之間的差異，同時為延續「朝鮮——明朝」之間的連結，朝鮮士人的新華夷觀，似非單純的民族認同所能解釋。朝鮮英祖、正祖對於思明義理的闡述，以及維護「皇明」意象的建設可謂不遺餘力，英祖正是將洪武帝、萬曆帝、崇禎帝一併祭祀於大報壇的提倡者。何以朝鮮國內一面將崇祀皇明的各種儀式、纂書、建祠推向極致，一面卻改動其對外論述，吾人從論戰雙方所持的意見及其後的華夷論述，即可理解。

第四章
奉朝始終：
「明遺民」的大義覺迷

楔子

> 世傳一士人遊香山，窮深極遠，……，開戶有老僧，年可
> 五十餘，合眼塊坐，凝塵沒跗，狀貌瓌偉，案上有《楚
> 辭》一冊，有問無答。……。士人宿留，屢問而不與之交
> 言，開卷讀〈離騷〉，至「僕夫悲余馬懷，蜷跼顧而不
> 行」，掩抑不成聲，已而痛哭。問所以痛哭之意，不答。
> ……。僧蜀人也，大明末，以三千兵馬赴難，殲於賊，僅
> 以身免。謂朝鮮禮義之邦，必為明復讐，東渡浿水，及
> 到，知事不可濟，遂剃髮入山。吾見時，亦似五十左右歲
> 人，今已五十年矣，嗟呼！僧之出蜀也，不知其年幾何？
> 然明之亡已百年，要之士人相見時，已年百數十餘歲矣，
> 豈辟穀故能不死歟！
>
> 權萬（1688-1749），〈妙香僧說〉[1]

---

[1] 權萬，《江左先生文集》，卷8，〈妙香僧說〉，收入《韓國文集叢刊》，冊209
（首爾：民族文化推進會，1998），頁217-218。

遠在新羅時代，妙香山即是名聞遐邇的旅遊勝地。及至朝鮮王朝，世傳一位朝鮮士人曾遊此山，造訪山中窮深極遠之處，意外地發現一位年約五十的老僧。在深山中巧遇隱逸僧人，並不令人驚訝，有趣的是，這位老僧獨居山中，只是「合眼塊坐」，即使士人屢屢相問請教，亦有問無答。不過，待夜深人靜，僧人讀起〈離騷〉，他似乎有感於「僕夫悲余馬懷，蜷局顧而不行」一語的意涵，悲從中來，不禁痛哭失聲。這般不與人交，唯有《楚辭》相伴的形象，對於關心明末清初研究的學者而言，並不陌生。事實上，《楚辭》廣受明遺民認同，而閱讀屈原作品的過程，不妨理解為一種「自我言說」。因此，著名的明遺老如歸莊（1613-1673）、王夫之（1619-1692）對《楚辭》的重視與喜愛，其意義不言而喻。換言之，此「傳說故事」特意安排幾種元素，如僧人、《楚辭》、不與人交以及情感上的悲憤，在在暗示這是一位為明守節的遺民。關於老僧的身分，經朝鮮士人四處探聽後，方真相大白。僧本明朝人，率三千兵馬赴國難，雖事不果，但他認定朝鮮是禮義之邦，必定「為明復讎」，於是浮海東渡，落腳朝鮮。然而，他很快地意識到事不可濟，遂剃髮入山。

　　作者權萬驚訝的是，此「世傳」的故事中，老僧的年紀一直維持在五十左右，而權萬當時的人仍聲稱他容顏不改，不禁質疑經歷一百餘年，此僧豈是成仙，故能不死？姑不論此事真假，妙香僧的故事實則提醒吾人，朝鮮人如何看待明朝以及定位自身。事實上，認定朝鮮是禮義之邦，必定「為明復仇」者，在朝鮮知識階層中不在少數，這從《燕行錄》中頻繁地悲歌孝宗的北伐計畫胎死腹中即可知之。但是，朝鮮終究未能北伐清朝，一如妙香僧到了朝鮮，「知事不可濟」，道出朝鮮的實情。因此，為

明復仇的計畫，夜讀《楚辭》的悲憤，始終是一種心態，而非實際的作為。更重要的是，試著體察權萬在〈妙香僧說〉中的口吻，實際上少了感性與追思，更多的是對歷史的考證、對流言的辯駁。值得注意的是，他對妙香僧故事的用心之處，為吾人如何「審視」朝鮮龐雜的思明文本別闢新徑。畢竟，這些明末清初的故事，不論感人與否、神異與否，終究會步出流傳鄉野的「故事」，成為被書寫、被共同認定的「歷史」。對於朝鮮士人與中國儒生而言，書寫明末清初的歷史，揭示他們詮釋過去的角度，亦明白地表露自身的心態。

第一節　朝鮮與中國的明末清初故事

　　關於清代朝鮮士人如何運用自身的優勢與中國儒生交往，以及朝鮮人在明朝滅亡以後的一百五十年間，如何調適、論述思明的概念，並辯論、重界華夷觀與正統論的內涵，已如第二、三章所述。經由前章的討論，洪大容（1731-1783）與金鍾厚（1721-1780）之間的問難，其意義不應僅歸諸朝鮮單方面的特殊現象，對東亞各國而言亦是不可忽視的難題。乍看之下，洪大容與金鍾厚的立場南轅北轍，尤其雙方對於「中國」的界定、「清朝」歷史地位的認知迥然有別，殊異的文化心態，呈現天淵之別的中國論述。就朝鮮而言，抱持著不同立場的兩派知識分子，在東國爭論著中國之事，其意義不止是彰顯傳統中國對四裔外邦的深刻影響，更重要的是朝鮮試圖釐清、解讀「過去」，以定位他們的「現在」。

　　令人好奇的是，18世紀這場朝鮮人關乎華夷的論戰，相較於鄰國如日本、中國，是顯得特別突出，抑或平凡的不值一提？以

中國為例，明清史家似乎尚未注意此事與清代華夷論述的關聯，而朝鮮史家亦未曾設想過朝鮮問題或許也是中國問題。再者，朝鮮的思明之情不應只見於私人書信，隨筆日記與官方報告書，朝鮮士人書寫的歷史，應是驗證朝鮮內部不同中國論述的試金石。試想兩種分別由洪大容、金鍾厚撰寫的中國史書，其間關於「明朝歷史」及「清朝歷史」的詮釋想必大相徑庭。簡言之，本文自第一章以降屢屢申論朝鮮士人的文化心態與中國論述，實不應僅反映在私人性質的文獻中。具體檢驗相異的中國論述，更需思考這些理念如何落實在文本上，尤其是載錄「明末清初史事」的史書。在此前提下，由朝鮮知識階層編纂的中國史乘自然不可忽視，而來自民間的私家撰述，更有利吾人瞭解朝鮮人書寫中國的方式及其心態。

顯而易見的是，倘若將目光聚焦於清初的遺民，則「來自中國的聲音」實非全然闕無，如明遺民慣以〈正統論〉、〈華夷辨〉為題的篇章，與金鍾厚等朝鮮人的論說可謂若合符節。同時，既然清代中國確實存在質疑滿洲正統的詰問，又是誰扮演洪大容的角色，從人情義理的面相出發，並借用歷史資源以合理化清人入主中原的事實。換言之，朝鮮的中國論戰是孤立獨存的個案，抑或是值得中國史參照的重要事件，值得深入探討。有鑑於此，本章為了檢視朝鮮內部不同立場的中國論述，考察其藉歷史文本如史書、童蒙教材表述「中國」的方式，將不僅關注朝鮮史料，且相互參照同時期的中國文獻，展開討論。

本文將清代中國納入析論的範圍，有助於吾人理解朝鮮士人諸多行為的意義。雍正六年（1728）著名的「曾靜案」是清代少數甚至是唯一公開的「華夷辯論」，乃本文考察的重點。雍正帝（1678-1735）的上諭檔案與審訊曾靜（1679-1735）的口供，後

集結為《大義覺迷錄》問世，[2]頒布各省宣講。此書雖於清乾隆年間（1736-1795）遭禁，但其所主張的華夷論述卻為後來的清朝皇帝繼承，且影響知識階層甚鉅。因此，儘管雍正帝與曾靜的身分懸殊，絕非洪大容與金鍾厚得以比擬，但將此二者視為討論的基點，適足以勾勒清初以降歷史書寫的脈絡及轉變。

本章的題旨是探析朝鮮士人如何書寫明末清初史事，而表現在不同的知識階層身上，又產生哪些改變與差異？此類涉及歷史知識的文本如童蒙讀物、中國史書與朝鮮讀者之間的關係為何？以《燕行錄》為例，其間諸多中朝士人筆談唱酬之際的「歷史問答」，相互揭示朝鮮、中國對於「中國史」的熟悉與陌生，而這正是來自歷史教材的影響。不同時期朝鮮士人對於明末清初歷史的掌握，展露其文化心態，相較於中國儒生在部分史事上的無知，更凸顯朝鮮人記述的價值與意義。檢視雍正帝的言說與洪大容的辯詞，如何從論述步入實踐，從書信的隻字片語到歷史的合理安排，朝鮮「如何記憶」（How Choson Remember?）的功課，應是中國「如何遺忘」（How China Forget?）的過程。

本章為了逐步分析上述題旨，描繪朝鮮士人中國論述的轉向與實踐，將依序探討三個主題，分別是《大義覺迷錄》與朝鮮的關係、《燕行錄》中的史事問答、18世紀中國與朝鮮關於「明史」的著作。事實上，明清史、中朝關係史學界對此三項議題並不陌生。首先，1992年馮爾康的《雍正帝》即簡要地梳理曾靜案的前後脈絡，馮氏總結曾靜的論點，不外乎「雍正是失德的暴君」、「華夷之分大於君臣之倫」、「希望拯救百姓於貧窮」三

---

[2] 雍正帝的第一篇上諭見中國第一歷史檔案館編，《雍正朝起居注冊》，冊4（北京：中華書局，1993），頁3128-3134。《大義覺迷錄》則收入沈雲龍編，《近代中國史料叢刊》，36輯（臺北：文海，1985），頁1-509。本文以下徵引係沈雲龍本。

者。[3]邵東方則在馮氏的基礎上，強調《大義覺迷錄》雖被列為禁書，但書中所宣揚的思想觀念，卻被歷代清朝皇帝所承襲，成為清朝的「基礎國策」。此外，《大義覺迷錄》屢屢闡述清朝「得統之正」的歷史解釋，以及「君臣之義高於華夷之辨」的論點亦在清代風行不止。[4]相較之下，王汎森關心的並非雍正帝的思想，或曾靜的遺民認同，其重心在於時人的反應，及其傳達的社會心態。王氏認為，曾靜案側面地述說清代中葉大規模移民的社會問題，同時也點出清朝權力中心與浙江地區的摩擦。[5]值得注意的是，此類研究多將焦點集中於雍正帝或曾靜，鮮少觸及對社會的反應，即使王氏注意到曾靜案與浙省的關係，卻沒有周詳地析論此後的影響，更遑論比較性的與朝鮮一併討論。

其次，在中朝的明史著作方面，韓國學者金泰俊強調18世紀朝鮮是「歷史學的時代」，朝鮮一面從清朝蒐購，一面自行撰述明史。[6]孫衛國進一步整理出「朝鮮王朝所修中國史書簡表」、「朝鮮尊周類史書狀況表」兩表，[7]並擇要介紹這些史乘的作者、撰述目的與史料價值。然而，金氏、孫氏並未注意到這些書籍之間的關聯性，及其發揮何種影響，例如士人閱讀的經驗，對歷史的詮釋有何特色。更重要的是，過去中朝關係史研究始終圍繞著雙方的官修史書，忽視同樣肩負歷史教育的童蒙讀物。就朝

---

[3] 馮爾康，《雍正帝》（臺北：臺灣商務印書館，1992），頁267-278。

[4] 邵東方，〈清世宗《大義覺迷錄》重要觀念之探討〉，《漢學研究》，17卷2期（臺北，1999），頁61-89。此外，葉高樹亦認為雍正帝刻意將君臣之義高諸一切、屢屢申言清人「得國之正」，且成為後來清朝皇帝一致支持的史論，見氏著，《清朝前期的文化政策》（臺北：稻鄉出版社，2009），頁116-118。

[5] 王汎森，〈從曾靜案看十八世紀前期的社會心態〉，《大陸雜誌》，85卷4期，（臺北，1996），頁20-41。

[6] 金泰俊，《虛學から實學へ：十八世紀朝鮮知識人洪大容の北京旅行》（東京：東京大學出版社，1988），頁232-234。

[7] 孫衛國，《大明旗號與小中華意識——朝鮮王朝尊周思明問題研究（1637-1800）》（北京：商務印書館，2007），頁258-261、339-342。

鮮而言，相較於卷帙浩繁的官修史書，如《童蒙先習》、[8]《紀年兒覽》等啟蒙書更為一般朝鮮士人掌握。不過，韓國學者對於童蒙書的研究，僅注意到此類讀物對於「五倫」的詮釋，[9]而提及其歷史教育的價值時，過於簡化18世紀朝鮮官方、士人對童蒙教材的重視，惟歸諸「大明節義」的展現，完全沒有針對內容分析。[10]再者，韓國學者即使意識到《童蒙先習》、《紀年兒覽》的重要性，但關於兩者之間的關聯，亦停留在凡例、格式或「朝鮮史學史」上的討論，欠缺對其間「中國史」的關注。[11]同樣地，儘管《御批通鑑輯覽》扮演重要的教化角色，已為學界所知悉，但清修史書即使獲得較易，亦因篇目過多，時人難以掌握其內容。（詳後）此外，前人研究如何冠彪、葉高樹論證的重心，在於廓清史實和揭示清朝皇帝的用心，主要著眼於史書的體例、編修的過程以及皇帝操控歷史解釋的意圖，[12]未及深入中國儒生的反應。

最後，相較於《大義覺迷錄》、中朝明史著作的研究，關於《燕行錄》中「史事問答」的討論尚付闕如。葛兆光雖注意到朝

---

[8] 關於《童蒙先習》的介紹，見辛勝夏，〈《童蒙先習》及其對兒童的儒家教育〉，收入《第二屆中國域外漢籍國際學術會議論集》（臺北：聯合報文化基金會國學文獻館，1989），頁69-83。

[9] 서명석，〈《동몽선습》오륜 텍스트의 현대적 독법〉（從現代角度解讀《童蒙先習》五倫原典），《人格教育》，7卷3號（首爾，2013），頁43-61。

[10] 김경미，〈《동몽선습》의 역사교육적 의미〉（《童蒙先習》中的歷史教育性及意義），《한국교육사학》，25권2호（首爾，2003），頁7-28。

[11] 고석규，〈《기년아람》에 나타난 이만운의 역사인식〉（《紀年兒覽》與李萬運的歷史意識），《한국문화》，第8집（首爾，1987）頁73-102。

[12] 何冠彪，〈論清高宗自我吹噓的歷史判官形象〉，《明清人物與著述》（臺北：臺灣商務印書館，1996），頁146-182。何冠彪，〈清高宗綱目體史籍編纂考〉，《明清人物與著述》（臺北：臺灣商務印書館，1996），頁241-280。何冠彪，〈清代前期君主對官私史學的影響〉，《漢學研究》，16卷1期（臺北，1998），頁155-184。何冠彪，〈清初君主與《資治通鑑》及《資治通鑑綱目》〉，《中國文化研究所學報》，新7期（香港，1998），頁103-132。葉高樹，《清朝前期的文化政策》，頁101-177。

鮮使節熱衷於探聽、記述並申論吳三桂的故事，但其關心所在係朝鮮人對吳三桂的好奇，藉著吳三桂形象的轉變，彰顯朝鮮人心態的轉折。[13]事實上，《燕行錄》中不乏兩國知識階層的歷史問答，此類有趣的記錄因散見各種《燕行錄》，致使學界對此一直未曾留心。必須指出的是，這些問答筆談的記錄，往往因為朝鮮人的特殊身分（短暫停留、祕密交往），保存諸多中國史料闕如的記載。換言之，以史事問答為軸線的訪查，為檢視清代中朝的歷史知識、文化心態提供寶貴的機會。朝鮮內部對於書寫明末清初歷史的歧異或趨同，更能驗證不同中國論述如何競逐，直至分出高下。綜言之，本章擬從18世紀兩個不同而相似的華夷辯論出發，分疏其意義，進而指出歷史知識，尤其「明史知識」與當時正統論述的密切關係，並透過中朝士人的「歷史交流」及「明史寫作」，探析朝鮮中國論述的合流與分流，及其種種幽微曲折的中朝故事。

第二節　清朝的華夷辯論：《大義覺迷錄》

　　1728年，中國發生了著名的「曾靜案」，最令人矚目的並非曾靜對清朝官方的批判，而是雍正帝處理此事的手段。由清代的文字獄或禁書事件觀之，曾靜及其族人即使梟首、誅族滅門，亦是意料中事。不過，雍正帝惟命曾靜巡迴各省，宣講《大義覺迷錄》（以下簡稱《覺迷錄》），對其未有特別的懲處。正如雍正帝所冀望的，藉由曾靜親自巡迴告示清朝士子「大義」，「俾讓讀書士子及鄉曲小民共知之」，他甚至下令各地學宮各貯一冊

13　葛兆光，〈亂臣、英雄抑或叛賊？——從清初朝鮮對吳三桂的各種評價說起〉，《中國文化研究》，2012年1期（北京），頁22-31。

《覺迷錄》，[14]使後來入學的儒生得以觀覽知悉。《覺迷錄》對當時的知識階層而言，即使不是人手一本、日夜講讀的流行官書，對於書中內容必也略知一二，其影響不難想見。但是，雍正帝關於華夷論述的詮釋，不論立論邏輯或論辯依據，實與朝鮮人的中國論戰相去不遠，甚或全然一致。以下將比較18世紀中朝雙方在中國論述上的異同，進而探討此類形而上的言說，各自如何具體凝聚成定說，成為中朝雙方的公論。

清朝的治道

　　《覺迷錄》收錄兩篇雍正帝的上諭，及審訊曾靜的供詞。綜觀雍正帝在上諭中的立言，或事後集結成書的規劃，無不證明雍正帝確實期盼藉此傳播其中國論述。因此，《覺迷錄》中的說詞係立基於一套完整的邏輯，可概分為三點：

　　一、清朝治道遠邁前朝歷代，質疑清朝正統性係不正確的
　　　　指責。
　　二、華夷觀需要調整，君臣之義應高於華夷之辨。
　　三、清朝「為明復仇」，得國之正，未有若此者。

　　洪大容曾表示「康熙以後與民休息，治道簡儉，有足以鎮服一時。」[15]朴趾源（1737-1805）亦稱「中州之人士，康熙以前皆皇明之遺黎也。康熙以後即清室之臣庶也，固將盡節本朝，遵奉法制。」[16]顯而易見的是，朝鮮北學派士人衡量清朝的歷史發

14　《大義覺迷錄》，頁25。此外，雍正帝強調他會不時抽查，驗證各地學官是否確實執行。他稱：「倘有未見此書，未聞朕旨者，經朕隨時察出，定將該省學政及該縣教官從重治罪。」見《大義覺迷錄》，頁25。
15　洪大容，《湛軒書》，〈與金直齋鍾厚書〉，收入《韓國文集叢刊》，冊248（首爾：民族文化推進會，2000），頁64。
16　朴趾源著、朱瑞熙點校，《熱河日記》（上海：上海書店，1997），卷4，頁217。

展，咸認為康熙朝（1661-1722）可謂從夷入華的轉捩點。洪大容等人意欲藉此說服朝鮮士人，清朝自康熙朝以後不應視為「胡虜」，滿洲已然成為中國。

相較之下，雍正帝宣諭天下的思想基礎亦肇基於此，他屢屢申言「蓋生民之道，惟有德者可為天下君。此天下一家，萬物一體，自古迄今，萬世不易之常經。」[17]又引經據典地表示：

> 《書》曰：「皇天無親，惟德是輔。」蓋德足以君天下，則天錫佑之，以為天下君，未聞不以德為感孚，而第擇其為何地之人而輔之之理。又曰：「撫我則后，虐我則仇。」此民心向背之至情，未聞億兆之歸心，有不論德而但擇地之理。又曰：「順天者昌，逆天者亡。」惟有德者乃能順天，天之所與，又豈因何地之人而有所區別乎？我國家肇基東土，列聖相承，保乂萬邦，天心篤佑，德教弘敷，恩施遐暢，登生民於袵席，遍中外而尊親者，百年於茲矣。[18]

滿洲以異族入主中原，對抗傳統華夷觀念的策略，回歸儒家思想中政教齊治的遠景，毋寧是上上之策。職是之故，雍正帝援引儒家經典，強調清朝致力於教化百姓，使得當世安享太平，四境晏然。既然順天者昌，逆天者亡，則清朝得明之天下，實乃天命所歸，華夷觀中強調不論德行，但看地理（夷狄在四方）的論說，自然不值一提。

對於康熙朝的評價，中朝之間的差異並不若想像中天差地別。雍正帝盛讚乃父「在位六十二年，仁厚恭儉，勤政愛民，乾

---

17 《大義覺迷錄》，頁1。
18 《大義覺迷錄》，頁1-2。

綱在握，總攬萬幾，而文德武功，超越三代，歷數綿長，亙古未有。」[19]雖不免有過度宣傳之嫌，但似不宜全然視為誇大之詞。畢竟，《覺迷錄》稱「本朝定鼎以來，掃除群寇，寰宇乂安，政教興修，文明日盛，萬民樂業，中外恬熙，黃童白叟，一生不見兵革。」[20]以及「今天下吏治雖不敢曰盡善，然已大法小廉矣；民生雖不敢曰乂安，然已衣食粗足矣。四方無事，百姓康樂，戶口蕃庶，田野日辟，正萬國咸寧之時。」[21]整體而言，並非飾詞。因此，即使是明清之際戰火四起的北方，當燕行使徐浩修（1736-1799）路過時，他雖不免遙想著瀋陽在明末的荒涼，但也承認「而今休養耕牧，已及百餘年。不獨盛京城內，官府市廛之繁華佳麗，亞於燕都」，並讚譽「從古邊徼之富庶，未有若是之盛也！」[22]朝鮮人對於清朝治道的肯定，不啻滿洲統治者最佳的證詞。

挑戰「華夷論述」

洪大容與金鍾厚的答辯中，洪大容為了維護中國友人奔「虜舉」，曾以中國古代的故事為其開脫。洪大容強調，即使賢能如仲弓、子路之輩，亦曾奔走於不肖缺德的主君之下。究其實，洪氏意在言外的是「春秋之世，歷聘諸國，進身多門。為仕者可以擇其君矣，可以量而入矣。」[23]諸夏不僅有時「不如夷狄」，華與夷不應是絕對的劃分，自春秋時代已然，而士子更得以自行擇

19　《大義覺迷錄》，頁98-99。
20　《大義覺迷錄》，頁6-7。
21　《大義覺迷錄》，頁92-93。
22　徐浩修，《熱河紀遊》，收入《燕行錄全集》，冊51，頁376。
23　洪大容，《湛軒書‧內集》，卷3，〈與金直齋鍾厚書〉，收入《韓國文集叢刊》，冊248，頁64。

君而事。值得注意的是，對於金鍾厚而言，洪大容高舉仲弓、子路的典故為說詞，全然無法撼動其立場。因為「諸夏」再如何失德不堪，也沒有與「夷狄」一比的基準，因此，金鍾厚質問洪大容：「足下與彼人（中國儒生）為知己，是果能喻虜隆以遜避天位，求中國人而奉之者乎？不然而欲與仲弓、子路同論，則豈其平哉？」[24]仍舊返回一切的基點：「華夷論述」。

雙方辨證的邏輯，最終的關鍵仍是「何為中國」、「何為華夷」的界定各持己見。一方面洪大容不無自省地表示「我東之為夷，地界然矣，亦何必諱哉！……我東之慕效中國，忘其為夷也久矣。」[25]朴齊家（1750-1805）亦稱「吾恐中國之夷未可攘，而東國之夷未盡變也。故今之人欲攘夷也，莫如先知夷為誰。」[26]在在傳達朝鮮人反省華夷論述的聲音。不過，另一方面如金鍾厚在問答中一遇阻礙，即歸諸華夷論述者，燕行過程中遇清朝皇帝輒稱「胡皇」者亦不在少數。[27]顯而易見的是，華夷之辨方是論辯雙方的攻防重心，同時也是無法逾越的底線。因此，曾靜的《知新錄》堅持「明君失德，中原陸沉，夷狄乘虛入我中國，竊據神器」[28]、「夷狄盜竊天位，染污華夏，如強盜劫去家財，復將我主人趕出外，占據我家」[29]等說法與金鍾厚的思維並無二致。更重要的是，曾、金二人的言論益加彰顯華夷觀念之深固。換言之，洪大容與雍正帝嘗試突破的關口，仍是如何重新詮釋華

---

[24] 金鍾厚，《本庵集》，卷3，〈答洪德保〉，收入《韓國文集叢刊》，冊237（首爾：民族文化推進會，1999），頁380-381。
[25] 洪大容，《湛軒書》，〈又答直齋書〉，收入《韓國文集叢刊》，冊248，頁67。
[26] 李佑成編，《楚亭全書》（首爾：亞細亞文化社，1992），頁561-562。
[27] 俞拓基（1691-1767）在日記中提及乾隆皇帝時，一律稱胡皇，見氏著，《瀋行錄》，收入《燕行錄全集》，冊38，頁149。
[28] 《大義覺迷錄》，頁77。
[29] 《大義覺迷錄》，頁175。

夷，如何證成清朝已是中國。

　　就朝鮮方面言之，北學派士人提出的方法有二，一是肯定清朝的治績，一是重新界定朝鮮自身的文化心態。洪大容曾反省朝鮮人「隱然以中華自居」[30]的現象，強調朝鮮本為夷狄，遺忘身為「四夷」的身分。由此，清朝既然文治興盛，百姓安樂，加上朝鮮本就為夷狄，則何以指責清朝不復中國。再者，洪大容在其《醫山問答》中闡述「以天視物」的新說，強調衡量世界的中心是「天」，不再以「中國」為尊，華夷觀念自然消弭，不復存在。[31]不過，朝鮮北學派的思維邏輯，斷非雍正帝所能接受。畢竟，清朝作為中國之主，為強調治統之正，理應承襲諸夏之長的身分，自無放棄之理。

　　雍正帝自然意識到華夷論述是曾靜等人據以立說的重要資本，他深知此類以華夷為本的論調，必扭曲清朝統治的成果。因此，這些「逆賊」形容清朝的統治是「德祐以後，天地大變，亙古未經，於今復見」、或「八十餘年以來，天昏地暗，日月無光。」[32]即非不可理解。然而，如何在華夷理論的層次上與之抗衡，則斷非高舉皇權大旗所能及。事實上，揆諸《覺迷錄》的記述，雍正帝乃有策略地從傳統中國的歷史、理學關於氣、理的討論中汲取資源，以之重定華夷之界。首先，雍正帝以中國上古的人物為例，說明胡虜夷狄的劃分，應以「道德品行」、「君臣大義」為衡準，而非「血統」、「地域」。他在上諭中強調：

30　洪大容，〈又答直齋書〉，頁67。
31　關於洪大容提出新的宇宙觀，藉此回應傳統華夷觀，見羅樂然，〈清代朝鮮人西洋觀的形成──以洪大容燕行為研究中心〉，《臺灣東亞文明研究學刊》，10卷1期（臺北，2013），頁299-345。
32　《大義覺迷錄》，頁4。

在逆賊等之意，徒謂本朝以滿洲之君，入為中國之主，妄
生此疆彼界之私，遂故為訕謗詆譏之說耳。不知本朝之為
滿洲，猶中國之有籍貫。舜為東夷之人，文王為西夷之
人，曾何損於聖德乎？《詩》言「戎狄是膺，荊舒是懲」
者，以其僭王猾夏，不知君臣之大義，故聲其罪而懲艾
之，非以其為戎狄而外之也。若以戎狄而言，則孔子周
遊，不當至楚應昭王之聘；而秦穆之霸西戎，孔子刪定之
時，不應以其誓列於《周書》之後矣。[33]

按雍正帝的詮釋所陳，清朝之為「滿洲」，正如中國有「籍
貫」，不過是一種地域性的指稱，與道德、文化無涉。再者，雍
正帝援引《孟子》的說法，中國上古的聖賢如舜、周文王，正是
「夷人」。[34]《詩經》強調攻伐夷狄的論調，出自戎狄不知君臣
大義，而非其「身分」。因此，雍正帝不禁質疑那些堅信華夷論
的知識分子，孔子周遊天下之際，是否不當應楚昭王之聘？又
〈秦誓〉是否不應列於《尚書》呢？更重要的是，按照「中國」
之外即為「夷狄」的標準，雍正帝反問「如三代以上之有苗、荊
楚、獫狁，即今湖南、湖北、山西之地也。在今日而目為夷狄可
乎？」[35]嚴厲地批判華夷觀的適用性。

　　《覺迷錄》的記述提醒著清朝儒生，過去針對四裔外邦的
界定，理應限於地理性的描述，而非文化性的詮釋。同時，倘若
有論者堅持己見，則何以維護孔子的南國之行。順著歷史的脈絡
發展，雍正帝進而闡述歷代華夷觀的「偏謬」，如稱「蓋從來華

33　《大義覺迷錄》，頁4-5。
34　《孟子》（臺北：藝文印書館，2001），卷8，〈離婁章句下〉，頁141。
35　《大義覺迷錄》，頁9。

夷之說，乃在晉宋六朝偏安之時，彼此地醜德齊，莫能相尚，是以北人詆南為島夷，南人指北為索虜，在當日之人，不務修德行仁，而徒事口舌相譏，已為至卑至陋之見。」[36]顯而易見的是，在清朝「天下一統，華夷一家」的情況下，重新提及偏安時期的陋見，不僅因循過去的舊說，更無視清朝當代的治績。畢竟，天下已混一宇內，華夷問題理應不攻自破，況且清朝「入主中土，君臨天下，並蒙古極邊諸部落，俱歸版圖，是中國之疆土開拓廣遠，乃中國臣民之大幸，何得尚有華夷中外之分論哉！」[37]按此邏輯，則清代士子不復講春秋大義乃事理當然的發展，雍正帝認為天下士子應走出華夷之辨的謬見，邁入君臣之義的新章。

對於雍正帝而言，滿洲龍興已逾百年，入主中原亦過半百，且疆土之廣遠前所未有，關於華夷的辯論，實非緊要的問題。況且自古以來，中國即有「中國而夷狄也，則夷狄之。夷狄而中國也，則中國之」[38]的傳統，以血統與地域為基準的論調，在盛清時期並無市場。然而，朝鮮的華夷論戰揭示了一條不同的道路，金履安（1722-1791）回應洪大容時，針對舜、文王的夷人身分表示「噫！洪子信以舜文王而夷邪，昔孟子以地云爾也。舜祖黃帝，而文王祖稷，神聖之世也，如之何其夷之？」[39]顯見朝鮮知識階層如金履安對於華夷之辨的堅持，其重心仍在於血統，即種族主義的脈絡，雍正帝的說詞，自然無足道哉。值得注意的是，中朝雙方關乎華夷的立論基礎，洪大容的言說與雍正帝的詰語之間，實有若合符節之處，不論是提倡夷狄僅是地理名詞，或大力

---

[36] 《大義覺迷錄》，頁5-6。

[37] 《大義覺迷錄》，頁10。

[38] 《大義覺迷錄》，頁16。

[39] 金履安，《三山齋集》，〈華夷辨上〉，收入《韓國文集叢刊》，冊238（首爾：民族文化推進會，1999），頁502。

讚賞清朝的政績，18世紀的中國與朝鮮，其突破華夷論述的嘗試是一致的。

　　不過，即使朝鮮北學派士人對於華夷觀屢陳新見，雍正帝以君王之尊親自解迷，金鍾厚、金履安與呂留良的聲音仍是中朝文化不可忽視的「低音」。[40]因此，金履安強調「古者以地辨華夷，其某地之東曰東夷，某地之西曰西夷，某地之南北曰南北夷，中曰中國，……。今也，戎狄入中國，……，於是地不足辨之而論其人也。」[41]此說雖與《覺迷錄》「華夷之辨固不可以地言，亦無定限。」[42]的觀點南轅北轍，但更重要的應該是來自呂留良、曾靜的低音。令人驚訝的是，《知新錄》所述與金履安的理解幾無二致，曾靜稱「天生人物，理一分殊。中土得正而陰陽合德者為人，四塞傾險而邪僻者為夷狄。」[43]又云：「中華之外，四面皆是夷狄。夷狄與中土稍近者尚有分毫人氣，轉遠轉與禽獸無異。」[44]皆符合金鍾厚、金履安等人的論調。

　　由此，吾人或可將中朝雙方對華夷觀的不同堅持，視為各自文化的特色。儘管洪大容與雍正帝的說詞並非全然殊異，朝鮮、中國在論辯之後的發展何以迥然有別？朝鮮士人何以毫不理會聖人如舜、周文王為夷人，且孔子曾受楚王之聘的事實，仍將清朝目為夷狄？[45]究其實，18世紀部分朝鮮士人、中國儒生在「清代政績」、「華夷論述」上互有相似處。但探論《覺迷錄》與朝鮮

---

[40]　「低音」概念強調的是，事件的邏輯往往因為後來史家的編纂、詮釋，形成新的理解次序，而這有時排擠、消解、掩蓋原本歷史事實的脈絡。詳見王汎森，《執拗的低音：一些歷史思考方式的反思》，臺北：允晨文化，2014。

[41]　金履安，《三山齋集》，〈華夷辨下〉，收入《韓國文集叢刊》，冊238，頁503。

[42]　《大義覺迷錄》，頁111。

[43]　《大義覺迷錄》，頁108。

[44]　《大義覺迷錄》，頁178。

[45]　後文將提及，朝鮮士人曾讀過《覺迷錄》，在朝鮮境內亦非一本少數流傳的文本。

士人的作品，18世紀中朝知識階層卻在「明朝歷史」的解釋上背道而馳。滿洲統治者所闡述的歷史，及得國傳統的脈絡，與朝鮮知識階層全然不同。事實上，《覺迷錄》不僅是清朝官方「華夷論述」的指南手冊，亦奠定後來統治者「明史論述」的基調。以下將試圖梳理朝鮮、清朝不同群體對於明末清初史事的理解。

 兩種「為明復仇」

朝鮮士人權萬筆下的妙香僧，雖出生於中國，但終其一生隱居於深山窮極之處，源自他相信朝鮮會「為明復仇」。朝鮮為明復仇的說法不僅出自妙香僧之口，1732年朝鮮燕行使韓德厚（1680-?）途經瀋陽時，回憶起朝鮮孝宗（1649-1659在位）的北伐故事，他在日記中稱「伏念我孝廟薪膽大志，昭乎日星。皇天假年，大計終成，則吾輩今日亦豈有此行！」[46]足證朝鮮人對於「為明復仇」的熟悉。[47]值得注意的是，《覺迷錄》耗費不少篇幅，向曾靜及中國人重新解釋明清鼎革的真相，其重點同是「為明復仇」的故事。令人驚訝的是，遠處東隅的朝鮮認定清朝「竊據中原」，如尹鳳九（1683-1767）表示部分朝鮮士人「皆以大明復讎為大義，而尤翁（宋時烈）則又加一節，以為春秋大義，夷狄而不得入於中國，禽獸而不得倫於人類，為第一義。為明復讎，為第二義。」[48]甚至1675年金壽弘（1598-1681）給朝鮮國王

---

46 韓德厚，《燕行日錄》，收入《燕行錄全集》，冊50，頁186。
47 關於1700年以前（相當於清初）朝鮮士大夫「為明復仇」的立論，孫衛國強調不同朝鮮黨派雖在部分議題上各持己見，但對於為明復仇卻始終一致，且此說極為普遍，見孫衛國，〈試論清初朝鮮之「復仇雪恥」理念及其演變──以宋時烈為中心〉，《九州學林》，7卷1期（香港，2009），頁66-100。
48 宋時烈，《宋子大全·附錄》，卷19，收入《韓國文集叢刊》，冊115（首爾：民族文化推進會，1993），頁590。

的上疏直請「為大明復讎」，[49]在在凸顯朝鮮視滿洲為非法佔據中土的統治者。更重要的是，曾靜與雍正帝雖同樣生於1644年之後，未曾親身經歷過明清鼎革，但這兩個年僅相差一歲的清朝人，各自對明末清初歷史的理解，以及「為明復仇」一事的詮釋卻全然不同。

曾靜的「明末認識」與朝鮮人「方今天下大亂，易世興滅，衣冠文物變革盡矣。」[50]所述相去不遠，明亡清興即一部中華文化淪喪滿洲的悲歌。觀諸朝鮮士人的描述，晚明至康熙朝的歷史不啻一段天崩地裂、文化消亡的浩劫。相較於朝鮮知識階層對大明的推崇，《覺迷錄》則不斷強調晚明皇帝的失德、社會情勢的動盪，更屢屢宣示得國之正的合法性。雍正帝形容明嘉靖以降的中國是「君臣失德，盜賊四起，生民塗炭，疆圉靡寧」，[51]與朝鮮使臣筆下的美好恰成反比。再者，雍正帝不認為滿洲是竊占御座的家賊，反而是「有造於中國」[52]的恩人，他說：

> 本朝之得天下，較之成湯之放桀，周武之伐紂，更為名正而言順，況本朝並非取天下於明也。崇禎殉國，明祚已終，李自成僭偽號於北京，中原塗炭，咸思得真主，為民除殘去虐。太宗文皇帝不忍萬姓沉溺於水火之中，命將興師，以定禍亂。干戈所指，流賊望風而遁。李自成為追兵所殺，餘黨解散。世祖章皇帝駕入京師，安輯畿輔，億萬

---

[49] 國史編纂委員會，《朝鮮王朝實錄》，冊38，肅宗4卷，1年6月15日壬申條，頁289。

[50] 許穆，《記言》，卷10，〈書朱太史書後〉，收入《韓國文集叢刊》，冊99（首爾：民族文化推進會，1990），頁102-103。

[51] 《大義覺迷錄》，頁6。

[52] 《大義覺迷錄》，頁13。

蒼生咸獲再生之幸，而崇禎帝始得以禮殯葬。此本朝之為
明報怨雪恥，大有造於明者也。是以當時明之臣民，達人
智士，帖然心服，罔不輸誠向化。[53]

透過雍正帝闡述的歷史脈絡，益發凸顯清朝的傳統之正，更重要
的是清朝本「無取明之天下之心」，[54]更遑論佔據大明之天下。
《覺迷錄》強調明之正朔已絕於崇禎吊煤山，而真正的禍首應是
流賊李自成，而非救萬民於水火的清軍。順治帝率八旗入關，
正為「削平群寇，出薄海內外之人於湯火之中」，[55]令天下百姓
有再生之幸。因此，雍正帝認為呂留良、曾靜目清為夷、為寇，
不僅有違歷史事實，逕將明亡之責歸咎清廷，更忽略清軍入關以
來，驅逐流寇，以禮葬帝，厚待明典的作為。[56]
　　雍正帝與曾靜在明末清初理解上的涇渭分明，其實是兩種
「為明復仇」的具體表現。未曾履及中土的朝鮮人如金鍾厚，他
對洪大容的不諒解，或對清朝儒生赴「虜舉」的攻訐，傳達了他
對清朝的不滿與蔑視。畢竟，此類朝鮮士人正是朴齊家筆下戮
力「為前明復仇雪恥之事」[57]的一份子，他眼中的清朝始終難以
擺脫夷狄的標籤，更無法否認「滅我皇明」的罪責。值得注意的
是，雖然清代文獻經禁書政策、文字獄案的洗禮，部分史料不復
獲見，但如呂留良、曾靜抱持「為明復仇」的論述，實不宜視為

---

[53]　《大義覺迷錄》，頁78-79。
[54]　《大義覺迷錄》，頁126。
[55]　《大義覺迷錄》，頁13。
[56]　雍正帝認為清朝厚待明朝典禮多不勝數，如「其藩王之後，實係明之子孫，則格
　　外加恩，封以侯爵，此亦前代未有之曠典。」或「今昌平諸陵，禁止樵採，設戶
　　看守，每歲遣官致祭。聖祖屢次南巡，皆親謁孝陵奠酹，實自古所未有之盛典，
　　朕又繼承聖志，封明後以侯爵，許其致祭明代陵寢，雖夏、商、周之所以處勝國
　　之後，無以加矣。」見《大義覺迷錄》，頁14、87-88。
[57]　李佑成編，《楚亭全書》（首爾：亞細亞文化社，1992），頁562。

異類或特例。活躍於康熙年間的華亭諸生盧元昌，其《明紀本末國書》提及崇禎皇帝時，不無惋惜的稱「乃流氛內燼，清兵南指。……帝豈真亡國之主哉！」[58]關於崇禎帝之亡，清人即使不被盧元昌視為「首謀」，亦不致是「為明平叛」的與國。一個更明確的案例是歸莊，他晚年作《明季逸事野錄》一書，[59]明白地駁斥清初甚囂塵上的「為明復仇說」：

> 我（明）之兵力每分，以禦寇之急，則調邊兵以征寇，
> 虜（清）急又撤剿寇之兵以禦虜。卒之二患益張，國力
> 耗竭，而事不可為矣。……（吳三桂）借兵於虜，與寇一
> 戰，大勝。寇即棄都城西走，而虜晏然以為得都城於寇，
> 非得之我也。……恐後以為寇乃先帝之仇虜，能為我滅
> 寇，非我仇也。嗟呼！寇之發難，以何事起？天下嗷嗷皆
> 以加賦之故，然加賦於何年？皆以東夷發難也。且河北為
> 寇所攘，猶曰「取之於寇」，江南何罪而掩有之耶？[60]

歸莊對後世的擔憂不無道理，他義正詞嚴的質問與提醒，一一成為清朝欲建構的真實。歸莊指出「建州」、「流賊」相因亡明，

---

58 盧元昌，《明紀本末國書》（東京：日本國立公文書館藏康熙3年[1664]刻本），卷17，頁9b。

59 必須指出的是，明末清初的記載有時會有多書同載的抄轉現象，歸莊此書的部分見解亦可由當時的著作如《明季北略》、《倖存錄》見之。

60 歸莊，《明季逸事野錄》（上海：上海圖書館藏清抄本），〈虜變錄〉，頁15a-16a。就筆者管見，《明季逸事野錄》一書至今未有學者引用，這一方面源自《歸莊集》不著錄此書，未及流傳，因此如黃毓棟的碩論〈歸莊生平與思想研究〉與〈明遺民歸莊著作考〉一文皆未及見此書。另一方面則是明清之際的研究，或針對歸莊的研究近年來未有進展。不過，《明季逸事野錄》係少數出自明遺民之手，較全面地闡述明末清初歷史的文本，值得學界注意。關於黃氏的著作，見氏著，〈歸莊生平與思想研究〉，香港：香港大學哲學碩士論文，1996。黃毓棟，〈明遺民歸莊著作考〉，《中國文化研究所學報》，新8期（香港，1999），頁331-348。

與其後的清朝士人盧元昌、曾靜的看法可謂一脈相承，相較於朝鮮人「今虜人因明之隙，盜有天下」[61]一語亦相差無幾。由此可見，愈深入兩種「為明復仇」，愈彰顯不同群體對「明末清初」歷史的認識迥然有別，而這正是探討中朝認同歧異的新途徑。

換言之，經由《覺迷錄》的中朝討論，18世紀中國與朝鮮面臨共同的問題，彼此內部對明末清初史事的認知、詮釋尚處於磨合期。觀諸雍正帝的精妙演出成為絕響，不復有人光明正大地挑戰清朝，顯見清朝統治的嚴厲及《覺迷錄》思想轉播的成功。值得注意的是，同時的朝鮮官方、民間卻是致力撰述明朝歷史，緬懷皇明，希冀為明復仇，中國、朝鮮在歷史知識上從此「分流」。《覺迷錄》所展示的中國論述或許在中原風行草偃，但在朝鮮卻難以見效，一個值得注意的例子是朝鮮使節韓德厚，他年僅小曾靜一歲，使行期間曾搜得《覺迷錄》一覽，但卻認為由雍正帝不敢痛治曾靜一事，可見「刑政之脆孱」，[62]與《覺迷錄》的用心大相徑庭。其後如1777年出使中國的李坤（1737-1795），不無諷刺地稱雍正帝「縷縷自明，乃引虞舜之諸馮，文王之岐山而為比」等說詞，反而凸顯「前後所以誘脅反覆者，無異戶說，不啻脣焦口燥。」[63]雍正帝的言論被朝鮮使節理解為口乾舌燥的辯詞，甚至朝鮮士人韓元震（1682-1751）閱讀《覺迷錄》的感想是「晚村所謂華夷之辨大於君臣之義者，誠是確論。」[64]與清代中國的情況有天壤之別。

---

[61] 此語出自黃景源（1709-1787）為金慶餘（1596-1653）所寫的小傳，後收進金慶餘的文集，見金慶餘，《松崖先生文集》，卷6，附錄二，收入《韓國文集叢刊》，冊100（首爾：民族文化推進會，1996），頁206。

[62] 韓德厚，《燕行日錄》，收入《燕行錄全集》，冊50，頁188。

[63] 李坤，《聞見雜記》，收入《燕行錄全集》，冊53，頁159。

[64] 此為1747年韓元震答覆友人的書信中提及的，見韓元震，〈答李子三〉，《南塘先生文集》，收入《韓國文集叢刊》，冊201（首爾：民族文化推進會，

然而，上述不同群體的各種用心與認識，伴隨著1644年的漸行漸遠，雍正帝、洪大容、曾靜、金鍾厚的聲音終將走入歷史，不再是他們生前的困惑。四人的聲音如何在各自的國度被書寫？被閱讀？誰在這場競逐的遊戲勝出，又造成甚麼影響？實是檢驗不同中國論述的絕佳機會。《覺迷錄》收錄了訊問曾靜的問答，其中一則訊詞梳理了滿洲入關前後的歷史，向曾靜證明清朝的清白，[65]不過曾靜的反應是「不知有明之天下，早已失之於流寇之手。」[66]點出雙方對於「過去」毫無共識。值得注意的是，曾靜、金鍾厚類似的中國論述，他們之後的知識分子是在歷史分流中各持己見，抑或奮力馳向合流的航道？檢視中國、朝鮮知識分子的「明史問答」不啻最為有效且直接的驗證方式。以下將以《燕行錄》中的歷史問答、歷史感懷為主要文本，析論18世紀中朝在「明史知識」上的熟悉與陌生，描繪相異的中國論述及其意義。

第三節　歷史問答：中朝士人的「明史知識」

　　凡是閱讀過二三種《燕行錄》的研究者，不難發現朝鮮使臣對中國事物的嫻熟。葛兆光曾指出，中國之於朝鮮知識階層，其意義是文化的，同時也是現實的，點出朝鮮使者懷著憧憬仰慕之心，徒步問道而來的欣喜。因此，他們沿著東北貢道的燕途，不啻重新認識文化故國的行旅。遊經秦皇島、望夫臺以及清節祠的巡禮，賦詩倡言的悲歌，彷彿生在域外的中國人履及返鄉的歸途。然而，前人研究將朝鮮人對歷史事物的感懷與記述，僅歸諸

1998），頁405。
[65] 《大義覺迷錄》，頁126-129。
[66] 《大義覺迷錄》，頁130。

慕華、事大的心態;將《燕行錄》種種針砭中國時政的批判與比較,一併視為朝鮮主體性的展現,不免忽視其間「知識考察」的價值。事實上,朝鮮燕行使得以辨識、討論沿途的景象,直接無誤地聯想歷史上的人事物,已是值得注意的特殊現象。[67]更重要的是,從知識的教育、傳授、實踐的角度衡量,中朝士人承繼哪些歷史知識並成為學習者的常識,《燕行錄》提供絕佳的考察機會,使吾人得以具體審視中朝士人的知識地圖。本節探討18世紀中朝士人的「明史知識」,此概念主要針對「中朝士人對明末清初史事的掌握程度,以及理解、詮釋的能力」,而檢驗的方法即是深入《燕行錄》諸多關於「歷史」的敘述,以及中朝士人的筆談材料。藉由兩國知識階層的歷史問答,析論明史知識的異同及其意義。

乾隆五十五年(1790),徐浩修在宦官的帶領下遨遊瀛臺,他清楚地指出瀛臺西邊是「紫光閣」,且「明莊烈帝嘗召對閣臣於此」。[68]徐浩修對北京的熟悉令人驚訝,畢竟朝鮮士人燕行的機會並不多,北京之行理應是一生少有的際遇。倘若朝鮮人行前試圖瞭解北京景物,閱讀前人的《燕行錄》無乃最佳方法。例如貢道的必經地廣寧,徐浩修歸途經過附近時探訪祖大壽(?-1656)後代的居所,徐氏感慨道:「崇禎間,寧遠為百戰多壘之場,我使由海路泊舟覺華島,到此不勝其虞畏。觀於東岳李公安訥之紀行詩、潛谷金公堉之紀行錄可知也。」[69]徐浩修

---

[67] 如姜浩溥(1690-1778)途經高橋堡時,回憶起崇禎朝的明清戰事,他在朝鮮時已時常閱讀錢謙益為孫承宗作的傳,「每讀未嘗不掩卷」,而經過高橋堡遺跡則令他「不覺曠感而傷懷矣。」見姜浩溥,《桑蓬錄》,收入《韓國漢文燕行文獻選編》,冊14(上海:上海復旦大學出版社,2011),卷3,頁200-201。
[68] 徐浩修,《熱河紀遊》,收入《燕行錄全集》,冊52,頁165。
[69] 徐浩修,《熱河紀遊》,收入《燕行錄全集》,冊52,頁238。

對廣寧、寧遠一帶的認識，多半來自先行使節如李安訥（1571-1637）的《朝天錄》或金堉（1580-1658）的《潛谷朝天日記》。朝鮮燕行使韓德厚[70]路過遼東城時，悲嘆「昔在皇（明）朝置巡撫於此，北扼胡衝。楊璉、熊廷弼後先出鎮。措〔惜〕乎黨議紛紜，任用不專，帥以讒去，遂失全遼。可勝嘆哉！」[71]而行經瀋陽至山海關的道上，韓氏對烽火臺的感觸仍是「此乃皇朝禦虜之備，而一臺之費，損銀千兩，皇朝財力蓋盡於此矣。」[72]觀諸朝鮮使者對景物的聯想與感懷，更重要的應當是背後的歷史脈絡，而非針對物質的闡述。換言之，李坤初渡鴨綠江後，直指一處「即李如松從此出師處」，並稱「百載之下，不禁曠古之感也。」[73]等語，實不宜視為理所當然的記載，[74]因為地理景觀與器物書類背後需要一套知識輔助。朝鮮使臣諸多關於中國歷史的記述，有賴來自中國的知識。

關於明末清初的記事，相較出生於17世紀末如韓德厚，甚至18世紀如洪大容、朴趾源及李德懋（1741-1793），學界或許更推崇朴世堂（1629-1703）的《西溪燕錄》，他在古戰場大凌河附近的追思更像是「當代人記當代事」的珍稀文本，他詳細地述及「癸未年間，大將祖大樂守此城，清人攻之，三年不下，殺傷甚重。……洪承疇將吳三桂等十三總兵以十餘萬眾來救，…，清人大懼。」[75]首尾有序地交代大凌河戰役的梗概。但是，晚朴世堂

---

70 讀者應注意韓德厚與雍正帝、曾靜年紀相仿，只差一、二歲。

71 韓德厚，《燕行日錄》，收入《燕行錄全集》，冊50，頁189-190。

72 韓德厚，《燕行日錄》，收入《燕行錄全集》，冊50，頁203。

73 李坤，《燕行記事》，收入《燕行錄全集》，冊52，頁340。

74 試想同時期的日本人、歐洲人、東南亞人與朝鮮使臣一起走過貢道，所見所思必然不盡相同，甚或可能出現甲方盡知，乙方盡沒的情況。

75 朴世堂，《西溪燕錄》，收入《燕行錄全集》，冊23，頁356-357。但這些材料亦存在明顯的錯誤，時常有時代錯置、事件錯置的問題。不過，本文旨在探論朝鮮人對於這些歷史的關心，至於其記述的真假，與清代史料比較性的考證，則非

百餘年的朴趾源，他在《熱河日記》中專闢一篇逾千字的〈舊遼東記〉，闡述遼東的地理與歷史，亦論及「皇明天啟元年三月，清人既得瀋，又移兵向遼。經略袁應泰方議三路出師以復撫順，未行而聞虜陷瀋陽，又將向遼。」[76]彷彿親身經歷般，而記載大凌河戰役「明總兵洪承疇集援兵十三萬於松山」諸語，[77]一如朴世堂的回憶。由是觀之，朴趾源的記述不僅與百年前的紀行相去不遠，且更為詳細。不過，既然歷史知識的傳承不是理所當然的延續，則二朴記述的相似與差異，提醒吾人朝鮮燕行使對明朝歷史的展現，埋藏著朝鮮知識階層對明史的重視與用心。職是之故，《燕行錄》的歷史問答，即是分疏朝鮮、中國「明史知識」的法門。

雍正六年（1728）年發生曾靜案後，雍正帝陸續處置逆書與逆賊，成果之一《覺迷錄》屢屢闡釋「為明復仇」的真諦，即是以明末清初為藍本的歷史教材。二朴對明末清初的熟悉，為吾人打開一扇比較中朝知識的窗子。相較於朴趾源對明朝故事的通曉，中國士人的情況是否一如雍正帝與曾靜的對白？誰的聲音走進低音？誰的論說成為歷史？一個值得注意的例子是洪大容，他在曾靜案後三十餘年踏上中土，曾與一位中朝海關（柵門）的稅官希員外筆談，[78]提及明末清初故事稱：

> 希問國王何姓，余對以實。希曰：「在先有姓金、姓王，
> 今何姓李？」余曰：「新羅姓金，高麗姓王，本國姓李。」
> 希曰：「然則高麗革世而為朝鮮手？」余曰：「然。」希

重心所在，還請讀者諒察。
[76] 朴趾源，《熱河日記》，卷1，〈舊遼東記〉，頁31。
[77] 朴趾源，《熱河日記》，卷2，頁73。
[78] 希員外係滿洲人，時任瀋陽戶部員外郎。

曰：「何以革世？」余曰：「君獨不聞湯武事乎？」希大
笑曰：「專對之才也！」因曰：「本朝為前明滅大賊，天
與人歸，無異於堯舜禪讓，貴國亦知之乎？」[79]

希員外義正詞嚴的表露，正與雍正帝「本朝之光明正大」[80]的詮
釋如出一口，他們筆下的清朝是為明復仇，滅流賊、伸大義的恩
人，清朝的立國甚至得與堯舜禪讓比擬。相較於希員外驕傲的言
論，洪大容只能迫於形勢，唯唯諾諾，虛應故事。然而，與希員
外一致的論說彷彿18世紀中國儒生的共識，與洪大容相處最好的
嚴誠亦稱「本朝立國甚正，滅大賊、伸大義，際中原無主，非
利天下。」[81]不論是行文的語氣或論證的邏輯，不啻雍正帝的發
言人。觀諸希員外及嚴誠的言論，令人訝異的是曾靜似乎成為不
存在的聲音。歸莊極力批判的「為明復仇」說或朝鮮人「因明之
隙，盜有天下」的見解彷彿不屬於18世紀的中國。

　　值得注意的是，不論是中國儒生或朝鮮燕行使，對於明末清
初的議論與理解皆立基於歷史事實的掌握上。歷史事實的瞭解，
奠定歷史詮釋的基礎。究其實，深入中朝士人的歷史問答，除了
觀察清代儒生對明史的熟悉，更需深究對前朝的陌生。如《乾淨
衕筆談》中洪大容與中國儒生七日雅會的最後，有一段值得注意
的記述，提及清初故事：

起潛（陸飛）問國朝（清）未入關時東方被兵事蹟。余別
以小紙書前後大槩，並及清陰三學士、李士龍事而示之。

---

[79] 洪大容，《湛軒燕記》，卷2，收入《燕行錄全集》，冊42，頁207。
[80] 《大義覺迷錄》，頁129。
[81] 洪大容、李德懋著，《乾淨衕筆談・清脾錄——朝鮮人著作兩種》（上海：上海
　　古籍出版社，2010），頁40。

諸人看畢皆愀然無語，余即裂去其紙。蘭公以三學士姓名
藏之篋中。余問九王（多爾袞）及龍、馬（英俄爾岱、馬
福塔）二將事，皆全然不知，曰：「距京絕遠，國初事皆
不得知。」余笑曰：「反不如吾輩也。」[82]

陸飛（1719-?）向洪大容請教皇太極（1592-1643）兩次討伐朝
鮮之事，洪氏粗陳梗概，並將清陰三學士尹集（1606-1637）、
洪翼漢（1586-1637）、吳達濟（1585-1637）與朝鮮軍人李士龍
（1613-1641）等朝鮮義士的事蹟一併書之。對於洪大容而言，
這些清初的戰爭係攸關朝鮮生死存亡的重大事件，能夠略道前後
大概並不令人意外。朝鮮三學士是清朝攻略朝鮮的犧牲品，承擔
朝鮮對抗清朝的代價，三位義士自願以身代國受最嚴厲的制裁，
殉於瀋陽。而僅是軍隊下層砲手的李士龍，亦出於愛戴大明的忠
心，即使受清軍調往前線與「皇明」一戰，但仍秉持著「皇明之
於我國也，義君臣而恩父子。神宗皇帝之德，萬世不可忘」之
心，「與皇明人交戰，義士輒發空砲，有聲而無丸」，[83]最終被
清人發現，歸葬朝鮮星州老家。相較於中國儒生，洪大容對於這
幾位被李玄錫（1647-1703）譽為「朝鮮義士，大明忠臣」的朝
鮮人並不陌生，且對皇太極、多爾袞時代的清初故事亦不生疏。
值得注意的是，面對朝鮮人侃侃而談「國朝未入關時」的典故，
清朝士子顯得茫昧無知，惟自承來自江南，不諳此道。

　　1766年，洪大容對百年前清初征伐朝鮮彷彿歷歷在目，能夠
隨時直書，以示眾人。反觀清朝儒生「國初事皆不得知」一語，

---

[82] 洪大容、李德懋著，《乾淨衕筆談・清脾錄》，頁111。
[83] 李玄錫，《游齋先生集》，卷23，〈義士李士龍忠烈祠碑銘〉，收入《韓國文集
　　叢刊》，冊156（首爾：民族文化推進會，1997），頁621。

或許將此事推託給朝鮮史，與中國毫無干涉，似無不可。相形之下，1783年朝鮮使臣李田秀（1759-?）與清朝儒商張又齡（字裕昆，號萬泉居士）的筆談則提供更深入析論的訊息，揭示中朝雙方對歷史認知的差異，李田秀毫無忌諱地問道：

> 丁丑（1637）本朝（清）與我國講和時，我國斥和人尹集、洪翼漢、吳達濟三人為本朝所逮拘北入，其後究竟不明白，先生或有聞，可詳教否？此則未必為秘諱之事也。（張）書答曰：「三人事僕未曾有聞，而大抵前明之末如此人極多，皆被誅滅，此三人亦當如此。」究竟又書曰：「三人在你國忠臣」，仍扯其紙，手指其口。吾輩亦止不復言。[84]

李田秀與洪大容的立場雖是一問一答，但其關心卻是一致的，不同的是洪大容作為歷史的解惑者而來，李田秀則是為確認歷史知識而去。李田秀對於三學士並不陌生，但時有傳聞三學士實未殉國，而是潛逃西南，投奔吳三桂，繼續為明復仇。（詳後）正如李田秀所陳，這些「國初東方被兵事」未必是避諱之事，盼張又齡能夠覺迷。值得注意的是，張氏空話敷衍地回應大抵明末此類

---

[84] 李田秀，《入瀋記》，收入《燕行錄全集》，冊30，頁225-226。必須澄清的是，林基中將此書歸於李宜萬（1650-1736）1723年之作，惟筆者細考全書的脈絡、人物，以下幾點可以證明作者斷非李宜萬：1. 日記開頭提到日記的草稿始於「今上八年癸卯」，應是朝鮮正祖八年，也就是1783（癸卯），而非1723（癸卯）。2. 朝鮮人向中國人打聽隨乾隆皇帝而來的官員名單，首列「戶部尚書和珅」，而其任戶部尚書始於乾隆四十五年（1780），符合1783年的論斷。3. 朝鮮人與瀋陽的中國監生筆談時，對方詢問朴齊家、李德懋的近況，顯示《入瀋記》絕對晚於前二者燕行，更不可能是1723年。4. 卷末收錄乾隆皇帝的文章。由此可證，此書作者應是李田秀，因文中已提及李廷龜乃其先世，最符合者係李田秀、李晚秀兄弟，又與張裕昆所做的贈文所提「昆仲」出使中國的姓名相符，見頁455。

情況甚多，同時誠示其隱晦性。顯而易見的是，不論張又齡是否得知三學士事實，但當他寫至「三人在你國忠臣」時，隨即意識到交通此事頗多違礙，故雙方不復交言。

張又齡與嚴誠等人對於朝鮮義士的認知與反應，一方面透露清朝儒生對滿洲入關前史事的陌生，一方面提醒吾人，此類無甚干礙的歷史問題實是充滿忌諱。尤其揣摩張氏「大抵前明之末如此人極多，皆被誅滅」一語，或許張又齡對朝鮮三學士的故事確實不瞭解，卻亦道出他對明末的印象。由此，當李田秀詢問「楊鎬四路兵時，李如柏與本朝潛通」之事，張氏「未之聞矣」[85]一句傳達更多的是清朝知識階層對明末清初史事的懵懂，只知大概。值得追問的是，哪些歷史是清朝人的「常識」，凸顯朝鮮人的懵懂？值得注意的是關於「永曆皇帝」的故事，作為朝鮮人心目中明祚的繼承者，朱由榔（1623-1662）象徵復明的希望。因此，儘管隔山限海，朝鮮燕行使仍試圖獲得相關情資。康熙八年（1669），朝鮮使者閔鼎重（1628-1692）曾向一位秀才王公濯探聽南明及永曆帝的下落：

> （閔）昨歲漂船來泊我國之境，詳傳永曆尚保南徼，此言的否？
> （王）當日所恃者孫可望、李定國二人耳。降者降，而死者死，永曆遂為緬國所獻，今已五年矣。漂泊人言不足信也。
> （閔）降者是誰？緬國在何地？
> （王）降者孫可望，緬國者在交趾之南，乃海外一國也。

85　李田秀，《入瀋記》，收入《燕行錄全集》，冊30，頁267。

......

（閔）或云鄭經尚爾崛強，沿海三百里清野無人居，海道
　　　不通舟船，主人亦有所聞否？

（王）無所聞，然此人言亦不謬。

......

（閔）或云永曆投緬甸國遇害，其太子為吳三桂所執，亦
　　　不善終耶？

（王）多虛傳，未必實。[86]

這則有趣的問答，顯露朝鮮士人對於南明、永曆帝僅有模糊的印象，傳聞的故事參雜確定的訊息。事實上，閔鼎重的消息來源，多半來自1667年南明漂海人鄭寅觀的記述。他們隸屬臺灣鄭氏，因風難漂泊至朝鮮，這九十五位身著大明衣冠，手持永曆二十一年曆書的大明人，在朝鮮引起廣泛的討論。畢竟，過去傳聞的南明在數千里外的海島，仍有人負隅抵抗，這對朝鮮士人不啻天大的消息。[87]值得注意的是王秀才的回答，閔氏的問話多少帶著猜測與遲疑，王秀才卻是無比肯定，他對孫可望（?-1660）及李定國（1620-1662）的評價、永曆帝被緬國所獻，皆符合歷史事實。清朝儒生對於永曆帝的熟悉，不僅展現在實際的時間、地點，更可由判斷朝鮮人所言的虛、實瞧出端倪。不過，倘若朝鮮人認為清朝是因明之際，盜有天下，加以對明末清初史事絕非一竅不通，則朝鮮士人如閔鼎重對特定歷史議題的陌生，似乎別具意義。

---

[86] 閔鼎重，《老峰燕行記》，收入《燕行錄全集》，冊22，頁376-393。

[87] 孫衛國已對此事前後有詳細的介紹與討論，見氏著，〈義理與現實的衝突──從丁未漂流人事件看朝鮮王朝之尊明貶清文化心態〉，《漢學研究》，25卷2期（臺北，2007），頁187-210。

閔鼎重與王秀才作為經歷明清鼎革的當事人,將永曆帝、南明的訊息視為「情報」而非「歷史」,似無不可。不過,閔鼎重《老峰燕行記》的內容是否一如李安訥、金堉的紀行錄,成為其後如徐浩修的行前參考書。換言之,朝鮮人對於永曆皇帝的陌生與猜疑,係明清鼎革的新聞,抑或是明末清初的歷史?相較於1669年出使清朝的閔鼎重,1783年李田秀與張又齡的問答,則揭示中朝士人對明末清初的認識,已進入另一階段:

> (李)書問曰:「永歷〔曆〕皇帝不知究竟,或云後在安南云,然否?其亡果在何時?」
> (張)書答曰:「在緬甸與其子孫俱為吳三桂所誘殺,國遂亡。」[88]

　　饒富趣味的是,李田秀與閔鼎重一致的問題,相隔了一百十四年。即使閔氏的見聞不為其後的朝鮮知識階層知悉,百年光陰似乎未能澈底改變朝鮮人對南明的認知。李田秀雖知南明已亡,但確切的時間與地點不詳,且永曆皇帝的下落仍是不知所終。藉由洪大容、李田秀、閔鼎重、徐浩修等朝鮮燕行使與清朝知識階層的問答,斷定朝鮮人熟知「入關前的清朝史」,中國人對「入關後的清朝史」如數家珍,不無武斷之虞。不過,中朝士人對於特定歷史議題的好奇,表露出的陌生與熟悉,卻是如出一轍的。

　　事實上,李田秀對於永曆皇帝的好奇,甚或對南明的陌生,理應考慮他出生於1759年,即明朝滅亡後一百一十五年。換言之,較之閔鼎重對鼎革故事的熟稔,李田秀對明末清初的理解,

---

[88] 李田秀,《入瀋記》,收入《燕行錄全集》,冊30,頁235-236。

幾乎來自於朝鮮史書。職是之故,閔鼎重對王秀才的諸多質疑,
或許源自鄭寅觀的出現,李田秀與張又齡的歷史問答,則仰賴朝
鮮的「明史知識」。一部刊刻於康熙十八年(1679)的朝鮮史書
《史要聚選》,適足以說明李田秀詢問南明歷史的意義。《史要
聚選》係一種由朝鮮人編的「簡明中國史」,在九卷的篇幅
中交代「帝王、后妃、聖賢、異端」等中國人物。必須指出的
是,即使此書在乾隆元年(1736)、乾隆三十三年(1768)曾經
重刊,[89]但中國帝王的記載止於明朝永曆帝,關於明朝帝王的尾
聲,《史要聚選》載:

> (永曆)帝入南寧,遂入土州。嚴起恆等數人隨去,後未
> 詳。漂海人鄭喜來朝鮮,示永曆二十一年曆書,證大明之
> 不亡。[90]

即使閔鼎重已將永曆帝的真相傳回朝鮮,就筆者寓目所及,
《史要聚選》於清代三次刊刻,關於南明尾聲的記載始終保持
「不知所終」或「後未詳」。1703年,朝鮮士大夫李玄錫的《明
史綱目》(詳後)亦稱:

> (永曆帝)車駕趨南寧,遂入土州,唯嚴起恆、王化澄、
> 馬吉翔、龐文壽等隨去,後未詳。[91]

---

[89] 筆者曾於復旦大學古籍部檢閱這兩種刊本,除序不同外,內容是一致的。權以生
輯,《史要聚選》,上海:復旦大學古籍部藏清乾隆元年(1736)朝鮮由洞刻
本。權以生輯,《史要聚選》,上海:復旦大學古籍部藏清乾隆33年(1768)重
刻本。
[90] 權以生輯,《史要聚選》(臺北:國家圖書館藏清康熙18年[1679]朝鮮田以采刊
本),卷2,頁22b。
[91] 李玄錫,《明史綱目・附錄》(上海:上海圖書館藏朝鮮刻本[1703]),頁37b。

由此，李田秀的疑問彰顯的是中國、朝鮮對於明末清初歷史認識的分流，畢竟吳三桂的敗績與永曆帝的消亡是清朝士子耳熟能詳的故事，這些都是凸顯清朝合法統治、四境晏然的明證。

　　透過朝鮮燕行使的提問以及中國士人的回應，朝鮮人的猶豫、不確定，中國人的忌諱、陌生、肯定，出現在不同的歷史問答。值得注意的是，不論事件屬於「朝鮮史」或「中國史」，中國知識階層談論明末清初史事，不免「心有餘悸」之感，因此處處小心謹慎。明末清初的歷史之於清朝人，彷彿無法跨越的知識禁區，只能在封閉、私人的場域中透露。一個絕佳的案例是朴趾源的《熱河日記》，朴氏於1780年出使清朝，他曾與一位清朝舉人王民皥（號鵠汀）筆談中國歷史，留有一篇〈鵠汀筆談〉。聚焦於朴、王的史事問答，有助於收攏上述的析論，省思本節討論此類問答的意義。首先，朴趾源問道「明朝立國何如？」王氏初以一句「禮稱勝國是也，不必論」[92]回絕，但當朴氏進一步追問時，民皥似乎不敢向朴趾源直書其言，惟「點筆而向余云云，不肯書，似是掃除胡元，為正大光明也。」[93]即使是明朝初年掃除胡元之事，似也歸於清朝的歷史忌諱，不能留下記錄。[94]

　　其次，當雙方論及明末史事時，王民皥盛讚清朝得國之正的言論，呈現中國「明史知識」的一致，王稱：

---

[92] 朴趾源，《熱河日記》，卷4，〈鵠汀筆談〉，頁233。
[93] 朴趾源，《熱河日記》，卷4，〈鵠汀筆談〉，頁234。
[94] 關於明初史事如何遭受清代官方的文字監察，尤其是四庫館臣刪卻明初含有華夷思想的文字、史事，復旦大學的張佳有精彩的辨析，見氏著，《新天下之化：明初禮俗改革研究》（上海：上海復旦大學出版社，2014），〈元明之際「夷夏」論說舉隅〉，頁307-323。

本朝得國之正，無憾於天地。創業者莫不為仇於革命之
際，國朝還有大恩於定鼎之初，為前朝報讎，惟我朝是
已。八歲小兒，渾壹區夏，自生民以來未之或有也。我世
祖章皇帝，初非有利天下之心，只為天下明大義、復大
仇，拯救斯民於血海骨山之中。天與之，民歸之。[95]

王氏的立論實是延續清初以降的脈絡，無不符合滿洲統治者的論
述，即清朝為明復仇之大恩，且「國家之定都燕中，乃得之於闖
賊，非得之明朝也」一語，[96]正與歸莊所論相符。至少從《覺迷
錄》以降，顯而易見的是歸莊、曾靜、朝鮮士人的聲音不屬於清
朝知識階層的「共識」，嚴誠、王民皞驕傲地發言，深刻地反映
清代中國論述的定型。然而，既然雍正帝的發言已成定說，則如
王民皞此類出生於清代的中國人，是如何學習這些萬世不易的公
論。換言之，1644年以後中國與朝鮮的歷史知識，應主要得自文
本的傳述，而非當事人的口授。由此可見，一個合理的途徑來自
於雙方的官修、私撰史書，試觀朴、王二人一段關於南明的筆談
（小字係朴的自注，見下頁），王民皞說道：

皇上（乾隆帝）御製《書事》一篇，明定是非。又《御批
通鑑輯覽》：「大公至正，欽許。福王稍能奮志有為，則
未嘗不可同宋之高宗南渡偏安。乃任用馬、阮奸黨，是非
顛倒，雖史可法力矢孤忠，無奈乎一木傾廈。欽此。」
聖諭可與天地同大，自古廢興，有數如此，奈何奈何？
余（朴）曰：「史可法書又曰：『貴國夙膺封號。余亦自

---

[95] 朴趾源，《熱河日記》，卷4，〈鵠汀筆談〉，頁234。
[96] 朴趾源，《熱河日記》，卷4，〈鵠汀筆談〉，頁238。

註：貴國，原書謂今皇清。今驅除亂逆，可謂大義，乃反因以規此幅員，為德不卒，是所謂以義始而以利終也。』其書可與日月爭光！」鵠汀大驚曰：「公外國人，何從讀此？」兩書俱載李玄錫《明史綱目》，而鵠汀之意，似以余為外國人，當未能詳知明清之際，故為之備說史之答書。而截註下段，凤厵封號等語，其意以攝政王入關事，為與國之救災卹難，故余為繼誦，則鵠汀驚其能備知此書。[97]

與思明相關的研究，往往著眼於朝鮮人諸多「思明言說」，不論是在燕行期間或歸鄉所作的議論，卻未曾關注中朝士人的歷史問答。就〈鵠汀筆談〉的記述論之，一是清代官書對中國知識階層影響甚鉅，二是朝鮮人對於「明清之際」知之甚詳，能夠當場背誦史可法（1602-1645）致多爾袞（1612-1650）的信函，令清朝舉人驚問「何從讀此」。再者，清朝士人的知識來源似乎不外乎官書系統，從《燕行錄》趨向一致的回應觀之，歸莊的潛流仍舊隱伏不出，明末清初的歷史詮釋於18世紀已然定調。不過，朴趾源的「繼誦」點出朝鮮方面仍努力維繫、學習著不一樣的「明清之際」，而這正造就不同的歷史認識。

經由《燕行錄》的歷史問答，雍正帝的中國論述成為清代儒生共享的歷史事實，一部清朝流行的歷史讀物《讀史論略》稱「我大清世祖章皇帝提兵入關，首驅逆闖，為明復仇。」[98]與中國儒生在《燕行錄》中的屢屢申言別無二致。《讀史論略》在清代數次重刊，甚至有滿文譯本，[99]其影響不難想見。清朝從官方

---

[97] 朴趾源，《熱河日記》，卷4，〈鵠汀筆談〉，頁239。
[98] 杜詔，《讀史論略》（上海：上海圖書館藏鎮江文成堂刻本），頁37b。
[99] 愛敬齋譯，《滿文讀史論略》，上海：上海圖書館藏清道光8年（1828）刻本。

到民間的「同」，如《御批通鑑輯覽》、《明史綱目》等官書，及《讀史論略》、私人閱讀《明史》的筆記（詳後），其「明史知識」一也。相形之下，朝鮮士人對於「明清之際」歷史的熟稔，以及永曆皇帝的不知所終，亦一也。換言之，18世紀的中國、朝鮮在歷史文本的表述與詮釋，已分道揚鑣，因此歷史問答的雞同鴨講，或重心偏頗，可謂其來有自。顯而易見的是，這些問答的背後，代表不同的知識體系與中國論述，畢竟清朝儒生的一致回應，仰賴一套完整的歷史知識。然而，同時期的朝鮮又如何面對、處理此類問題：將「明清之際」書寫成朝鮮人共享的歷史。更重要的是，既然明清史事的書寫源自朝鮮對歷史的認識，則懷抱著不同中國論述的群體，如何妥善的安排「明清之際」，傳達合宜的歷史？本文以下將進一步考察上述歷史問答的知識來源，回答王民皥「何從讀此」的疑問。一方面闡述此類文本與「歷史問答」的關聯，一方面析論中國論述如何轉向，思明如何步入尾聲。

第四節　從「中國」到「外國」：心態的轉變及其尾聲

中朝士人的歷史問答絕非無憑無據的疑惑，而係確有所本的探問。乾隆四十八年（1783），李田秀訪張又齡寓，曾留意其藏書，李氏「遍觀案上諸書，多未能盡閱，如《綱目明史》、《歷代史纂》、《性理大全》、《經義考》。」[100]由此推之，李田秀對《綱目明史》、《歷代史纂》等著述極為陌生，因此雖感到興

---

[100] 李田秀，《入瀋記》，收入《燕行錄全集》，冊30，頁204。

趣，但不無遺憾地稱「未能盡閱」。事實上，藉由朝鮮人對中國知識人「書架」的關心，不僅得以窺察出雙方「明史知識」的分流，更可透過這些重要的文本，領略各自對明史的詮釋與關心。經由當時流行的歷史讀物如《綱目明史》，比較性的閱讀中朝相關著作，適足以檢討前述歷史問答的意義。對清朝士子而言，張又齡書架上的《綱目明史》絕非珍稀的典籍，《綱目明史》又稱《明史綱目》，係乾隆皇帝《御批通鑑輯覽》明史部分獨立成書。清朝皇帝對修明史的干預，及藉「前朝史」訴說道德鑑戒的用心，前輩學者論之甚詳。[101]但是，一般中國士子如何看待、閱讀以及再創造清朝官方「明史知識」的歷程，卻仍未有所討論。更重要的是，朝鮮人對明末清初史事的熟悉，及王民皥「何從讀此」的疑慮，宜與清代「明史知識」的書寫方式一併省視，以彰顯其價值與意義。

 兩種《明史綱目》

　　影響清代知識階層歷史認識的讀本，「官書」自然是不可忽視的來源，王汎森曾指出，這些官方性質濃厚的文獻如《御批通鑑輯覽》、《綱鑑易知錄》「扮演了類似教科書的角色」，[102]清朝士子諸多的「歷史詮釋」多半仰賴此類文本的指導。然而，即使是經過簡化的《綱鑑易知錄》，不少讀書人已感到「卷帙浩繁」，更遑論《御批通鑑輯覽》一書。乾隆二十四年（1759），洪大容燕行前六年，松江士人姚培謙（1693-1766）編纂《明史覽要》正源於「《歷代通鑑覽要》以次及於《明史》，蓋以全書

---

[101] 何冠彪，〈清初君主與《資治通鑑》及《資治通鑑綱目》〉，頁103-132。
[102] 王汎森，〈歷史教科書與歷史記憶〉，《思想》，9期（臺北，2008），頁126。

卷帙浩繁，讀者往往未易卒業，故命其書曰《覽要》，以為舉其要而一切興衰治亂之始末，統括於是矣。……（此書）提綱悉遵御撰，日月中天，炳耀簡冊。」[103]一方面指出官書分量過多的事實，一方面強調紹述清朝觀點的立場。因此，《明史覽要》仍強調「我皇上御撰《通鑑綱目》，三編出而義指〔旨〕正大，條理精密，祖述春秋以印合朱子。煌煌哉！誠萬世不刊之制作也。」[104]時人對官書的推崇備至，可見一斑。

觀諸《明史覽要》的記述，將1644年稱為「我大清世祖章皇帝順治元年」，又強調李自成亡明的歷史脈絡，自是雍正帝「為明復仇」正統論述的一再重演。[105]流波所及，《明史覽要》關於晚明的記載，不是凸顯明軍的節節失利如「大清兵克撫順」、「大清兵克清河堡」，[106]即藉著朝臣李三才（?-1624）的罷黜，[107]諷喻明朝皇帝的無能。換言之，《明史覽要》堪稱官方的「民間代言人」，大清朝廷的傳聲筒。清朝對於「明史」的詮釋逐步排擠相異的論述，成為風行草偃，人人效從的經典。因此，錢謙益（1582-1664）的《明史斷略》止於嘉靖朝，[108]葉夢珠的《讀史偶評》與吳王坦的《讀史臆語》止於元代，[109]晚明的起始既然與滿洲早期歷史密切相關，明清鼎革的「真實」又已定調，自然無庸清朝士人贅言。

審視《燕行錄》的「歷史問答」，益發凸顯清朝人對「明末

---

[103] 姚培謙，《明史覽要》（上海：上海圖書館藏清乾隆24年[1759]刻本），王延年序，頁1b-2a。

[104] 姚培謙，《明史覽要》，王延年序，頁1a-1b。

[105] 姚培謙，《明史覽要》，卷8，頁29a-33b。

[106] 姚培謙，《明史覽要》，卷7，頁22b-23a。

[107] 姚培謙，《明史覽要》，卷7，頁17b-18a。

[108] 錢謙益，《明史斷略》，上海：上海圖書館藏清抄本。

[109] 葉夢珠，《讀史偶評》，上海：上海圖書館藏清抄本。吳王坦，《讀史臆語》，上海：上海圖書館藏清乾隆34年（1769）刻本。

清初」的卻步以及官方禁制的影響。閔鼎重曾詢問王秀才南明故事，王回道「不便言前朝事，亦不敢盡述。」[110]吳道一（1645-1703）向雲南人朱秀請教吳三桂起兵事，朱的回應不外乎「自有萬世公論，今不必煩問，亦不敢煩說。」[111]而號稱曾任吳三桂幕賓的林本裕，面對朝鮮人追問明末清初史事時，更直稱「書坊中有一部《綱鑑直解》，明末事雖不甚詳，卻有載於中者，野史自史事一案久矣盡絕。」[112]林氏所指「史事一案」不外乎清初的「明史案」，顯見清朝官方大力禁制「異端明史」。然而，林本裕等中國人沒有意料到的是，明史在這些朝鮮使節的國度中，不僅是普遍關心的話題，更是部分朝鮮士人窮盡一生的盼望。

　　不同於清朝士子談論、撰著明史的陌生與避諱，朝鮮知識階層全然沒有這方面的問題，朝鮮人的明史著作不僅得以恣意書寫，且為時人所知。如明清之際曾出使明朝的金堉，他作為明清易代的見證人，甲申之變對他的衝擊不難想見。其著作部分已不得見，但透過朝鮮時人及其後學所作的墓誌銘，金堉晚年曾撰述明史顯然頗為人知。趙絅（1586-1669）、李景奭（1595-1671）、李敏求（1589-1670）都指出金氏曾作《皇明紀略》，[113]可見此書絕非不廣傳的著作，至少相較於私撰明史在清代的景況，[114]可謂迴然有別。金堉對明朝故事的用心不難曉解，因為書

---

[110] 閔鼎重，《老峰燕行記》，收入《燕行錄全集》，冊22，頁387。

[111] 吳道一，《丙寅燕行日乘》，收入《燕行錄全集》，冊29，頁197。

[112] 李喆輔（1691-1775），《丁巳燕行日記》，收入《燕行錄全集》，冊37，頁450。

[113] 趙絅，《龍洲先生遺稿》，卷14，〈領議政潛谷金公墓誌銘〉，收入《韓國文集叢刊》，冊90（首爾：民族文化推進會，1992），頁263。李景奭，《白軒先生集》，卷42，〈領議政文貞金公神道碑銘〉，收入《韓國文集叢刊》，冊96（首爾：民族文化推進會，1996），頁409。李敏求，《東州先生文集》，卷6，〈議政府領議政諡文貞金公行狀〉，收入《韓國文集叢刊》，冊94（首爾：民族文化推進會，1996），頁362。

[114] 關於清朝官方管制民間修明史，談論前代事，見吳哲夫，《清代禁燬書目研究》，臺北：嘉新水泥公司文化基金會，1969。朝鮮使節徐長輔（1767-?）曾

寫歷史有時像是一種「自我言說」，與洪大容同時的金鍾厚特地為許格（1607-1690）作行狀，即是藉此傳達自身的認同，同時帶有提醒朝鮮士人的意味，皇明雖然滅亡已逾百年，但仍不可忘。[115]這體現在郭瀏（1597-1671）身上更明顯，他與金堉、趙絅等人同輩，作為同樣經歷過明清易代的朝鮮士人，雖然僅是成均館的生員，但當他聽聞朝鮮與清朝建交後，毅然決然地隱居不仕：

> （郭）見神州陸沉，慨然深恥，無復有當世之意，即廢舉子業。自號萬進堂，蓋以萬曆丁巳進士也。遂撰次《皇明記略》，因題詩「晦盲否塞人何世，萬進堂中日月明」一句，以見其志。又著《春秋解義》一通，以寓其尊王之義，世人稱崇禎處士焉。[116]

郭氏自號「萬進堂」以明其志，他晚年一意編纂《皇明記略》以及寫作《春秋解義》一書，更凸顯其對明朝的思念。崔興璧（1739-1812）評價其撰述目的時，強調「修春秋而尊周室，盟薇露而寫晉史者，是惟先生之志，而其志亦悲矣。」[117]不難想見萬進堂在自抑悲憤，眷眷明朝的心態中寓其尊王之義。由是觀之，對於17世紀以降的朝鮮士人而言，書寫明史此等「野史」一方面不受限制，一方面透過寫史言志，「書寫明史」與「認同明

與谷應泰的後代交談，商請一見先人的《皇明紀事》，卻也因為「時禁」而不可得，見徐長輔，《薊山紀程》，收入《燕行錄全集》，冊66，頁203。

[115] 金鍾厚，《本庵集》，〈滄海處士許公行狀〉，收入《韓國文集叢刊》，冊237（首爾：民族文化推進會，1999），頁554-556。

[116] 崔興璧，《蠹窩先生文集》，卷13，〈成均生員萬進堂先生郭公行狀〉，收入《韓國文集叢刊‧續》，冊95（首爾：韓國古典翻譯院，2010），頁661。

[117] 崔興璧，《蠹窩先生文集》，卷13，〈成均生員萬進堂先生郭公行狀〉，收入《韓國文集叢刊‧續》，冊95，頁662。

朝」實是一義。

又有李玄錫上〈乞屏退卒撰明史疏〉，向朝鮮國王告假歸家，專心著述明史，顯見朝鮮士人對此的關心。但既然朝鮮士大夫私下撰史並不少見，何以一位在職官員要乞休返鄉，編錄新書，李氏表示：

> 顧自妄惟皇明三百年史記，雜亂無統，所謂《昭代典則》、《明政統宗》、《皇明通紀》、《大政紀》、《明紀》、《編年記事本末》等書，<u>不過爛朝報謄箚者也</u>。或一事而散出於數年之間，不能總會；或微事而錯擬於大題之目，無所摽拈。律之以紫陽綱目之凡例，則大有逕庭。至於我國先正之所撰，雖有《紀略》一書，而太簡以疏，且止中葉，若裒取諸書，互相參考，加以隲括，作一成書，以續前代之史，<u>則庶可以表揭其不忘皇明之至意焉</u>。[118]

據李玄錫的判斷，相較於中國流入的明史作品，朝鮮的著述較少，且內容止於明中葉。李氏希冀能夠由朝鮮續前代之史，彰顯朝鮮不忘明朝的意旨，而最好的代表莫過於一本完善的明朝史書。康熙四十二年（1703），李玄錫的《明史綱目》刊刻出版，他在〈明史綱目序〉中仍沿襲前說，強調「明乎、明乎，終有所不忍忘焉者矣。倘其專附乎『續資治』之名，而沒其國號，則豈余之始托意者哉！」[119]儘管他不免有「或謂外國之作中國史，古

---

[118] 李玄錫，《游齋先生集》，卷13，〈乞屏退卒撰明史疏〉，收入《韓國文集叢刊》，冊156（首爾：民族文化推進會，1997），頁485。必須指出的是，李氏上書的用意除了乞退外，還希望由朝鮮官方資助，設局修史。

[119] 李玄錫，《明史綱目》（上海：上海圖書館藏朝鮮刻本[1703]），〈明史綱目序〉，頁1b。

未嘗有也」[120]的憂慮，但仍勉力蒐羅眾書，完成二十四卷併附錄一卷共二十五冊巨秩的《明史綱目》。

兩種《明史綱目》的差異毋庸多言，畢竟姚氏《明史覽要》作為乾隆帝《明史綱目》的通俗版本，已屢屢表彰清朝政治之清明、晚明君主之昏庸，以及滿洲入主的合法性，而這些皆非李玄錫《明史綱目》的用心所在。[121]換言之，中朝各自的《明史綱目》宣示著全然不同的歷史解釋。姚著《明史覽要》省略壬辰倭亂、滿洲數次侵略的影響（傷亡），而李著《明史綱目》卻對於明末清初史事記述特別詳細。面對「忌諱」的歷史，最佳的處理方式並非委婉地書寫，而是略而不提，一筆帶過。面對「重要」的歷史，最佳的處理方式則非如實直書，而是專章討論，獨立成冊。職是之故，朝鮮士人盛行私家撰述明史，甚至有碩學之士窮盡一生之力纂編《明史綱目》，則王民皞「何從讀此」的疑惑自可迎刃而解。永曆帝死後一百年，李田秀仍詢問其下落，更是平凡無奇的問題，因為《史要聚選》仍稱「不知所終」。

然而，不論是李玄錫的《明史綱目》或來自中國的明末史書，雖然體現（符合）朝鮮士人的心態，但作為歷史教育的文獻，篇幅仍非小兒所能輕易領略的文本。尤其較之於篇幅短小精悍，但普及易得的童蒙讀物，其表述的「中國論述」與史書有何不同？以清朝為例，《明史覽要》正是為了宣揚「官方立場」而

---

[120] 李玄錫，《游齋先生集》，卷13，〈乞屏退卒撰明史疏〉，收入《韓國文集叢刊》，冊156，頁485。

[121] 必須指出的是，清朝並非不存在「為明朝立言」的著作，只是一方面受到清初史獄案的影響，一方面受禁書政策的管控，逐步消亡，不復為時人所知。一個很好的例子是清初士人對晚明的讚譽與緬懷，但這些全部為清朝官方排斥，清帝甚至認為明朝滅亡，實肇始於萬曆，相關討論見何冠彪，〈清朝官方的「明亡於萬曆」說〉，《國立編譯館館刊》，28卷1期（臺北，1999），頁255-272。何冠彪，〈「得福不知今日想，神宗皇帝太平年」——明、清之際士人對萬曆朝的眷戀〉，《九州學林》，3卷3期（香港，2005），頁85-115。

作，則朝鮮是否在李氏《明史綱目》後亦有此作？更重要的是，既然朝鮮關於明朝的著作極為豐富，則何以學界咸以乾隆年間為「尊周思明」的終止線？明史知識大量生產的年代卻是思明的終結，豈不謬哉？以下將探討朝鮮後期的童蒙讀物，關注其歷史教育的部分，以此檢視朝鮮的思明文化並省思其意義。

從《童蒙先習》到《紀年兒覽》

洪大容與嚴誠筆談時，嚴氏曾探聽「貴處小兒始讀何書？」請教朝鮮的童蒙教育，洪氏則應道「始讀《千字文》，次讀《史略》，次讀小學而及於經書。」[122]洪大容的答案自無差錯，朝鮮幼童學習文言文，自是從《千字文》學習中文的發音及認字始。不過，在學習《史略》甚至經書之前，尚有重要的過渡讀本存在，即著名的朝鮮童蒙書《童蒙先習》與《紀年兒覽》。《童蒙先習》成書於1541年，本是作者朴世茂（1487-1564）的私人著作，猜測是其教育子女的底本。全書分為上中下三卷，題旨依序是「道德倫理」、「中國歷史」、「朝鮮歷史」。韓國學界對此書甚為重視，除了關注道德倫理的闡釋外，更重要的是此書係第一本有系統地教育朝鮮歷史的文獻，認為是「朝鮮獨立」歷程的重要痕跡。值得注意的是，《童蒙先習》在明朝滅亡後為朝鮮英祖（1694-1776）珍視，將此書付官印，頒行天下，宋時烈甚至為其作跋文，其重要性可見一斑。[123]

朝鮮君臣對《童蒙先習》的重視其來有自，除了書中所闡

---

[122] 洪大容、李德懋著，《乾淨衕筆談・清脾錄》，頁45。
[123] 關於朝鮮君臣對此書的重視，韓國學者김경미強調這本書是「大明節義」的展現，見김경미，〈《동몽선습》의 역사교육적 의미〉，《한국교육사학》，25권2호，頁7-28。尤以頁19-23為詳。

發的要點皆符合儒家精神，有助於朝鮮官方的教化與統治外，亦不可忽略朴世茂的歷史詮釋呼應17-18世紀朝鮮士人的認知。因此，曾出使清朝的吳道一（1645-1703）任地方官時，特別作〈訓士節目〉，規定「自官試製通讀之規，每月朔望定式舉行，雖非朔望，間或於無故日舉行」、「童蒙所受之書，或《史略》、《小學》、《童蒙先習》、《孝經》等書，從便課讀。」[124]可知《童蒙先習》影響民間深遠。觀其記載，《童蒙先習》稱元朝是「胡元滅宋，混一區宇，綿歷百年。夷狄之盛，未有若此者也。」[125]蒙元儘管統一天下，但也被朝鮮目為夷狄，指中國歷代「未有若此者」。相形之下，大明開國實是「大明中天，聖繼神承於千萬年。」[126]而朝鮮之於明朝，則是「天命歸於真主，大明太祖高皇帝賜改國號曰『朝鮮』，定鼎於漢陽。」[127]朝鮮與中國的關係是直受明命而來。必須指出的是，這本初刊於1541年的童蒙讀物，雖在18世紀大量刊刻，亦受宋時烈的青睞，但一直沒有增刪內容。換言之，《童蒙先習》始終保持「原版」複製，中國歷史的斷限止於明朝初年，朝鮮與中國的關係自然永遠保持在「明鮮關係」的歷史中。因此，朝鮮君臣對於此書的關注，從思明的角度衡量，實是事理當然。

朝鮮的童蒙讀物中沒有「清史」，或許出於書寫上的困難，畢竟合理地安排明朝滅亡並非易事，何況即使撰寫清史，則如何處理「紀年」的問題，實不容小覷。在洪大容與金鍾厚的爭執中，

---

[124] 吳道一，《西坡集》，卷18，〈訓士節目〉，收入《韓國文集叢刊》，冊152（首爾：民族文化推進會，1995），頁363。
[125] 朴世茂，《童蒙先習註解》（首爾：出版社不詳，臺灣大學圖書館藏書，2011），頁185-186。
[126] 朴世茂，《童蒙先習註解》，頁186。
[127] 朴世茂，《童蒙先習註解》，頁243。

金氏即敏銳地抓住《乾淨衕筆談》不當書寫清朝年號，金氏稱：

> 來書直寫出「康熙以後與民休息鎮服一時」云云語，則惜
> 乎駟不及筆也。以我之沐浴大明，誦服孝廟、尤翁也。而
> 其於公私文簿，雖不得已而寫虜號，又何忍筆之書尺，堂
> 堂如萬曆、崇禎之類哉！[128]

正如金鍾厚所指，以朝鮮沐浴大明恩德，再造之恩，洪大容竟書
「康熙」，金氏不禁質疑「幾何不為康熙公也？僕讀之及此，不
覺戚戚動心。」金鍾厚的記述提醒吾人，朝鮮內部對於認同清
朝、客觀評價清朝，仍處於拉扯、討論的過程中。在朝鮮官方建
設大報壇、崇祀明朝皇帝之際，民間正汲汲於編修明史，甚至
最底層的童蒙讀物亦不脫於此，成為尊明的表徵。李玄錫撰寫
《明史綱目》時尚擔憂「或謂外國之作中國史，古未嘗有也」，
不過待朝鮮官方亦投入纂修明史後，朝鮮似乎不是外國。1772
年，是年壬辰，時在東宮的李祘（1752-1800）閱讀歷代《通鑑
綱目》，有感於獨缺有明一代，於是令賓客編纂明史綱目，名為
《資治通鑑綱目新編》。參與工作之一的徐命膺（1716-1787）
極為認同此事，他表示「說者以為皇明綱目不作則已，作之則其
必在於東土。」[129]朝鮮的「外國」身分，對朝鮮王子與撰書賓客
而言全然不是問題，朝鮮修明史顯得理所當然。
　　洪大容、朴趾源等人的時代是思明的盛世，朴趾源居朝鮮白
門時，恰好是崇禎一百三十七年（1764），三周甲申。朝鮮士人

---

[128] 金鍾厚，《本庵集》，卷3，〈答洪德保〉，收入《韓國文集叢刊》，冊237（首
爾：民族文化推進會，1999），頁381。
[129] 徐命膺，《保晚齋集》，卷7，〈綱目新編序〉，收入《韓國文集叢刊》，冊233
（首爾：民族文化推進會，2001），頁200。

群聚一堂，緬懷逝去的明朝：

> 三月十九日，乃毅宗烈皇帝殉社之日。鄉先生與同閈冠童
> 數十人，詣城西宋氏之傲屋，拜尤菴宋先生之遺像，出貂
> 裘撫之，慷慨有流涕者。還至城下，搤腕西向而呼曰：
> 「胡！」鄉先生為旅酬，設薇蕨之菜。時禁酒，以蜜水代
> 酒，盛畫瓷盆，盆之款識曰「大明成化年製」，旅酬者必
> 俯首視盆中，為不忘春秋之義也。[130]

洪大容燕行前一年，朝鮮士人的聚會彷彿一場精心安排的典
禮，一同叩拜思明大家宋時烈的遺像，並向西邊（中國）大呼
「胡！」設宴贈別燕行友人，款待之物居然是象徵伯夷、叔齊的
薇蕨，甚至連碗盆都必須用「大明成化年製」的古物，在在凸顯
思明文化深厚。但是，經由本文第二、三章的討論可知，洪大容
等朝鮮士人不僅一面高呼思明大義，同時亦提倡新的中國論述。
當洪大容回應他人的質問之際，朝鮮官方極力推廣明史之時，朝
鮮的思明正好走過高峰，邁向新途。

不可忽視的是，對於洪大容此類出生於1700年以後的朝鮮士
人而言，明朝的歷史面貌已與許格、郭瀏、李景奭等人的認知大
異其趣。畢竟，朝鮮對明朝的熟悉完全仰賴文本的傳授，大明更
像是閱讀上的認知，而非實際上的存在。因此，朝鮮官方、民間
對「明史知識」的追求，應是出於朝鮮官方有意識的鼓舞，斷非
朝鮮士人自發性的著作。18世紀中朝士人的歷史問答，其意義是
朝鮮始終維繫著「明史知識」，但其內涵較之於經歷鼎革的世

---

[130] 朴趾源，《熱河日記》，卷2，頁93。

代，實在「觀看」、「審酌」史料的角度上，需要步步深思。換言之，倘若比較洪大容與一位百年前的朝鮮燕行使，或許得以發現「一致」的思明言論，但其意義不應等齊而觀。伴隨著思明文本的推陳出新，更重要的應是閱讀者的感受與心態的轉變。

一個值得注意的例子是《紀年兒覽》，此書初刻於1776年，洪大容歸國後十年。《紀年兒覽》與《童蒙先習》齊名，同為朝鮮後期著名的童蒙教材。此書是李萬運（1723-1797）私自編纂的讀本，後為李德懋引為經典，刊行朝鮮。北學派士人李德懋將李萬運譽為「今世之顧朱」，強調《紀年兒覽》「為史家之總領，先使童孺貫串習熟，瞭然在目，則至若二十三史、東國諸史、本朝列聖誌狀、寶鑑」[131]皆能夠一一掌握。饒富趣味的是，關於李萬運的撰述目的，他語帶諷刺地稱：

> 學士文人脫略於名數之辨，粗識中朝（中國）年代，而於本國（朝鮮）則顧茫然不識，此何異不記祖父之年甲者耶？[132]

李萬運作《紀年兒覽》的用意顯然不僅止於「童蒙教育」，他譏刺當時朝鮮士人對於「朝鮮史」的陌生，期盼藉此書引起朝鮮人對「本國史」的意圖不言而喻。事實上，洪大容給潘庭筠的信中也承認：

> 東俗崇信儒學，著述多門，但士子沒齒從事，惟矻矻於

---

131 李萬運，《紀年兒覽》（波士頓：哈佛大學燕京社藏朝鮮刻本），〈李德懋序〉，卷前。（此書不著頁碼）
[131] 李萬運，《紀年兒覽》（波士頓：哈佛大學燕京社藏朝鮮刻本），〈李德懋序〉，卷前。（此書不著頁碼）
[132] 李萬運，《紀年兒覽》，〈李德懋序〉，卷前。此為李德懋轉述李萬運語。

中華文獻，而東史典故，多闕不講，騖遠忽近，殊為詫
異。[133]

　　推敲李萬運、洪大容的觀點，尤其較之李玄錫擔憂「則或
謂外國之作中國史」一事，朝鮮對於修明史的看法進入不同的階
段。李玄錫原本的擔憂在18世紀一掃而空，取而代之的是對明史
的狂熱，朝鮮修明史是理所當然。不過，思量李萬運「此何異不
記祖父之年甲者耶」，或正是批判那些將修明史視為本分的朝鮮
士人。

　　職是之故，《紀年兒覽》的凡例稱「東國凡例見東國卷」、
「外國凡例見外國卷」，將「明朝」歸諸「外國」，揆諸李萬運
的想法，實是如出一轍的安排。再者，李萬運雖在中國史的部分
列「皇明紀」，甚至犯清朝禁律，將「南明三帝」書於明紀之
末。據上述篇章的安排，《紀年兒覽》一書或許富含濃厚的思
明色彩。但是，《紀年兒覽》不僅將「清朝」載入史冊，承認
其正統地位。更重要的是，李萬運、李德懋同意以「奉天承運
皇帝」[134]按於乾隆皇帝身上時，朝鮮已然度過洪大容被質疑書寫
「康熙」不當的時代。李德懋對此書讚譽備至，李萬運特地撰寫
「東國凡例」，且中國史、朝鮮史的卷帙相等，益發凸顯朝鮮人
面對清朝、書寫明史的態度已非昔日可比。

---

[133] 洪大容，《湛軒書・外集》，卷1，〈與秋庫書〉，收入《韓國文集叢刊》，冊
　　248，頁116。
[134] 李萬運，《紀年兒覽》，卷3，〈清紀〉。此外，晚洪大容15年燕行的朴趾源亦
　　向一位江蘇人屢一旺稱：「小邦奉中國正朔，那得紀元？當今是乾隆四十五年。
　　……萬方共尊一帝，天地是大清的，日月是乾隆的。」朴趾源的應答較諸洪大容
　　更「不思明」，但朝鮮士人對此的反應似乎沒有再如洪大容般激烈。見朴趾源，
　　《熱河日記》，卷2，頁146。嘉慶八年（1803），朝鮮一部童蒙書《兒戲原覽》
　　亦稱乾隆帝為「奉天承運皇帝」，見張混，《兒戲原覽》（臺北：國家圖書館藏
　　朝鮮純祖3年[1803]而已广刊本），頁43a。

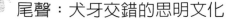

尾聲：犬牙交錯的思明文化

不論是李萬運的諷刺或《紀年兒覽》對清朝的書寫，1750年以降的朝鮮不僅是「思明言論」的專屬場域，亦是相異論調誕生的溫室。明朝滅亡百年的時光，除了產生廣泛的明史知識外，朝鮮對於中國（清朝）的陌生，以及對「本國」的漠視亦隨之而來。時代愈往後，朝鮮人的關懷愈脫離原初「明史知識」的意圖，「明史」更像是「朝鮮史」。平定壬辰倭亂的英雄從明朝將領楊鎬（？-1629）變成朝鮮軍人李舜臣（1545-1598）與地方官員宋象賢（1551-1592），明末清初的歷史書寫原與「認同明朝」出於一義，但歌詠皇明的悲歌轉為低音，朝鮮逐漸成為書寫意義的來源。值得探討的文獻如《忠烈祠志》，此書刊於朝鮮英祖四十三年（1767），[135]為洪大容歸國後一年。作者嚴璹（1716-1786）有感於朝鮮人對於壬辰倭亂的明朝英雄知之甚詳，朝鮮本國的忠烈人物卻少有傳聞，因此編纂是書以昭後世不忘。嚴璹認為「壬辰之仇不可忘也」，拯救國運的英雄更不可忘，他讚譽道：

> 忠臣烈士沫血裹瘡，不與賊俱生。晉陽城四萬義軍，同日
> 殉國，無一人苟免者，豈非宋、鄭二公為之倡歟？當是
> 時，賊亦知無奈於我，撤兵而歸。環東數千里封疆於以再
> 完，斯實賴宗社無疆之福，而二公亦可謂與有功焉！[136]

---

[135] 本文所據《忠烈祠志》係1808年原書重刊，保留1767年序，是書現收藏上海復旦大學古籍部。

[136] 嚴璹編，《忠烈祠志》（上海：復旦大學古籍部藏朝鮮純祖8年[1808]刻本），〈忠烈志序〉，頁1a。

嚴璹心目中的英雄是宋象賢、鄭撥（1553-1592），而非明朝軍隊，較之洪大容義憤地倡言「我國之服事大明二百有餘年，及壬辰再造之後，則以君臣之義兼父子之恩。……雖因此而激成禍機，國破家亡，君臣上下糜爛塗地，亦不暇恤也。」[137]兩人對於壬辰倭亂的詮釋重心已截然不同。因此，編纂《忠烈祠志》的立意源自朝鮮英雄「一百六十有餘年，曾無一部記籍可考故實」，期盼能夠為其留信史，「志不忘也。」[138]

　　嚴璹對朝鮮英雄既然讚譽備至，則《忠烈祠志》中所列諸公全為朝鮮人，且在戰爭的細節、捷報的功績上，明朝君臣遭到忽視、冷落甚至消失，自是可以理解。畢竟，這些有功於朝鮮的賢士大夫在18世紀中葉以前，幾乎不是「朝鮮史」的主調，過去壬辰倭亂的英雄是明朝來的天兵天將，《尊周錄》、李玄錫《明史綱目》對朝鮮之役的著墨，無不由此。《忠烈祠志》的出現自然不是思明的終結，但它對歷史的詮釋，揭示朝鮮不同世代對「歷史」的認知正處於競逐、變動的狀態。相異論述的出現，彰顯的是思明內涵逐步反思、轉化，這並非板塊式的劇烈變革，而是犬牙交錯的前行。[139]換言之，隨意據一朝鮮史料的記載，區隔朝鮮的「思明時代」、「不思明時代」或「仇清」、「和清」，不免忽略朝鮮內部對「明朝」或「明史知識」的轉變不是此消彼長的文化戰爭，而是百年緩行的思想趨勢。

---

[137] 洪大容，《湛軒書·內集》，卷3，〈答韓仲由書〉，收入《韓國文集叢刊》，冊248，頁63。

[138] 嚴璹編，《忠烈祠志》，〈忠烈志序〉，頁2a。

[139] 明乎此，觀諸李田秀《入瀋記》收錄的四封親友所贈書信，他們對於李氏燕行的評價不盡相同，有的闡述思明之論，有的則推崇「中華文彩自有淵源，誠不可少覷也」，這種相異評論的存在，說明朝鮮士人審視清朝的方式正逐漸轉變，這四篇文章見李田秀，《入瀋記》，收入《燕行錄全集》，冊30，頁413-421。

職是之故，黃景源（1709-1787）作《明陪臣考》（又名《明陪臣傳》）時，其寓意是表彰林慶業（1594-1646）、崔孝一（?-1644）等「大明陪臣」。黃氏認為朝鮮人雖在海外，但「不立天子之朝，不受天子之恩，而能死於天子之事，則其賢於史可法、劉宗周、黃道周、張國維、瞿式耜之徒亦遠矣，豈不當列於明之遺臣邪！」[140]朝鮮外藩屬民能夠「為明復仇」，如《明陪臣考》稱林慶業浮海西渡，參與明末清初的戰爭，崔孝一則奔赴北京，痛哭於崇禎帝棺木旁，無不較明朝臣民更思明，朝鮮君臣難道不是明之遺臣？黃景源撰述《明陪臣考》時仍感慨「君子之澤五世而斬，五世而斬者，其流澤猶未遠也。若聖人之澤，雖千萬世不斬也。故由萬曆而至于今可百餘年，由文貞公而至于僕且八世，而僕常思神宗皇帝之澤，未嘗不感激流涕而不能已。」[141]黃氏或正是朴趾源筆下的鄉先生，定時召集朝鮮士人，感念明朝的恩德，「明朝」對他而言不僅是萬世不滅的澤惠，更是實際存在的感受。

不過，《明陪臣考》的用意雖與「認同明朝」的思慮相及，後來朝鮮士人的閱讀經驗卻一如李萬運、嚴璹的認知，朝鮮在明末清初的歷史中聆聽自己的聲音。因此，姜浩溥（1690-1778）認為三學士「若早晚黃河復清，真天子出而修大明史，則我三學士法當入於大明忠臣列傳，我東方豈不光耀哉！」[142]朴允默（1771-1849）夜讀《明陪臣考》的感想是「最有斥和三學士，精忠夸節亘於天。高蹈東海不帝秦，遠投塞北竟死燕。諸臣實

---

[140] 黃景源，《江漢集》，卷6，〈與南大學士〉，收入《韓國文集叢刊》，冊224（首爾：民族文化推進會，2001），頁125。

[141] 黃景源，《江漢集》，卷6，〈與南大學士〉，收入《韓國文集叢刊》，冊224，頁125。

[142] 姜浩溥，《桑蓬錄》，收入《韓國漢文燕行文獻選編》，冊14，卷2，頁140。

死天子事，奚獨有光於朝鮮。」[143]尹行恁（1762-1801）讚譽崔孝
一「則四海之大，惟公一人焉爾。中州若有修史者，必以公與
顧、屈、魏、呂合傳。」[144]韓章錫（1832-1894）稱「（黃）述陪
臣傳，以章〔彰〕屬國志士之節，於是君臣之義，大明於天下後
世。」[145]由是觀之，朝鮮人在乎的是「為明復仇」的朝鮮義士，
他們更關心朝鮮捨生取義的犧牲，而非認同明朝的書寫。朝鮮先
賢才是故事的主角，精忠齊天成為論調的主流，「書寫明史」等
於「認同明朝」不復為主流。

　　1790年，徐浩修在北京觀覽《皇清開國方略》，提到朝鮮三
學士入燕後的事蹟。過去因為清朝禁制談論此事，故「尚今茫
昧，公私記載皆云『不知所終』，甚至有悠謬之談，或傳清不殺
三忠。洪忠正流南裔，入吳三桂軍中。尹忠貞、吳忠烈亦皆流遠
方。」[146]1790年的朝鮮人仍囿於留言與傳說，史書未曾明記三學
士的下落，甚至有人聲稱流亡至吳三桂幕府，繼續為明復仇。值
得注意的是，當徐浩修翻閱《皇清開國方略》後，他熱切地尋找
三學士的下落，發現三人最終「解送盛京，命誅洪翼漢、尹集、
吳達濟於市，以正其倡議祖明、敗盟搆兵之罪。」[147]洪翼漢等三
人始終未如想像地逃離瀋陽，流亡南方。徐浩修不禁欽服三學士
「實贊陪臣之舍生尊周，可與日月爭光！」[148]正如前述，朝鮮三
學士的節義與犧牲逐漸成為明末清初史事的英雄，從作為明陪臣

---

[143] 朴允默，《存齋集》，卷2，〈讀陪臣傳〉，收入《韓國文集叢刊》，冊292（首
　　爾：民族文化推進會，2002），頁35。
[144] 尹行恁，《碩齋稿》，卷19，〈贈戶曹參判崔公孝一謚狀〉，收入《韓國文集叢
　　刊》，冊287（首爾：民族文化推進會，2002），頁358。
[145] 韓章錫，《眉山先生文集》，卷10，〈讀江漢集〉，收入《韓國文集叢刊》，冊
　　322（首爾：民族文化推進會，2004），頁370。
[146] 徐浩修，《熱河紀遊》，收入《燕行錄全集》，冊52，頁185。
[147] 徐浩修，《熱河紀遊》，收入《燕行錄全集》，冊52，頁185。
[148] 徐浩修，《熱河紀遊》，收入《燕行錄全集》，冊52，頁185。

的光榮，化成「環東數千里封疆於以再完」的朝鮮先賢之一。

　　金允植（1835-1922）讀畢《明陪臣傳》後，他更認為「當時死節之人，未必求知於天下後世，而不可使天下後世不知有斯人也，此《尊周錄》、《陪臣傳》所以作也。」[149]然而，《尊周錄》之作實出於「皇明仁恩，偏〔遍〕洽我東，感慨想念，既沒世而愈不可忘。……（朝鮮）列聖悲慕之意，溢乎中發之詞章，而播人傳誦者甚盛。降自章甫，爰暨里巷，亦莫不謳吟而寄憤，是皆原於物，則民彝而不容泯者。茲加編輯，欲使忠義之士有所感發。」[150]《尊周錄》的題旨應是「為尊周而作」、「寓丁丑無限之痛」，[151]「死節之人」的事蹟只是細末，彰顯「皇明仁恩」方是重點。

　　至此，吾人重新領略李麟祥（1710-1760）「念自弘光南渡以後，天下不復秉義，有以八閩兩粵，存其年而不稱帝者曰『天命靡常』，有以丁丑死義諸臣為近名者曰『時既往矣』，不必世講復讐之義。」[152]的感慨與韓章錫「今天下陸沈〔沉〕且二百年餘矣。士大夫狃安習故，恬然忘恥，一聞尊王攘夷之說，不以為迂且狂者幾希，雖有是書，有誰讀之？」[153]一語的質問，思明的歷史更顯曲折與複雜。既然明末清初與皇明故事皆屬「時既往矣」的過去，朝鮮人何必在思明中躊躇不前。朝鮮理當走出「明朝」，從鑲嵌在明末清初的歷史中尋找自己，將三學士帶回朝鮮，擺脫傳說，成為歷史。

---

[149] 金允植，《雲養集》，卷7，〈權處士傳〉，收入《韓國文集叢刊》，冊328（首爾：民族文化推進會，2004），頁342。

[150] 李泰壽、李壽頤，《尊周錄》（東京：日本早稻田大學藏朝鮮抄本），卷5，頁32a。

[151] 李泰壽、李壽頤，《尊周錄》，〈尊周錄凡例〉。

[152] 李麟祥，《凌壺集》，卷3，〈送黃參判赴燕序〉，收入《韓國文集叢刊》，冊225（首爾：民族文化推進會，2001），頁518。

[153] 韓章錫，《眉山先生文集》，卷10，〈讀江漢集〉，收入《韓國文集叢刊》，冊322，頁370。

1808年，《忠烈祠志》重刊問世，同一時間清朝國子監生陳杞憂慮中國士子難以曉解乾隆帝《明史綱目》的微言大義，「後人儻徒習其文，而不究其旨，以奪為予，以褒為貶，則書法之義隱矣。」於是陳氏作《明史綱目管窺》以釋其說。陳杞認為「高宗純皇帝《明紀綱目》，法春秋之心，援紫陽之義例，睿斷精切，筆削嚴謹。」[154]乾隆帝彷彿史家之最，儼然是歷史的仲裁者，因此陳氏為了曉諭眾人《明史綱目》的深義，他「不揣固陋，晝夜玩索於明代二百七十餘年，……而成一編」，[155]名為《明史綱目管窺》，旨在以通俗白話直解之。《明史綱目管窺》的歷史詮釋涉及朝鮮的明史書寫，例如為何《明史綱目》、《明史覽要》皆不著錄「壬辰倭亂」，《明史綱目管窺》闡釋道：

> 譏當時之無人也。是役興，糜爛人民數十萬，軍餉不計其
> 數，國用大匱，以至開礦、增稅、加賦，民不聊生，變亂
> 蜂起，皆由此也。故《綱目》即削朝鮮請援，又不書救朝
> 鮮，……，所以刺其不能自治而搖其本也。不有君子，欲
> 國不衰，得乎？[156]

清朝上下一力摒棄萬曆援朝的功績，朝鮮又一面讚揚東國英雄的偉業，朝鮮之役的各自詮釋宛如中朝歷史知識的分水嶺，清朝在重塑明朝歷史中奠定統治基礎，朝鮮在重論明朝歷史中尋回本國聲音。1808年不僅是刊刻《忠烈祠志》、《明史綱目管窺》的年份，1796年，朝鮮正祖表示「歲月寢遠，文獻亡佚，予懼士大夫

---

[154] 陳杞，《明史綱目管窺》（上海：上海圖書館藏清嘉慶13年[1808]刻本），〈自序〉，頁1a。
[155] 陳杞，《明史綱目管窺》，〈自序〉，頁1b。
[156] 陳杞，《明史綱目管窺》，卷4，頁15a-15b。

或忽焉而忘爾。」[157]恐懼朝鮮士人遺忘大明,遂下令編纂《尊周彙編》,是書亦於1808年問世。

　　必須指出的是,《尊周彙編》雖被視為朝鮮「尊周思明」的集大成之作,但細究其內容,朝鮮實已偏離思明的旅途。李玄錫著《明史綱目》時,博採中國野史,其鉅著堪稱明末清初史書的精薈摘錄。相形之下,《尊周彙編》雖與《尊周錄》相同,以「尊周」為名,但其意旨更傾向朝鮮官方的宣傳文書,而非單純的思明之作。《尊周彙編》載:

> 秋八月,東平尉鄭載崙將使燕,上劄曰:「清人若問築壇
> 之事,不必隱誨,是乃聖人忠信接物之道也。」李濡亦以
> 為然。王可之。[158]

朝鮮肅宗三十一年（1705）,鄭載崙（1648-1723）將出使中國,是時大報壇已落成,鄭氏為免清朝官方詢問此事,上奏請旨,以為範式。鄭載崙認為朝鮮崇祀明朝皇帝是「聖人忠信接物之道」,清人倘若問起,則據實以告。有趣的是,朝鮮國王顯然認同鄭載崙的見解,於是許可其如實傳達。《尊周彙編》如此大義凜然的記載,或許彰顯其思明之真切,但究其史源《朝鮮王朝實錄》、《承政院日記》則並非如此簡單:

> 東平尉鄭載崙以冬至正使將赴燕,上密劄,略曰:冬築壇
> 之事,人無不知之。彼與西路卒隸,面熟情親,無所隱蔽,

---

[157] 成海應,《研經齋全集・本集》（首爾:旿晟社,1982）,冊2,〈尊周彙編敘〉,頁268。

[158] 成海應等編,《尊周彙編》,卷6,收入許悊等編,《朝鮮事大・斥邪關係資料集》,冊1（首爾:驪江出版社,1978）,頁475-476。

安知不即傳說也？彼人所尚，每以寬緩持大體為務，雖或知之，似不必詰問，而事幾之來，有不可測者。豈可無三思之道乎？彼倘或問之，而飾辭矯對，冀掩耳目於不可掩之地，則其為彼人所笑，當如何哉？聖人接物之道，惟以忠信而已，終不若白直以對之也。伏願俯詢諸臣於引對之日，講究所對之辭，詳細指揮，以為依樣應答之地焉。[159]

檢視《朝鮮王朝實錄》的記載，鄭載崙上言共四事，第一即是為防清人探聽大報壇事，請朝鮮國王傳授應對辦法，其餘則是關於譯官、交通文書的行政事務。據《朝鮮王朝實錄》所言，朝鮮國王實未直接「可之」，肅宗只表示「當議處」，[160]後來的批示則云：「或有意外詰問，則不可全諱，觀其語勢緊歇，方便善辭之說，最合予意，依此為之。」[161]顯而易見的是，從「當議處」的討論到「王可之」的定論之間，肅宗對使臣是否據實以告顯存模糊空間，且朝鮮竭力塑造「本國光明正大」的意圖似更重要，尤其較之過去屢陳思明大義的用心亦迥然有別。朝鮮的「明史知識」或關於明朝的書寫在18世紀中葉已與《尊周錄》、《明陪臣考》的立意相去甚遠。

綜上所述，朝鮮的思明文化自甲申以來看似持續一百五十年，但此百年光陰下的朝鮮人實非千人一面，無止盡地追述明朝故事，感念皇恩，將清朝視為仇虜。清朝的德政並非思明文化的威脅，時間才是考驗認同維繫的試金石。不同時代的朝鮮知識階層，學習、通曉「明史知識」仰賴的是「歷史文獻」，而非親身

---

[159] 《朝鮮王朝實錄》，冊40，肅宗42卷，31年8月27日戊午條，頁164。
[160] 《朝鮮王朝實錄》，冊40，肅宗42卷，31年8月27日戊午條，頁165。
[161] 國史編纂委員會編，《承政院日記》，冊22（首爾：國史編纂委員會，1963），肅宗31年10月29日，頁986。

經歷明末清初的真實體驗。對朝鮮士人而言，史書上表述的明朝才是真實的，畢竟《童蒙先習》的尾聲仍是「大明太祖高皇帝」賜號朝鮮的故事，《史要聚選》中的永曆帝仍不知所終。「明朝」自非外國，因為皇明仁恩遍洽我東，朝鮮臣民莫不沾其德惠。然而，《忠烈祠志》、《尊周彙編》的記述，以及不同世代閱讀「思明文本」的經驗提醒吾人，當朝鮮王室建立大報壇之時，金鍾厚質問洪大容之際，朝鮮越努力維繫「明朝」於「當下」，明朝越是遠離18世紀的朝鮮，因為明朝已經成為「過去」了。

朝鮮即使仍有思明文本如《續明史》的出版，[162]但朝鮮士人「雖有是書，有誰讀之？」的感嘆實道出一百五十餘年來不同世代關心的轉向。朝鮮後期學者南紀濟[163]的《我我錄》特別專闢一章，名「壬辰事略」，旨在喚醒時人對「明朝歷史」的注意。南紀濟認為朝鮮人「莫知大明，則神皇之恩亦安得知之也。……時移世遠，人不知其忍恫含冤之義，則背恩棄德，而世皆滔滔矣。」朝鮮人對於明朝歷史益發陌生，南氏擔憂朝鮮士人忘卻萬曆皇帝的恩德，故「記壬丙事略，使後人不忘神皇之恩。」[164]南紀濟的憂慮或許正源自當時對「本國史」、「朝鮮史」日益高漲的關心，而這正傳達朝鮮百年前難以想見的心態。至此，朝鮮的

---

[162] 趙徹永（1777-1853）編《續明史》出版於1839年，見趙徹永，《續明史》，收入《域外漢籍珍本文庫》，第二輯史部2（重慶：西南師範大學出版社，2011）。經由本文的析論，顯然將此書的出版年同樣視為思明時代，忽視朝鮮內部對明史知識注意力的轉移。

[163] 南紀濟的生卒年雖不詳，但生年應是1750年左右，因為金元行（1702-1772）曾與之通信，加上《我我錄》稱「大明之亡，今為二百餘年。」則1840年前後應尚在世，故推斷其生卒年約1750s-1840s似較妥切。換言之，南紀濟應晚於洪大容（1731生）一個世代（30年）。

[164] 南紀濟，《我我錄》（臺北：國家圖書館藏朝鮮抄本），〈壬辰事略〉，不著頁次。

明史書寫一如清代的明遺民，離開了「眷眷明朝」的寄託。朝鮮士人或許不免有「為故國存信史」的用心，但更多的是從歷史中汲取養分，教育臣民忠君愛國之道，表彰朝鮮先賢的節義故事。傳說中，當朝鮮義士林慶業死於中國時，始終陪伴左右的朝鮮僧侶「獨步」亦落寞歸鄉，《明陪臣考》稱「獨步初名『申歆』，為人開敏，有口辯。入妙香山學浮屠，削髮為僧。」[165]伴隨獨步走入妙香山的不止是「為明復仇」的志業，朝鮮與中國自此漸行漸遠，轉向內在，追尋自我。朝鮮的思明故事一如申歆邁入妙香山的旅程，因為朝鮮燕行使必將返航，踏上歸途。

小結

　　透過本章分疏中國、朝鮮對「明朝歷史」的詮釋與書寫，揭示17世紀以降兩國各自的知識譜系，而這正體現兩造的文化心態與中國論述。明清之際，三種不同的中國論述分別象徵清朝官方、明遺民、朝鮮士人的立場。雍正帝在易代八十年後為歷史定調，清朝是為明復仇的恩人，此後成為清朝君臣一致認同的「過去」。同時的明遺民仍高呼「天昏地暗，日月無光」，顯與清朝官方的認知迥然有別，明遺民對滿洲統治的認識尚維持在「夷狄」、「胡虜」侵染華夏的世界。相較之下，將大明仁恩視為莫大澤惠的朝鮮，清初尚且聲稱「孝宗北伐」、「為明復仇」，與中國遺民的言論似無二致。不過，時移勢易，推翻滿洲始終未能成為現實，朝鮮「為明復仇」的大義凜然，轉而在著書修史的過程中重新體會明朝，印證明朝之不朽。因此，觀諸清代燕行使沿

---

[165] 黃景源，《明陪臣考》（臺北：國家圖書館藏朝鮮刻本），卷1，不著頁次。

途的紀行詩文，他們熱切、熟悉、感傷地指認、描繪、陳述、批判一切明朝遺跡與易代史事，甚至與清朝知識階層討論明清故事，皆源自朝鮮內部的明史書寫。當是時，除中國人與朝鮮人外，若有外國人履及遼東貢道，其感懷想必與朝鮮人的記述相去甚遠。畢竟，朝鮮人豐厚的中國體驗，實仰賴源源不絕的明史知識。

由此，深入朝鮮使節沿途的歷史評論，以及與清朝儒生的歷史問答，不僅是文化交流史關注的議題。從歷史問答省思中朝關係史，更觸及雙方對於明朝知識的承繼與改編，並擴及閱讀體驗與書寫格套。換言之，中朝士人的歷史問答實是探索各自文化心態、政治文化史、史學史、書籍史的法門。更重要的是，析論中朝歷史問答的「知」、「無」，雖或凸顯朝鮮人在明朝知識上的「熟悉」，或清朝士子在某些議題上的「陌生」，但皆非本章的用心所在。

經由本章的論證，提醒研究者《燕行錄》若干細微的線索，實乃重要的關鍵證據，如朝鮮人的明史知識絕非理所當然的記載。再者，追隨著問答的來源：「明史書寫」，「明朝知識」在甲申後一百五十年係變動的存在，從伊始「書寫明朝」等於「認同明朝」的認知，在1750年代成為朝鮮不同世代反思的議題。1750年代後朝鮮內部對「本國史」的焦慮與反思，對「朝鮮英雄」的重新認識，凸顯不同時代對「過去」、「現在」的訴求已與孝宗北伐的執著背道而馳。因此，晚近學界不是據一史料落款「崇禎二百多年」稱朝鮮思明「二百年」，即是將洪大容的燕行視為中朝關係劃時代的重大事件，不免失之偏頗。二百年來，此類綿延百年、種類龐雜的朝鮮文獻當非一成不變，朝鮮士人更非千人一面的存在。

職是之故，本章著眼歷史問答、歷史書寫的旨趣，正是藉此反思研究者一刀切式的將朝鮮區別為「反清時代」、「思明時代」、「和清時代」。因為思明文化不應是板塊式的劇烈變革，也不是非此即彼的文化消長，而是犬牙交錯、互有勝負的百年緩行。學界援引過分化約式的研究套式，[166]不僅忽視朝鮮內部的歧異性，更且遺忘「時間」以及「世代」對歷史研究的深遠意義。由此觀之，研究者認為洪大容的中國旅行係18世紀東亞的一大劇變，同時也應當考察18世紀朝鮮知識階層對明朝、明史的書寫、關注、詮釋，這更能體現18世紀在「東亞」的意義。最後，朝鮮始終未能「為明復仇」，成海應曾感慨17世紀中葉「當仁廟之初，以斥和為事，君臣上下，專心一力，上尊皇朝，雖婦孺亦知大義之不可犯。」但18世紀中葉卻「士皆狃安，朱子八字之訓浸浸不之講，則於是乎懼大義之弁髦。」[167]百年時光在不同文化中發酵，朝鮮人「思明」重心的轉移即是一例。因為百六十餘年未曾有人祭悼的「朝鮮英雄」逐漸受到重視，因為清居中土為天下主不容質疑，因為燕行使節的中國之旅終將結束，因為朝鮮轉向內在，明朝夢醒，大義覺迷。

---

[166] 如徐東日，《朝鮮朝使臣眼中的中國形象》（北京：中華書局，2010），頁247-250。

[167] 成海應，《研經齋全集》，卷32，〈尊周彙編條議〉，收入《韓國文集叢刊》，冊274（首爾：民族文化推進會，2001），頁209。

第五章
結論

　　韓國的「景福宮」是今日旅人的必遊之地，緩步邁入景福宮的遊客，必先造訪宮前的「光化門廣場」，著名的「李舜臣將軍像」、「世宗大王像」及其博物館皆坐落於此。值得注意的是，韓國政府別出心裁地規劃光化門廣場，藉建築空間訴說韓國的歷史與文化。例如光化門廣場的周圍鋪砌一塊塊的磁磚，由景福宮的正門「光化門」筆直地向前延伸，直至李舜臣將軍像為止。換言之，當代韓國的文化正統，紹述朝鮮王朝之始，因此磚頭上銘刻著從1392年以降，直至「現在」的一塊塊石板，不啻一部韓國編年史。值得追問的是，在五百多個的磚石上，韓國人著眼於哪些「過去」，成為他們的歷史？倘若由18世紀朝鮮人處理這項浩繁的工程，則本研究屢屢闡述的「壬辰倭亂」、「丙子胡亂」、「丁卯胡亂」、「甲申之變」必定是共所認知的重大事件。然而，今日光化門廣場的重點已與三百年前大異其趣，磚片上的銘刻既無隻字片語與「明朝」有關，更遑論「明亡」的記載。更重要的是，李舜臣將軍博物館播映的「壬辰倭亂」影片中，「明軍」從頭到尾不曾出現，因為倭亂是朝鮮人憑一己之力平定的，神宗恩德與明朝滅亡自然無足道矣。

　　晚近學界咸認為韓國在第二次世界大戰後，有鑑於日本的殖

民統治，積極尋回本國歷史文化的主體性。經由本研究的探論，吾人倘若延伸審視朝鮮史的眼光，則韓國在塑造民族認同的道路上，不僅經歷「去日本化」，而且同時「去中國化」。[1]對17-18世紀的朝鮮人而言，當前韓國官方的歷史詮釋，想必無理至極，顛倒是非，乃至群起圍攻之。這個歷史性的「矛盾」與「疑惑」即是本研究企圖深入探問的課題，即：朝鮮的思明文化如何實踐在中朝士人交往、引發哪些討論、此類論述如何被承襲、如何被書寫，以及如何終結。簡言之，本研究旨在探討朝鮮士人種種因「明朝」而起的情緒、論述及其實踐。為較周詳地考察此過程，辨析其間曲折複雜的變化，本文上起明萬曆二年（1574）朝鮮使臣的朝天之旅，下迄清乾隆年間（1736-1795）的燕行歸途。具體使用的材料主要是朝鮮使者的日記與報告書、朝鮮知識階層的文集、中朝雙方關於「明朝歷史」的著作。前一種即今日學界統稱的《燕行錄》，而後兩種則是治明清史日趨重要的「域外漢籍」。

透過上述三種主要材料，及《朝鮮王朝實錄》、中朝的童蒙讀物等文本的研析，本文主要發現如下：

（一）當代學界喜以清代朝鮮使節緬懷、欣羨明朝的種種言論為根據，強調明代中朝關係的友好。此類錯拿「清朝」說「明朝」的歷史解釋，忽視《燕行錄》、朝鮮使節的內在脈絡。究其

---

[1] 知名的朝鮮史學者韓永愚，在其《韓國社會的歷史》強調朝鮮王朝自壬辰倭亂、丙子胡亂後，朝鮮士人愛國心高漲，喚起新的歷史意識。（倭亂と胡亂を經て愛國心が高まり、崩壞してしまった制度と文物を再整備する過程で民族志向的な國學が發達してきた。これにつれて、新たな歷史意識を喚起する史書が立て編纂された。）見韓永愚著，吉田光男譯，《韓國社會の歷史》（東京：明石書店，2003），頁394。但是經由本研究的探論，18世紀以前洪大容、李萬運等人的言論卻透露朝鮮人對於編纂自身歷史並不積極。相形之下，他們仍熱衷於記述、編寫明朝故事。

實，朝鮮的思明文化雖屢有承襲之處，但仍不乏嬗變之時。事實上，藉由本研究考察晚明以降的《朝天錄》，明清兩代朝鮮使節對中國事務的批評實如出一轍，如批判「國子監」荒煙蔓草，鄙視中國官員貪污收賄，譏諷中國士夫不學無術，指責中國禮俗之敗壞，淫祠淫祀無處不有。有趣的是，清代朝鮮人在「明瞭」明朝確實存在諸多弊政的情況下，從未在清人面前道出一詞片語的「明朝實情」，反是極力讚揚皇明的美好。這種被筆者名之為選擇性書寫（selective narration）的普遍現象，是朝鮮使臣一種特殊的交流技巧。朝鮮使節在清人面前暢談明史及象徵明朝的文化物品，往往令當時的中國人驚怖不已，只能唯唯諾諾以應之。

再者，《乾淨衕筆談》作為重要的文獻，近來學界對此書益發關注，但往往隨意引用其記載，未能注意到《乾淨衕筆談》實有嚴重的版本問題。本研究考校不同版本的《乾淨衕筆談》，發現朝鮮人為了順應國情，改動原本的版本，致使文義丕變，此類經由二次處理的文本現象，是為第二種的選擇性書寫。透過上述兩種選擇性書寫的析論，提醒未來研究者若「去脈絡化」的利用《燕行錄》，勢必忽視種種問題。夫馬進曾指出，趙憲呈送朝鮮國王的「國情報告書」對明朝多所美化，與其私人日記的記述大相徑庭。相形之下，本研究更強調的是，文本不僅在「對內」、「對外」上不同，即使是那些看似「一致」的表述，有時亦經過精心的「安排」甚或「作假」。因此，比較《日下題襟集》與《乾淨衕筆談》關於金在行的描寫，《乾淨衕筆談》刻意塑造「洪大容─中國儒生」的感受，呈現洪大容為主角，且情感嚴肅、思明大義凜然的形象，即是意料中事。因此，學界在處理思明文化的議題上，不應「據清說明」，更須認真看待《燕行錄》版本之間的關係。

（二）朝鮮人對清朝的特殊情感，學界咸以「尊周思明」或「尊王攘夷」稱之，即清代朝鮮士人標榜漢唐宋明的中華正統，將清朝視為竊據中原的胡虜夷種。因此，清代朝鮮人拒絕仿效明代故事，向清中國學習禮樂制度。在此理解下，尊周、思明、反清成為線性的必然關係。然而，朝鮮的思明文化向「明朝」傾斜，與強調「民族回歸」的解釋不盡相同。朝鮮個案的變化更為複雜曲折，尤其在明亡後的選擇，與「朝鮮主體性」、「朝鮮民族」似未能直接劃上等號。朝鮮士人更像是明遺民，大量學習、維繫、書寫「明朝」，後十六世紀的朝鮮尚未轉向內在，而是一種特殊的個案。

　　此外，朝鮮北學派士人對「中國論述」的闡釋，以及重新界定「中朝關係」的努力，過去往往著眼「和清」的一面，認為朝鮮「放棄」尊周論，呼籲回到和平相處、學習中國的方針。然而，本研究強調的是，清乾隆年間的朝鮮燕行使，實是有鑑於朝鮮國內的改革需要，以及清中國強盛的事實，提出一新的中國論述。這新的中國論述並不妨礙過去「思明」的傳統，如洪大容一面高呼眷眷皇明，雖「國破家亡，君臣上下糜爛塗地，亦不暇恤也。」卻一面積極地與清人交往。洪大容看似「矛盾」的言論，前人研究不是在「放棄尊周論」的詮釋下視而不見，即是出於過分關注「思明」，致使其「新華夷論」、「中國論述」隱而不彰。事實上，一面「思明」，一面「尊清」反是當時亟欲推廣的新說，思明與尊清不僅不相違背，反是相輔相成。職是之故，檢視17-18世紀的朝鮮文本，「思明」即使仍是主調，但須細細分疏其變奏，以免落入非此即彼的窠臼。

　　（三）為具體檢視第三章「華夷論戰」的意義，並藉此探論思明文化的尾聲，本研究探論清初以降中朝雙方的「明史著

作」，透過《燕行錄》中諸多關於「明朝」的討論，呈現朝鮮士人對明朝歷史的嫻熟，以及清朝儒生對前代故事的陌生。究其實，《燕行錄》中朝鮮使節頻頻對明朝遺跡的致意、眷戀與緬懷，不宜視為理所當然的行為。畢竟不同世代朝鮮人的一致表現，不僅體現「思明」之深切，同時亦凸顯朝鮮內部對「明史知識」的重視。相較於同時的清朝士人，朝鮮燕行使對「明朝」展現莫大的熱衷與熟悉，「明朝」彷彿是雙方歷史認知的分水嶺。中朝各自的歷史書寫，形塑清初以降幾個世代對於「明朝」的認知。但是，18世紀朝鮮內部的明史書寫亦面對新的挑戰，朝鮮主體性與獨尊明朝的論述在國內競逐，此即朝鮮中國論述與文化心態的轉向，亦是眷眷明朝的尾聲。

從「世代」的角度反省朝鮮思明文化，思明之於不同世代的朝鮮人，意義迭有轉變，伊始期盼「為明復仇」，中期惟藉「明史著作」緬懷過去，最終「雖有是書，有誰讀之」的悲鳴，道出一百五十餘年來的巨大變動。觀諸不同世代看待明朝的方式，過去研究僅據幾則史料即宣稱思明「二百年」乃至「三百年」的說法，實有待商榷。因為朝鮮社會的「思明」絕非一言堂，且「思明」本身即是不斷變動的存在，而非一成不變的理論。朝鮮綿延不絕的思明文化，有賴後續世代的不斷維繫。因此，思明文化斷非板塊式的劇烈變革，不是非此即彼的文化消長，而是不斷學習、更新、妥協、前進，一種犬牙交錯的百年緩行。職是之故，思明有時佔據高位，成為主流，有時跌落下風，成為低音。明乎此，借用世代之眼審視朝鮮的明史著作，體察其閱讀經驗與書寫格式，朝鮮最終於1750年代後轉向內在，明朝夢醒，大義覺迷。

近代早期（early modern）的朝鮮從「明朝」轉向內在，較諸東亞各國的歷史，堪稱獨一無二的案例。尤其相較於日本、越南

或東南亞的海島國家，朝鮮對明朝的眷戀不捨，以及反芻文化、思想、風俗價值準衡的過程，並非一帆風順，而是拉扯、矛盾、交錯的妥協。此類被學界視為理所當然的歷史變化，其背後實蘊藏豐厚的幽微故事，這正是現代社會從歷史資源中汲取經驗的用意，亦是歷史研究令人著迷之處。展望未來，中朝關係史正邁入新階段，如何在本研究的基礎上拓展新圖，一方面需要在文化交流的背景下瞭解中朝社會史、法律文化史，一方面需要從環流的角度深入中朝書籍史、閱讀史，探索文化面貌。由此，或正凸顯文化史、認同問題作為近代早期重要議題的原因，亦象徵研究者擺脫帝國晚期（late imperial China）的用心。因為吾人的「現在」與「過去」緊密相連，正如朝鮮士人的「明史書寫」，在漫漫長河中自我言說，遙望著那雖已逝去，但仍存在的歷史。

▌後記

　　名為歷史的原野散落著各式各樣的故事,而沿路撿拾著過
去,重新體會其意義的旅者,就是那些試圖領略歷史的人。聆聽
過去、述說故事,看來簡單易行,實際操作起來卻不作如是想。
呈現在各位讀者面前的小書,即是筆者於碩士班期間的嘗試之
作。然而故事何其多,與自己喜歡的故事相遇其實需要的是緣
分。還記得是大學二年級,在蔣竹山老師的引導下,我邂逅了
《燕行錄》,竹山老師每週一次的面談都使我更理解朝鮮士人的
心路歷程。後來我嘗試將閱讀《燕行錄》的心得寫成文章,在潘
宗億老師的課堂上報告,意外地獲得宗億老師諸多具體建議與鼓
勵。在東華大學期間,竹山老師、宗億老師在各方面給予我許多
珍貴的機會,令我有更多的時間思考、學習自己想要甚麼,不勝
感激。

　　進入師大歷史系研究所後,我有幸拜入林麗月老師門下,
引領我繼續在歷史研究的道路上前行。老師不僅花費許多寶貴的
時間與我討論研究構想,拓寬了我的眼界,更悉心讀過每一篇草
稿,不厭其煩地給予諸多意見與指正。我永遠不會忘記,老師時
常提醒閱讀不要「偏食」,除卻中朝關係史外,更應廣泛瞭解不
同領域的成果,切莫因為「無關」而忽略。如果本書的論點或文
筆有值得一提之處,都必須歸功於麗月老師。老師亦時常關心我

的生活，並分享深刻的人生哲理，凡此種種，實在難以記述，而這都使我更能靜下心來讀書，享受沿途的風景。此外，中研院近史所的張存武老師就文中若干構想，賜予諸多深刻且發人省思的建議，每次與存武老師的討論，都促使我在中朝邊境的貢道上走得更遠，我至今仍時常想起與存武老師的每一次討論。陳登武老師、陳秀鳳老師在擔任主任期間，儘管公務繁忙，但始終大力支持筆者申請各種計畫，由此感受到系上對研究生的關心。筆者同時從陳國棟老師、朱鴻老師、李貞德老師、葉高樹老師、陳登武老師、陳建文老師的課程上受到很多啟發，每一堂課的內容都是刺激我思考的動力。

除了有老師指引方向外，班上同學亦是一路上不可或缺的夥伴。高愷謙、張又瑜、蕭芮吟、劉得佑時常一起分享碩論的構想，在修課時共同努力，儘管彼此前進的方向不同，但關心卻不曾減少。撰寫論文期間，吳大昕、陳建守、謝柏輝、韓承樺、鹿智鈞、蕭琪、蔡松穎、蔡明哲、杜祐寧、傅范維等學長姐，總不吝於鼓勵我，並分享不少深具啟發的經驗。趙太順老師、何淑宜老師、張佳老師、秦方老師，幫助我釐清思路，提供他們珍貴的意見。校外的學友錢雲、耿勇、徐力恆、陳涵郁、林佳、郭磊、熊新傳、李孟衡，頻繁地與我討論，且在材料上多所協助，省去不少麻煩，尤其高愷謙、錢雲、耿勇時常義務看未經潤飾的初稿，是學途結伴的畏友。一路上倘若沒有師長與學友的奧援，則本研究必定會增添不少窒礙。

論文寫作期間，拙作受到中研院史語所黃彰健院士學術研究獎金、蔣經國國際學術交流基金會獎助，及復旦大學文史研究院的協助，得以於2014年前往北京、上海收集史料，對拙作有極大的助益，此外，本研究又蒙郭廷以先生獎學金得以由秀威出版，

筆者感到不勝光榮，對於師大歷史系的學生而言，郭廷以先生有著特殊意義，因此這實是值得紀念的大事，至為感謝。而父母及家人不僅自始至終祝福我寄心史學，更從未催促筆者盡速完成學業，惟期盼自己能夠追求屬於自己的故事，他們的耐心與默默付出，支撐我行來的每一步。這一路上，家人以及麗月老師從未終止的關懷，使我得以完成這趟旅程，沿路的風景將長埋心中，謝謝你們。最後，拙作在口試階段由業師及劉序楓老師、葉高樹老師擔任口試委員，多所斧正，在此深致謝忱，當然，文責自負，筆者學力有限，書中諸多謬誤尚祈方家不吝批評指正。

2015.05.06寫於師大

▋ 付梓後記

　　在送出最後一校後，我如釋重負地吐了一大口氣，緊接而來的是擔憂書中是否藏著那見不著的錯誤。我想這是寫作永遠的障礙，研究者總想著不知道的某處，有一條未曾留意的記載存在，而「它」就是那重要的反證。筆者沒有經過朝鮮史的訓練，卻以朝鮮士人內心世界作為學位論文，現在想來真是「年少無知」，但或許就是這份初心陪伴我走過寫作期間，面對自我質疑的過程。不論結果是好是壞，我在師大度過了美好的兩年半。

　　走近朝鮮士人的思想活動，嘗試用自己的眼睛去看他們眼中的世界，體會他們的悲歡喜樂，想像自己走在鴨綠江邊的貢道上，甚或遙望自己書臺前那幅「漢城圖」。我總想著，從這走到那裡，將會遇見甚麼？尤其是旅人那第一次初見的悸動，無法複製，卻格外珍貴。透過《燕行錄》，踏訪北京城，步入樓臺宮闕，那是個永遠比我想像，都要來得大的「世界」。我們永遠需要更大的世界，令我們認識現在的世界，因此我們永遠需要歷史，在那裡，在這裡，有著過去與未來。如果要說本書留給了我甚麼，朝鮮人在返鄉歸途的思家情懷，在清代北京城尋訪明朝的眷戀不捨，然後回到朝鮮實踐我遇我見的雄心壯志，唯一留給我的是對生活的投入，以及對社會的關懷。這像是古人留給我們的資產，難以名狀，但真實存在。

筆者能夠有這些心得，必須感謝所有幫助過我的朋友、師長，如果沒有你們就不會有今天的我。最後，必須再次感謝我的父母，他們在這個「向錢看齊」的社會風氣下，始終無條件地支持我投入這個「反資本主義」的興趣。一位老師曾在課堂上說道：「自古以來，歷史就是貴族的學問。」時至今日，歷史研究自然不專是「貴族」的學問，但也至少是需要家庭全力支持的求學之路，在此衷心地感謝我的父母：吳錦郎、黃瑛宜，謹將本書獻給您們。

2015.09.12

徵引書目

壹、古籍史料

一、林基中編，《燕行錄全集》，首爾：東國大學出版社，2001。

全湜，《槎行錄》，收入《燕行錄全集》，冊10。

朴世堂，《西溪燕錄》，收入《燕行錄全集》，冊23。

吳道一，《丙寅燕行日乘》，收入《燕行錄全集》，冊29。

吳億齡，《朝天錄》，收入《燕行錄全集》，冊8。

李田秀，《入瀋記》，收入《燕行錄全集》，冊30。

李安訥，《朝天錄》，收入《燕行錄全集》，冊15。

李廷龜，《戊戌朝天錄》，收入《燕行錄全集》，冊10。

李押，《聞見雜記》，收入《燕行錄全集》，冊53。

李恆福，《朝天記聞》，收入《燕行錄全集》，冊8。

李喆輔，《丁巳燕行日記》，收入《燕行錄全集》，冊37。

李晬光，《續朝天錄》，《燕行錄全集》，冊10。

金尚憲，《朝天錄》，收入《燕行錄全集》，冊13。

金堉，《朝天錄》，收入《燕行錄全集》，冊16。

金堉，《朝京日錄》，收入《燕行錄全集》，冊16。

金堉，《潛谷朝天日記》，收入《燕行錄全集》，冊16。

金景善，《燕轅直指》，收入《燕行錄全集》，冊70。

俞拓基，《瀋行錄》，收入《燕行錄全集》，冊38。

姜銑，《燕行錄》，收入《燕行錄全集》，冊28。

洪大容，《乾淨衕筆談》，收入《燕行錄全集》，冊43。

洪大容，《湛軒燕記》，收入《燕行錄全集》，冊42。

徐長輔，《薊山紀程》，收入《燕行錄全集》，冊66。

徐浩修，《熱河紀遊》，收入《燕行錄全集》，冊52。

許篈，《荷谷朝天記》，收入《燕行錄全集》，冊7。

閔鼎重，《老峰燕行記》，收入《燕行錄全集》，冊22。

裴三益，《朝天錄》，收入《燕行錄全集》，冊4。

趙憲，《朝天日記》，收入《燕行錄全集》，冊5。

韓德厚，《燕行日錄》，收入《燕行錄全集》，冊50。

權撥，《朝天錄》，收入《燕行錄全集》，冊2。

二、《韓國文集叢刊》

尹行恁，《碩齋稿》，收入《韓國文集叢刊》，冊287，首爾：民族文化
　　推進會，2002。

朴允默，《存齋集》，收入《韓國文集叢刊》，冊292，首爾：民族文化
　　推進會，2002。

朴世采，《南溪先生朴文純公文正集》，收入《韓國文集叢刊》，冊
　　140，首爾：民族文化推進會，1990。

朴趾源，《燕巖集》，收入《韓國文集叢刊》，冊252，首爾：民族文化
　　推進會，2000。

朴齊家，《貞蕤閣集》，收入《韓國文集叢刊》，冊261，首爾：民族文
　　化推進會，2001。

吳道一，《西坡集》，收入《韓國文集叢刊》，冊152，首爾：民族文化
　　推進會，1995。

宋時烈，《宋子大全》，收入《韓國文集叢刊》，冊108-116，首爾：民族
　　文化推進會，1993。

李玄錫，《游齋先生集》，收入《韓國文集叢刊》，冊156，首爾：民族
　　文化推進會，1997。

李書九，《惕齋集》，收入《韓國文集叢刊》，冊270，首爾：民族文化
　　推進會，2001。

李敏求，《東州先生文集》，收入《韓國文集叢刊》，冊94，首爾：民族
　　文化推進會，1996。

李景奭，《白軒先生集》，收入《韓國文集叢刊》，冊96，首爾：民族文
　　化推進會，1996。

李德懋，《青莊館全書》，收入《韓國文集叢刊》，冊259，首爾：民族
　　文化推進會，1990。

李麟祥，《凌壺集》，收入《韓國文集叢刊》，冊225，首爾：民族文化
　　推進會，2001。

金允植，《雲養集》，收入《韓國文集叢刊》，冊328，首爾：民族文化
　　推進會，2004。

金堉，《潛谷先生遺稿》，收入《韓國文集叢刊》，冊86，首爾：民族文
　　化推進會，1992。

金履安，《三山齋集》，收入《韓國文集叢刊》，冊238，首爾：民族文
　　化推進會，1999。

金慶餘，《松崖先生文集》，收入《韓國文集叢刊》，冊100，首爾：民
　　族文化推進會，1996。

金鍾厚，《本庵集》，收入《韓國文集叢刊》，冊237，首爾：民族文化
　　推進會，1999。

南公轍，《金陵集》，收入《韓國文集叢刊》，冊272，首爾：民族文化
　　推進會，2001。

洪大容，《湛軒書》，《韓國文集叢刊》，冊248，首爾：民族文化推進
　　會，2000。

洪直弼，《梅山集》，收入《韓國文集叢刊》，冊296，首爾：民族文化
　　推進會，2002。

徐命膺，《保晚齋集》，收入《韓國文集叢刊》，冊233，首爾：民族文
　　化推進會，2001。

徐榮輔，《石竹館遺集》，收入《韓國文集叢刊》，冊269，首爾：民族
　　文化推進會，2001。

崔興璧，《蠹窩先生文集》，收入《韓國文集叢刊・續》，冊95，首爾：
　　韓國古典翻譯院，2010。

許穆，《記言》，收入《韓國文集叢刊》，冊99，首爾：民族文化推進會，1990。

黃景源，《江漢集》，收入《韓國文集叢刊》，冊224，首爾：民族文化推進會，2001。

趙炯，《龍洲先生遺稿》，收入《韓國文集叢刊》，冊90，首爾：民族文化推進會，1992。

鄭宗魯，《立齋集》，收入《韓國文集叢刊》，冊254，首爾：民族文化推進會，2000。

韓元震，《南塘先生文集》，收入《韓國文集叢刊》，冊201，首爾：民族文化推進會，1998。

韓章錫，《眉山先生文集》，收入《韓國文集叢刊》，冊322，首爾：民族文化推進會，2004。

三、實錄、筆記、小說及其他

《大義覺迷錄》，收入沈雲龍編，《近代中國史料叢刊》，36輯，臺北：文海，1985。

中國第一歷史檔案館編，《雍正朝起居注冊》，北京：中華書局，1993。

成均館大學大東文化研究所編，《燕行錄選集・補遺》，首爾：東國大學，2008。

成海應，《研經齋全集》，首爾：旿晟社，1982。

成海應等編，《尊周彙編》，收入許伩等編，《朝鮮事大・斥邪關係資料集》，冊1-2，首爾：驪江出版社，1985。

朴世茂，《童蒙先習註解》，首爾：出版社不詳，臺灣大學圖書館藏書，2011。

朴趾源著、朱瑞熙點校，《熱河日記》，上海：上海書店，1997。

吳王坦，《讀史臆語》，上海：上海圖書館藏清乾隆34年（1769）刻本。

吳邦達，《明史隨筆》，上海：復旦大學古籍善本室藏清刻本。

李佑成編，《楚亭全書》，首爾：亞細亞文化社，1992。

李泰壽、李壽頤，《尊周錄》，東京：早稻田大學藏朝鮮抄本。

李萬運，《紀年兒覽》，波士頓：哈佛大學燕京社藏朝鮮刻本。

杜宏剛主編，《韓國文集中的明代史料》，桂林：廣西師範大學出版社，
　　2006。

杜宏剛主編，《韓國文集中的清代史料》，桂林：廣西師範大學出版社，
　　2008。

杜詔，《讀史論略》，上海：上海圖書館藏清鎮江文成堂刻本。

孟子著、阮元校，《孟子》，臺北：藝文印書館，2001。

林基中、夫馬進編，《燕行錄全集日本所藏編》，首爾：東國大學，2001。

金在行等撰，《日下題襟合集》，上海：上海圖書館古籍善本室藏咸豐二
　　年（1852）抄本。

南紀濟，《我我錄》，臺北：國家圖書館藏朝鮮抄本。

姚培謙，《明史覽要》，上海：上海圖書館藏清乾隆24年（1759）刻本。

洪大容、李德懋著，鄺健行點校，《乾淨衕筆談‧清脾錄——朝鮮人著作
　　兩種》，上海：上海古籍出版社，2010。

徐枋，《居易堂集》，上海：華東師範大學出版社，2009。

張混，《兒戲原覽》，臺北：國家圖書館藏朝鮮純祖3年[1803]而已广刊本。

國史編纂委員會編，《朝鮮王朝實錄》，首爾：國史編纂委員會，1973。

陳杞，《明史綱目管窺》，上海：上海圖書館藏清嘉慶13年（1808）刻本。

復旦大學文史研究院、成均館大學東亞學術院大東文化研究院合編，《韓
　　國漢文燕行文獻選編》，上海：上海復旦大學出版社，2011。

黃景源，《明陪臣考》，臺北：國家圖書館藏朝鮮刻本。

愛敬齋譯，《滿文讀史論略》，上海：上海圖書館藏清道光八年（1828）
　　刻本。

葉夢珠，《讀史偶評》，上海：上海圖書館藏清抄本。

趙徹永，《續明史》，收入《域外漢籍珍本文庫》，第二輯史部2，重
　　慶：西南師範大學出版社，2011。

鄭昌順等編，《同文彙考》，臺北：桂庭出版社，1978。

盧元昌，《明紀本末國書》，東京：日本國立公文書館藏康熙三年（1664）
　　刻本。

錢謙益，《明史斷略》，上海：上海圖書館藏清抄本。

歸莊，《明季逸事野錄》，上海：上海圖書館藏清抄本。

魏裔介，《兼濟堂文集》，北京：中華書局，2007。

嚴璿編，《忠烈祠志》，上海：復旦大學古籍善本室藏朝鮮純組八年（1808）刻本。

權以生輯，《史要聚選》，上海：復旦大學善本古籍室藏清乾隆33年（1768）重刻本。

權以生輯，《史要聚選》，上海：復旦大學善本古籍室藏清乾隆元年（1736）朝鮮由洞刻本。

權以生輯，《史要聚選》，臺北：國家圖書館藏清康熙十八年（1679）朝鮮田以采刊本。

貳、近人專著

中文

文鍾哲，〈薩爾滸之戰與朝鮮光海君的雙邊外交政策〉，《滿族研究》，2008年4期（瀋陽），頁63-71。

王成勉，〈再論明末士人之抉擇——近二十年的研究與創新〉，收入氏著，《氣節與變節：明末清初士人的處境與抉擇》（臺北：黎明文化，2010），頁15-17。

王成勉，〈沒有交集的對話——論近年來學界對「滿族漢化」之爭議〉，收入氏著，《氣節與變節：明末清初士人的處境與抉擇》（臺北：黎明文化，2010），頁289-305。

王汎森，〈從曾靜案看十八世紀前期的社會心態〉，《大陸雜誌》，85:4，（臺北，1996），頁20-41。

王汎森，〈清末的歷史記憶與國家建構——以章太炎為例〉，收入氏著，《中國近代思想與學術的系譜》（臺北：聯經出版公司，2003），頁95-108。

王汎森，〈清初士人的悔罪心態與消極行為——不入城、不赴講會、不結

社〉，收入周質平、Willard J. Peterson編，《國史浮海開新錄：余英時教授榮退論文集》（臺北：聯經出版公司，2002），頁367-418。

王汎森，〈道、咸以降思想界的新現象──禁書復出及其意義〉，收入氏著，《權力的毛細管作用：清代的思想、學術與心態》（臺北：聯經出版公司，2013），頁603-643。

王汎森，《執拗的低音：一些歷史思考方式的反思》，臺北：允晨文化，2014。

王汎森，〈歷史教科書與歷史記憶〉，《思想》，9期（臺北，2008），頁123-139。

王汎森，〈權力的毛細管作用──清代文獻中「自我壓抑」的現象〉，收入氏著，《權力的毛細管作用：清代的思想、學術與心態》（臺北：聯經出版公司，2013），頁393-500。

王甫昌，〈民族想像、族群意識與歷史──《認識臺灣》教科書爭議風波的內容與脈絡分析〉，《臺灣史研究》，8卷2期（臺北，2001），頁89-140。

王甫昌，《當代臺灣社會的族群想像》，臺北：群學，2003。

王明珂，《華夏邊緣──歷史記憶與族群認同》，臺北：允晨文化，1997。

王非，〈明代援朝御倭戰爭與朝鮮的「再造之恩」意識〉，延吉：延邊大學專門史碩士論文，2005。

王振忠，《袖中東海一編開：域外文獻與清代社會史研究論稿》，上海：上海復旦大學出版社，2015。

王璦玲，〈記憶與敘事：清初劇作家之前朝意識與其易代感懷之戲劇轉化〉，《中國文哲研究集刊》，24期（臺北，2004），頁40。

王鑫磊，《同文書史──從韓國漢文文獻看近世中國》，上海：復旦大學出版社，2015。

左江，〈值得關注的燕行錄文獻〉，《古典文學知識》，2010年1期（南京），頁122-129。

白永瑞，《思想東亞──韓半島視角的歷史與實踐》，臺北：臺灣社會研究雜誌出版社，2009。

朱雲影，《中國文化對日韓越的影響》，臺北：黎明文化，1981。

朱鴻林，〈元儒吳澄從祀孔廟的歷程與時代意涵〉，《亞洲研究》，期23（1997，香港），頁269-330。

朴現圭，〈《日下題襟集》的編撰與版本〉，《國際漢學研究通訊》，第4期（北京，2011），頁268-284。

衣若芬，〈韓國「民族文化推進會」與《韓國文集叢刊》的編纂與出版〉，《中國文哲研究通訊》，14卷1期（2004，臺北），頁203-208。

辛勝夏，〈《童蒙先習》及其對兒童的儒家教育〉，收入《第二屆中國域外漢籍國際學術會議論集》（臺北：聯合報文化基金會國學文獻館，1989），頁69-83。

何冠彪，〈「得福不知今日想，神宗皇帝太平年」——明、清之際士人對萬曆朝的眷戀〉，《九州學林》，3卷3期（九龍，2005），頁85-115。

何冠彪，〈清代前期君主對官私史學的影響〉，《漢學研究》，16卷1期（臺北，1998），頁155-184。

何冠彪，〈清初君主與《資治通鑑》及《資治通鑑綱目》〉，《中國文化研究所學報》，新7期（新界，1998），頁103-132。

何冠彪，〈清高宗綱目體史籍編纂考〉，《明清人物與著述》（臺北：臺灣商務印書館，1996），頁241-280。

何冠彪，〈清朝官方的「明亡於萬曆」說〉，《國立編譯館館刊》，28卷1期（臺北，1999），頁255-272。

何冠彪，〈論清高宗自我吹噓的歷史判官形象〉，《明清人物與著述》（臺北：臺灣商務印書館，1996），頁146-182。

何冠彪，《明末清初學術思想研究》，臺北：學生書局，1991。

吳相湘，〈李朝實錄對於明清史研究之貢獻〉，收入董作賓等著，《中韓文化論集（一）》（臺北：中華文化事業出版委員會，1955），頁151-185。

吳政緯，〈從中朝關係史看明清史研究的新面向〉，《臺灣師大歷史學報》，51期（臺北，2014.6），頁209-242。

李光濤，《朝鮮「壬辰倭禍」研究》，臺北：中央研究院歷史語言研究所，1972。

李岩，〈朴趾源《熱河日記》的北學意識和實業方略〉，《東疆學刊》，

24卷1期（延吉，2007），頁1-6。

李英順，《朝鮮北學派實學研究》，北京：中國社會科學出版社，2011。

李善洪，〈從十七世紀初朝鮮內外局勢看光海君的「兩端外交」〉，《松
　　江學刊》，1996年1期（四平），頁76-78。

李瑄，〈明遺民與仕清漢官之交往〉，《漢學研究》，26卷2期（臺北，
　　2008），頁131-162。

李瑄，〈清初五十年間明遺民群體之嬗變〉，《漢學研究》，23卷1期
　　（臺北，2005），頁291-324。

李瑄，《明遺民群體心態與文學思想研究》，成都：巴蜀書社，2008。

步近智，〈18-19世紀中韓華夷觀的變革對中韓兩國的影響〉，《當代韓
　　國》，2001年秋季號（北京），頁74-80。

沈松僑，〈我以我血薦軒轅——黃帝神話與晚清的國族建構〉，《臺灣社
　　會研究》，28期（臺北，1997），頁1-77。

沈松僑，〈振大漢之天聲——民族英雄系譜與晚清的國族想像〉，《近代
　　史研究所集刊》，33期（臺北，2000），頁77-158。

周婉窈，〈歷史的統合與建構——日本帝國圈內臺灣、朝鮮和滿洲的「國
　　史」教育〉，《臺灣史研究》，10卷第1期（臺北，2003），頁33-84。

周婉窈，《海行兮的年代：日本殖民統治末期臺灣史論集》，臺北：允晨
　　文化，2003。

林麗月，〈故國衣冠：鼎革易服與明清之際的遺民心態〉，《臺灣師大歷
　　史學報》，30期（臺北，2002），頁39-56。

林麗月，〈萬髮俱齊：網巾與明代社會文化的幾個面向〉，《臺大歷史學
　　報》，33期（臺北，2004），頁133-160。

祁慶富，〈中韓文化交流的歷史見證——關於新發現的《鐵橋全集》〉，
　　《浙江大學學報・人文社會科學版》，31卷1期（杭州，2001），頁
　　77-82。

孫衛國，〈《朝天錄》與《燕行錄》——朝鮮使臣的中國使行紀錄〉，
　　《中國典籍與文化》，2002年01期（北京），頁74-80。

孫衛國，〈從正朔看朝鮮王朝尊明反清的正統意識〉，《漢學研究》，22
　　卷1期（臺北，2004），頁191-218。

孫衛國，〈清修《明史》與朝鮮之反應〉，收入氏著，《明清時期中國史
學對朝鮮的影響：兼論兩國學術交流與海外漢學》（上海：上海辭書
出版社，2009），頁1-21。

孫衛國，〈朝鮮王朝最後一任朝天使──金堉使行研究〉，收入張伯偉編，
《域外漢籍研究集刊》，6輯（北京：中華書局，2010），頁219-241。

孫衛國，〈朝鮮王朝關王廟創建本末與關王崇拜之演變〉，《東疆學
刊》，27卷2期（延吉，2010），頁1-13。

孫衛國，〈朝鮮燕行士人與清朝儒生──以洪大容與嚴誠、潘庭筠、陸飛
交往為中心〉，收入氏著，《明清時期中國史學對朝鮮的影響──兼
論兩國學術交流與海外漢學》（上海：上海辭書出版社，2009），頁
157-187。

孫衛國，〈義理與現實的衝突──從丁未漂流人事件看朝鮮王朝之尊明貶
清文化心態〉，《漢學研究》，25卷2期（臺北，2007），頁187-210。

孫衛國，〈試論入關前清與朝鮮關係的演變歷程〉，《中國邊疆史地研
究》，16卷2期（北京，2006），頁98-107。

孫衛國，〈試論清朝對朝鮮國王與使臣的優禮〉，《當代韓國》，2003年
4期（北京），頁38-41。

孫衛國，〈試論清初朝鮮之「復仇雪恥」理念及其演變──以宋時烈為中
心〉，《九州學林》，7卷1期（九龍，2009），頁66-100。

孫衛國，〈論明初宦官外交〉，《南開學報》，1994年2期（天津），頁
34-42。

孫衛國，《大明旗號與小中華意識──朝鮮王朝尊周思明問題研究（1637-
1800）》，北京：商務印書館，2007。

徐東日，《朝鮮朝使臣眼中的中國形象──以《燕行錄》、《朝天錄》為
中心》，北京：中華書局，2010。

秦燕春，《清末民初的晚明想像》，北京：北京大學出版社，2008。

荊子馨，《成為日本人：殖民地臺灣與認同政治》，台北：麥田，2006。

張存武，〈介紹一部中韓關係新史料──《燕行錄選集》〉，《思與言》，
4卷5期（臺北，1967），頁41-42。

張存武，《清韓宗藩貿易1637-1894》。臺北：南港，1978。

張佳，《新天下之化：明初禮俗改革研究》，上海：上海復旦大學出版社，2014。

陳永明，《清代前期的政治認同與歷史書寫》，上海：上海古籍出版社，2011。

陳尚勝等著，《朝鮮王朝對華觀的演變：《朝天錄》和《燕行錄》初探》，濟南：山東大學出版社，1999。

馮爾康，《雍正帝》，臺北：臺灣商務印書館，1992。

黃俊傑，〈作為區域史的東亞文化交流史——問題意識與研究主題〉，《臺大歷史學報》，43期（臺北，2009），頁187-218。

黃俊傑，〈東亞文化交流史中的「去脈絡化」與「再脈絡化」現象及其研究方法論問題〉，《東亞觀念史集刊》，2期（臺北，2012），頁59-77。

黃俊傑，《東亞文化交流中的儒家經典與理念：互動、轉化與融合》，臺北：臺大出版中心，2010。

黃進興，〈清初政權意識形態之探究：政治化的道統觀〉，收入氏著，《優入聖域：權力、信仰與正當性》（臺北：允晨文化，1994），頁88-124。

黃毓棟，〈明遺民家庭對出處的安排——寧都魏氏個案研究〉，《漢學研究》，22卷2期（臺北，2004），頁387-419。

黃毓棟，〈明遺民歸莊著作考〉，《中國文化研究所學報》，新8期（新界，1999），頁331-348。

黃毓棟，〈歸莊生平與思想研究〉，香港：香港大學哲學碩士論文，1996。

楊雨蕾，《燕行與中朝文化關係》，上海：上海辭書出版社，2011。

楊瑞松，《病夫、黃禍與睡獅：「西方」視野的中國形象與近代中國國族論述想像》，臺北：政大出版中心，2010。

葉泉宏，《明代前期中韓國交之研究（1368-1488）》，臺北：臺灣商務，1991。

葉高樹，〈「滿族漢化」研究上的幾個問題〉，《中央研究院近代史研究所集刊》，70期（臺北，2010），頁195-218。

葉高樹，〈最近十年（1998-2008年）臺灣清史研究的動向〉，《臺灣師大歷史學報》，40期（臺北，2008），頁137-193。

葉高樹，《清朝前期的文化政策》，臺北：稻鄉出版社，2009。

葛兆光，〈「不意於胡京復見漢威儀」──清代道光年間朝鮮使者對北京演戲的觀察與想像〉，《北京大學學報·哲學社會科學版》，47卷1期（北京，2010），頁84-92。

葛兆光，〈大明衣冠今何在〉，《史學月刊》，2005年10期（開封），頁41-48。

葛兆光講演，高翔飛記錄，〈地雖近而心漸遠──十七世紀中葉以後的中國、朝鮮和日本〉，《臺灣東亞文明研究學刊》，3卷1期（臺北，2006.6），頁275-294。

葛兆光，〈從「朝天」到「燕行」──17世紀中葉後東亞文化共同體的解體〉，《中華文史論叢》，2006年1期（上海），頁29-58。

葛兆光，〈朝貢、禮儀與衣冠──從乾隆五十五年安南國王熱河祝壽及請改易服色說起〉，《復旦學報·社會科學版》，2012年2期（上海），頁1-11。

葛兆光，〈亂臣、英雄抑或叛賊？──從清初朝鮮對吳三桂的各種評價說起〉，《中國文化研究》，2012年1期（北京），頁22-31。

葛兆光，〈想像異域悲情──朝鮮使者關於季文蘭題詩的兩百年遐想〉，《中國文化》，22期（北京，2006），頁138-145。

葛兆光，〈寰中誰是中華？──從17世紀以後中朝文化差異看退溪學的影響〉，《天津社會科學》，2008年第3期（天津），頁127-132。。

葛兆光，〈攬鏡自鑒──關於朝鮮、日本文獻中的近世中國史料及其他〉，《復旦學報》，2008年2期（上海），頁2-9。

葛兆光，《宅茲中國──重建有關「中國」的歷史論述》，臺北：聯經出版公司，2011。

漆永祥，〈關於「燕行錄」界定及收錄範圍之我見〉，《古籍整理研究學刊》，5期（長春，2010），頁60-65。

裴英姬，〈《燕行錄》的研究史回顧（1933-2008）〉，《臺大歷史學報》，43期（臺北，2009），頁219-255。

劉奉學，《燕巖一派北學思想研究》，首爾：一志社，1995。

劉為，《清代中朝使者往來研究》，哈爾濱：黑龍江教育出版社，2002。

劉家駒，《清朝初期的中韓關係》，臺北：文史哲，1986。

蔡茂松，《韓國近世思想文化史》，臺北：東大出版社，1995。

蔡振豐，《東亞朱子學的詮釋與發展》，臺北：台大出版中心，2009。

蔡錦堂，〈再論「皇民化運動」〉，《淡江史學》，18（臺北，2007），
　　頁227-245。

鄭成宏，〈朝鮮北學派的新華夷觀解析〉，《東北亞論壇》，17卷6期
　　（長春，2008），頁98-105。

鄭克晟，〈明代的官店、權貴私店和皇店〉，收於《明史研究論叢》，1
　　輯（江蘇：人民古籍出版社，1985年），頁173-184。

黎東方，〈清世宗《大義覺迷錄》重要觀念之探討〉，《漢學研究》，17
　　卷2期（臺北，1999），頁61-89。

蕭阿勤，〈抗日集體記憶的民族化：臺灣一九七〇年代的戰後世代與日據
　　時期臺灣新文學〉，《臺灣史研究》，9卷1期（臺北，2002），頁
　　181-239。

蕭阿勤，〈高格孚，《風和日暖：臺灣外省人與國家認同的轉變》〉，
　　《臺灣社會學刊》，33期（臺北，2004），頁239-247。

蕭阿勤，《重構臺灣：當代民族主義的文化政治》，臺北：聯經出版公
　　司，2012。

錢穆，《中國文化史導論（修訂本）》，臺北：臺灣商務印書館，1993。

謝崇熙，《清初明遺民的「屈陶」論述》，臺北：國立臺灣師範大學歷史
　　學系碩士論文，2008。

韓大成，〈明代的官店與皇店〉，《故宮博物院刊》，1985年4期（北
　　京），頁30-35。

魏志江，〈論清兵入關後大清與朝鮮的關係——兼與韓國全海宗教授商
　　榷〉，《江海學刊》，2002年6期（南京），頁134-142。

羅樂然，〈清代朝鮮人西洋觀的形成——以洪大容燕行為研究中心〉，
　　《臺灣東亞文明研究學刊》，10卷1期（臺北，2013），頁299-345。

黨為，《美國新清史三十年：拒絕漢中心的中國史觀的興起與發展》，上
　　海：上海人民出版社，2012。

日韓

夫馬進，〈朝鮮洪大容《乾淨衕會友錄》與清代文人〉，《聊城大學學報·社會科學版》，2012年5期（聊城），頁94-98。

夫馬進著、伍躍譯，《朝鮮燕行使與朝鮮通信使》，上海：上海古籍出版社，2010。

夫馬進，〈朝鮮洪大容《乾淨衕會友錄》及其流變〉，《清史研究》，2013年4期（北京），頁90-103。

朴元熇，《崔溥漂海錄分析研究》，上海：上海書店出版社，2014。

岸本美緒，〈「後十六世紀問題」與清朝〉，《明清史研究》，輯20（2004，首爾），頁125-148。

李丙燾著，許宇成譯，《韓國史大觀》，臺北：正中書局，1993。

李銀順，《朝鮮後期黨爭史研究》，首爾：一潮閣，1993。

林基中著，王永一翻譯，〈《燕行錄》的傳承〉，《中國邊政》，180期（臺北，2009），頁27-38。

金泰俊，《虛學から實學へ：十八世紀朝鮮知識人洪大容の北京旅行》，東京：東京大學出版社，1988。

崔韶子，〈18世紀後半期《燕行錄》所反映的朝鮮知識人的中國認識〉，《國史館論叢》，輯76（果川：國史編纂委員會，1997），頁191-223。

고석규，〈《기년아람》에 나타난 이만운의 역사인식〉，《한국문화》，제8집（首爾，1987）頁73-102。

김경미，〈《동몽선습》의 역사교육적 의미〉，《한국교육사학》，25권2호（首爾，2003），頁7-28。

서명석，〈《동몽선습》 오류 텍스트의 현대적 독법〉，《人格教育》，7卷3號（首爾，2013），頁43-61。

英文

Crossley, Pamela K., *A Translucent Mirror: History and Identity in Qing Imperial Ideology*. Berkeley: University of California Press, 2001.

Donald N. Clark, "Sino-Korean tributary relations under the Ming," in Denis Twitchett and John K. Fairbank eds, *The Cambridge History of China Vol8* (Cambridge: Cambridge University Press, 1998), pp. 272-300.

Spence, Jonathan D. & Wills, John E. eds., *From Ming to Ch'ing: Conquest, region, and Continuity in Seventeen-Century China*. New Haven: Yale University Press, 1979.

Struve, Lynn A. ed., *Time, Temporality, and Imperial Transition: East Asia From Ming to Qing*. Honolulu: University of Hawai's Press, 2005.

史景遷（Jonathan D. Spence），《前朝夢憶：張岱的浮華與蒼涼》，臺北：時報出版，2009。

班納迪克・安德森（Benedict Anderson）著，吳叡人譯，《想像的共同體：民族主義的起源與散布》，臺北：時報出版，2010。

附錄
朝鮮王朝與明、清中國對應表

朝鮮國君	在位年間	朝鮮年號	對應的中國朝代
太　祖　　李成桂	1392-1398	（奉明朝正朔） 洪武	〔明〕洪武25年即位— 〔明〕洪武31年去世
定　宗　　李芳果	1398-1400	建文	〔明〕洪武31年即位— 〔明〕建文2年去世
太　宗　　李芳远	1400-1418	永樂	〔明〕建文2年即位— 〔明〕永樂16年去世
世　宗　　李　祹	1418-1450	永樂、洪熙、宣德、 正統、景泰	〔明〕永樂16年即位— 〔明〕景泰元年去世
文　宗　　李　珦	1450-1452	景泰	〔明〕景泰元年即位— 〔明〕景泰3年去世
端　宗　　李弘暐	1452-1455	景泰	〔明〕景泰3年即位— 〔明〕景泰6年去世
世　祖　　李　瑈	1455-1468	景泰、天順、成化	〔明〕景泰6年即位— 〔明〕成化4年去世
睿　宗　　李　晄	1468-1469	成化	〔明〕成化4年即位— 〔明〕成化5年去世
成　宗　　李　娎	1469-1494	成化、弘治	〔明〕成化5年即位— 〔明〕弘治7年去世
燕山君　　李　隆	1494-1506	弘治、正德	〔明〕弘治7年即位— 〔明〕正德元年去世
中　宗　　李　懌	1506-1544	正德、嘉靖	〔明〕正德元年即位— 〔明〕嘉靖23年去世
仁　宗　　李　峼	1544-1545	嘉靖	〔明〕嘉靖23年即位— 〔明〕嘉靖24年去世
明　宗　　李　峘	1545-1567	嘉靖、隆慶	〔明〕嘉靖24年即位— 〔明〕隆慶元年去世

宣　祖　李　昖	1567-1608	隆慶、萬曆	〔明〕隆慶元年即位— 〔明〕萬曆36年去世
光海君　李　琿	1608-1623	萬曆	〔明〕萬曆36年即位— 〔明〕天啟3年去世
仁　祖　李　倧	1623-1649	萬曆、天啟、崇禎	〔明〕天啟3年即位— 〔清〕順治6年去世
孝　宗　李　淏	1649-1659		〔清〕順治6年即位— 〔清〕順治16年去世
顯　宗　李　棩	1659-1674		〔清〕順治16年即位— 〔清〕康熙13年去世
肅　宗　李　焞	1674-1720		〔清〕康熙13年即位— 〔清〕康熙59年去世
景　宗　李　昀	1720-1724	明亡後，內部文書沿用崇禎或萬曆紀年，部份則以干支紀年（與清朝交往文書中，則用清朝年號）	〔清〕康熙59年即位— 〔清〕雍正2年去世
英　祖　李　昑	1724-1776		〔清〕雍正2年即位— 〔清〕乾隆41年去世
正　祖　李　祘	1776-1800		〔清〕乾隆41年即位— 〔清〕嘉慶5年去世
純　宗　李　玜	1800-1834		〔清〕嘉慶5年即位— 〔清〕道光14年去世
憲　宗　李　奐	1834-1849		〔清〕道光14年即位— 〔清〕道光29年去世
哲　宗　李　昪	1849-1863		〔清〕道光29年即位— 〔清〕同治2年去世
高　宗　李　熙	1863-1896		〔清〕同治2年即位— 〔清〕光緒22年去世
朝鮮王朝：計25君，歷505年。			

BOD
Books on Demand

史地傳記類　PC0562　國立臺灣師範大學歷史研究所專刊38

眷眷明朝
——朝鮮士人的中國論述與文化心態（1600-1800）

作　　者/吳政緯
責任編輯/鄭伊庭
圖文排版/楊家齊
封面設計/楊廣榕

發 行 人/宋政坤
法律顧問/毛國樑　律師
出　　版/國立臺灣師範大學歷史學系、秀威資訊科技股份有限公司
印製發行/秀威資訊科技股份有限公司
　　　　114台北市內湖區瑞光路76巷65號1樓
　　　　電話：+886-2-2796-3638　傳真：+886-2-2796-1377
　　　　http://www.showwe.com.tw
劃撥帳號/19563868　戶名：秀威資訊科技股份有限公司
　　　　讀者服務信箱：service@showwe.com.tw
展售門市/國家書店（松江門市）
　　　　104台北市中山區松江路209號1樓
　　　　電話：+886-2-2518-0207　傳真：+886-2-2518-0778
網路訂購/秀威網路書店：https://store.showwe.tw
　　　　國家網路書店：https://www.govbooks.com.tw

2015年11月　BOD一版
2018年5月　二刷
定價：320元
版權所有　翻印必究
本書如有缺頁、破損或裝訂錯誤，請寄回更換

國家圖書館出版品預行編目

眷眷明朝：朝鮮士人的中國論述與文化心態(1600-
1800) / 吳政緯著. -- 一版. -- 臺北市：秀威資訊
科技, 2015.11
　　面；　公分
BOD版
ISBN 978-986-92127-4-8(平裝)

1. 明清史　2. 學術研究　3. 韓國

626　　　　　　　　　　　　　　104017544

讀者回函卡

感謝您購買本書,為提升服務品質,請填妥以下資料,將讀者回函卡直接寄回或傳真本公司,收到您的寶貴意見後,我們會收藏記錄及檢討,謝謝!
如您需要了解本公司最新出版書目、購書優惠或企劃活動,歡迎您上網查詢或下載相關資料:http:// www.showwe.com.tw

您購買的書名:_____

出生日期:_____年_____月_____日

學歷:□高中 (含) 以下　　□大專　　□研究所 (含) 以上

職業:□製造業　□金融業　□資訊業　□軍警　□傳播業　□自由業
　　　□服務業　□公務員　□教職　　□學生　□家管　　□其它_____

購書地點:□網路書店　□實體書店　□書展　□郵購　□贈閱　□其他

您從何得知本書的消息?

　　□網路書店　□實體書店　□網路搜尋　□電子報　□書訊　□雜誌

　　□傳播媒體　□親友推薦　□網站推薦　□部落格　□其他_____

您對本書的評價:(請填代號　1.非常滿意　2.滿意　3.尚可　4.再改進)

　　封面設計____　版面編排____　內容____　文／譯筆____　價格____

讀完書後您覺得:

　　□很有收穫　□有收穫　□收穫不多　□沒收穫

對我們的建議:_____

_____

_____

_____

11466
台北市內湖區瑞光路 76 巷 65 號 1 樓

秀威資訊科技股份有限公司　　　收

BOD 數位出版事業部

....

（請沿線對折寄回，謝謝！）

姓　　名：_____　年齡：_____　性別：□女　□男

郵遞區號：□□□□□

地　　址：_____

聯絡電話：(日) _____ (夜) _____

E - m a i l：_____